語りの講座
伝承の創造力
災害と事故からの学び

花部英雄
松本孝三
編

三弥井書店

はしがき

本書は、人災と紙一重にあるような自然災害を話題にして、その経験から何を学ぶべきかを問題としている。四年前の未曾有といわれた東日本大震災における大津波や、それに続く原発事故の悲惨な光景は、いまだ記憶に生々しく残っている。あれから四年目を迎えた被災地の状況について、さまざまマスコミによって報道されている。四年目の現在は「風化」の問題も取り沙汰された。「もう忘れられてしまったのか」といった嘆きの言葉や、反対にいまだ災害の傷を深く引きずり「そっとして欲しい」という思いの方もいることだろう。一つのできごとに対して、その衝撃の軽重や立場によって、さまざまな反応があるだろう。被災者のそれぞれの言葉を受け入れ、寄り添う姿勢を失いたくない。

こんな経験がある。津波から二年後の宮城県南三陸町で、家屋を流失した跡地に建てたバラックの作業小屋で、家族三人から津波の話を聞いた。父親は、いまだ遺体が見つからない娘の話を口にした。津波が押し寄せた時、最期まで防災対策庁舎から警戒警報を流し続けて命を失った遠藤未希さんのことは、わたしの記憶にも深く刻まれているが、他にも同じ運命にあった市職員が四十一人いて、娘も同じ庁舎にいて流されたことを聞いて驚いた。娘は県職員にも合格していたのに、自分が希望して地元に就職させたので、娘を死に追いやった責任は自分にあると苦しい胸の内を明かしてくれた。長男である息子は、わが子と同じ年頃の甥や姪の行く末を深く心配し、これからずっと見守ってやらなければという決意を語っていた。夫と息子が船で沖に出た後に、寝たきりの義母を介護した母は、悲惨な体験からあの頃は海を見るたびに涙が止まらなかったと言い、今も海は見たくないと述べていた。

過去に向きがちな父親と、亡き姉の子の今後を案ずる長男、海のそばの生活を悔やむ母親といった、三人三様の思いにはそれぞれの立場の違いが微妙に反影している。悲劇に色合いがあるように、被災地は今でも被害の状況、被災者の立場等によって、さまざまな思いが交錯していることであろう。

ところで、風化が懸念される四年目の春に、災害にかかわる出版物を新たに出すことにどのような意義があるのだろうか。震災直後にいろいろな書物が数多く出版され、今でも震災関係のコーナーが設けられている書店や、図書館等もある。一方で、今さら出版することに何の意義があるのかといった、否定的な見方もあるだろう。「風化」と「今さら」といった状況の中で、この問題をどのように考えればいいのだろうか。

明日を見つめ現在を生きる人間にとって、負の記憶を維持し続けるのには限界があるのかもしれない。「人の噂も七十五日」という諺《ことわざ》は、そのことを言い当てている。本書で川島秀一が、一度津波に襲われた海辺に時の経過とともに、再び人が集まってくるという事実を指摘している。こうした傾向を特別とすることはできない。風化が人間の身体的な限界とするならば、それをカバーするための手段として忘れてならぬ記憶を知識に変換させるすべが必要であろう。

不可避、不可抗力の自然災害に遭遇した当初は、まずその実態を知り把握することが求められる。それが災害事故への対処や続く対策に直結するからである。それが一段落した後には、その検証に加えて事故が抱えるトータルな視点、隠されていた事実や問題を顕在化させ、知識として深めていく必要がある。いわば応急処置から学問的研究の段階へと一般化、普遍化への過程を進めていくことである。震災四年後の現在は、そうした状況にあると思われる。現在進行形の災害事故と向き合いながらも、次のステップを構築していかなければならない。本書はそうした段階を意識した出版である。

話題は変わるが、ベトナムのハノイに旅行した時の経験であるが、町中の路地に入って驚いたのは家々が密着している上に、建物の壁には簡単な取り付けの看板や電気関係の器具類、小窓に鉢植えやさまざまな物が所狭しと置かれていて、見るからに落下の危険を感じた。東京に留学経験のある知り合いに尋ねると、ベトナムには地震がないから大丈夫だという。本当なのかと調べてみると、確かにベトナムはユーラシアプレートの南東部にあり、地震は少なく規模も小さいとされる。だから生活感覚としては地震がないということだろう。それと比べると、日本の場合は沿岸から二〇〇キロ沖合いの海底に太平洋プレートとフィリピン海プレートがあり、他にもユーラシアプレート、北米プレートがぶつかり、その沈み込む所が原動力となって地震が頻発する地質構造をなしているのだという。

なぜこんな話をするかといえば、本書でも話題とする原発事故を考えるからである。地震国日本に果たして安全な原発があるのだろうか。地質や地形、地域環境などを考慮に入れずに効率的で経済優先のエネルギー追求の政策でよいものだろうか。今度の福島原発事故の実態を見るにつけても、根本的な問題解決が必要であろう。手に負えないような自然災害、人災をどのように伝えてきたのか、伝承世界の言葉や被害記録等からの読み取りの知見を参考にしながら考えていこうとするのが本書の立場である。

次に、本書の内容について簡単に紹介したい。

Ⅰ　東日本大震災から学ぶ

山下祐介「東日本大震災と原発事故―人間なき復興　原発避難と「不理解」をめぐって―」は、社会学者である氏が、東日本大震災に早くから直接にかかわった体験を通じて生まれた共著『人間なき復興―原発避難と「不理解」をめぐって』をもとに、原発避難への無理解や理不尽な状況をレポートしたものである。原発事故直後に何が起こっていたのかを被災者の立場・視点から、国や行政の混乱した情報や対応の問題を指摘する。また、刻々と変わる状況に翻弄される被災者や、自らの支援のあり方を模索する。事故から三年経つ中で賠償をめぐるさまざまな言説や生活再建、地域再生、避難者の帰還や健康といった山積する問題等、現在的な課題にどのように立ち向かえばいいのか、社会学的視点からの提言をまじえて解説する。国の原発政策の欠陥や矛盾を一方的な批判に終始するだけではなく、現実的で建設的な議論を展開する筆者の発言に十分耳を傾けたい。

　川島秀一「津波常習地の生活文化」は、海や漁業の民俗伝承を専門分野にする氏が、津波研究者の山口弥一郎が五十年前に出した『津波と村』で提示された問題を、海と共存する生活文化の視点から追究する。同書に「津波常習地」（一般には「常襲地」）や「原地」（同「現地」）の語が用いられているが、独自の意味づけであろうと肯定的評価を加え、その意味する問題にふれる。山口が追究した「なぜ漁民は元の被害場所に戻るのか」の問題を、家の再興と先祖供養の民俗的レベルの問題として、山口の問題意識をとらえかえす。続いて、津波の記念碑や津波石、津波の好・不漁のジンクスとその背景にある循環的な生命観、施餓鬼供養などの問題に、自身の調査体験をもとに丹念に説明を加える。海や漁業に造詣の深い川島ならではの卓見は、部外者の一面的な漁業観や施策を修正させてくれる。

Ⅱ　災害・事件の歴史から学ぶ

　菊池勇夫「近世の飢饉・災害について考える―東北地方（八戸藩）の天明の飢饉を中心に―」は、青森県の八戸藩における天明期に起こった飢饉の実態を明らかにする。氏はまず災害の基礎的な概念や当時のさまざまな災害を概説しながら、そのうち最も甚大な被害をもたらした天明期の飢饉について言及する。飢饉の直接的な原因は、この地方特有の夏場の「ヤマセ」と呼ばれる冷涼な北東風による作物の大凶作である。蓄えのない多くの民衆が餓死に襲われる実態を、山野の根掘りや木の実拾い、窃盗や牛馬食い、殺人、餓死、疫死にいたる経過として史料から読み取っていく。飢饉は初め米騒動や一揆などの理性的判断に基づく行為から、やがてモラルを崩壊し食人と化した修羅の世界へ突き進んでいくという。その結果、当時の八戸藩の人口六万数千人の半分が亡くなったという。

こうした背景には、有効な救済手立てをとれない藩の施策の責任が大きかったという。慢性的な藩の財政難のため備荒貯蓄ができず、年貢米等の換金を市場経済任せにした藩の施策にあったとする。その意味から自然災害ではなく人災であったという、歴史学者の現代に向けた厳しい提言といえる。

菅井益郎「足尾銅山鉱毒事件—田中正造没後百年—」は、公害の原点とされる足尾鉱毒事件を話題にし、その一部始終を解説したものである。代議士の田中正造が明治天皇に直訴した行動が強く記憶に残っているが、しかし百年以上たった現在においても、その危険が一掃されていないというのは驚きである。一度公害が起これば、甚大な被害と解決に要する多大な時間、底知れぬ苦しみが長期に続くことになる。こうした困難窮まる鉱毒事件がなぜに起こったのか、田中正造を先頭にした民衆の反対運動の顛末を追跡しながら、その背後にある問題を追及する。

足尾事件に限らず、熊本や新潟の水俣病や今度の福島原発事故などの根底に、近代日本の社会にある政治や経済の問題が通底していることを指摘する。菅井は最後に、田中の日記にある「デンキ開けて、世見闇夜となれり」の言葉を、原発事故の「先見の明」と評価する。公害問題に長く深く関わった者の知見にもとづく警告と啓発が述べられている。

Ⅲ　災害のフォークロアから学ぶ

花部英雄「浅間山噴火と被害記憶」は、天明三年の浅間山噴火を取り上げ、災害から二百三十年を経過した現在の嬬恋村鎌原地区の、災害の記憶の継承を話題にする。鎌原地区には「嬬恋村郷土資料館」「鎌原観音堂」など、災害のモニュメントとなる施設や供養塔、観音像などがある。これらの建築や保存維持の取り組みには行政が関与し、また地域住民は観音堂における参拝客への接客や、被害者供養の「廻り念仏」の民俗行事等には積極的に関わり、被害記憶の忘失に努めている。しかし、家や家族における伝承について、墓石や位牌等の形によるものは一部に見られるが、口承による継承は見られない。家庭内における個人レベルの災害記憶の継承の問題について言及する。

斎藤君子「自然災害とフォークロア」は、自然災害をモチーフにしたシベリアの口承説話に注目する。サハリンに住むニブフ民族の話に登場する海の精霊（トドと呼ぶ）を、津波の表徴ととらえる見方を示す。極北に近い苛酷な自然の中で生きる民族の伝える口承説話には、精霊を慰撫し鎮める機能があるとされる。また、強風や雷などの悪天候、異常気象などを神格化した精霊が、人間との葛藤、融和をテーマとした物語に登場する。猛威をふるう自然現象を鎮める説話には、勇敢な若者による「魔物退治」が一方にあり、また他方に自然現象を司る精霊に娘を嫁がせて融和を図る婚姻譚があるという。異常気象や悪天候を避け、安全に狩猟を行うことに苦心してきた民族の現実が、説話に反映されているのだという。

Ⅳ　説話・伝説から学ぶ

松本孝三「災害を語る民間説話の世界」は、自然災害をモチーフにした民間説話を話題にする。地震による津波や崩落現象、洪水による集落の流失や沈没、また鉱山開発や環境破壊による事故等、日本各地のさまざまな災害を物語化した伝承例を紹介し、その背景にある意味を抽出する。自然災害を「大自然の営みを神の行為として畏怖しつつ、それに対峙してきた人間存在の中から説話が形成され、語り継がれて来た」のだと伝承のメカニズムを明らかにする。災害が人間の無神経で狡猾な振る舞い、信仰心の欠如に対する神の怒りや祟りの表徴として、既存の説話モチーフを用いながら説話構成したものとする分析は明快である。

藤元奈緒「伝説の中で災害はどう語られたか」は、災害を語る伝説に災害の原因や対処法がどのように形象されているかを分析したものである。伝説を「災害の原因を語る伝説」と「災害への対応を語る伝説」とに二分し、前者は災害が神（龍蛇）への不敬や予告の無視が原因であり、後者は神への敬意や意思疎通、謝罪による関係修復による災害防御の方法を伝えているのだという。自然災害に「神」の意思を介在させ、その神意に対する人々の「心性」を表現したものととらえる視点は松本孝三と同様の発想である。災害を語る伝説に示されたメッセージから庶民の災害観を読み解くといった、オーソドックスな伝説の機能的研究の成果である。

花部　英雄

語りの講座　伝承の創造力　災害と事故からの学び　目次

説話・伝説から学ぶ

東日本大震災から学ぶ

東日本大震災と原発事故

――人間なき復興　原発避難と「不理解」をめぐって――

山下祐介

一　はじめに

今日は東京電力福島第一原発事故について、『人間なき復興――原発避難と国民の「不理解」をめぐって』（明石書店、二〇一三年刊）の内容をお話するのがいいかなと思っています。これは三人の著者で書いているのですが、佐藤彰彦先生は福島大学のうつくしまふくしま未来支援センターの特任准教授で社会学者です。飯舘村にずっと長く入っておられて、震災前の第四次総合計画にも関わっており、震災後は富岡町などにも関わっています。

私は二〇一一年の四月に首都大学東京に赴任したのですが、引っ越しできずに一カ月遅れの四月二十七日に東京へ出てきました。その間、青森県弘前市にいた時には、岩手県野田村に弘前市役所や弘前市民といっしょにいろんなかたちで行って、物を届けたり人と会ったり、交流活動を始めていたところだったのです。そういうのを一カ月ぐらい向こうでやっていました。

その間に、私はその時まではお会いしたことはなかったのですが、首都大学東京の大学院生で郡山の出身がいまして、郡山にはビッグパレットという場所があって、あそこが今回の東日本大震災では恐らく一番巨大な避難所となった所の一つで、二千人ぐらい入っていたのですかね。そこに、郡山の出身だったので、彼がボランティアに行っていいものかどうか僕に相談をしてきたのです。行ったらいいんじゃないかということで、それっきり連絡がなかったんですけれども、四月末に東京に来た時に彼がまた連絡して来てくれて、今、郡山にいるから来ませんかということで、荷物もひもとかずに、五月一日に郡山へ様子を見に行ったのです。その郡山のビッグパレットふくしまに入っていたのが富岡町と川内村です。

富岡町は直接第一原発のある場所ではないのですが、帰還困難区域といわれている一番汚染がひどい所と、これから帰らなければいけない避難指示解除準備区域と、その間の居住制限区域と三つがちょうどまたがっているような被害を受けた所です。いろいろな事情があるのですが、この富岡町と川内村の二つの自治体が、三月十六日にこちらの郡山の方に避難しました。富岡町だけで一万六千人の人口があったのですが、それが一旦川内村に避難して、川内村からさらに、三月十五日の三号機の爆発と二号機のメルトダウンで大量に放射性物質が放出されましたので、その影響を受けて、この二つの町村が、一緒に郡山の方に避難するわけですね。この先の避難はバラバラですが、役場本体を含め一番中心になったのが郡山市のビッグパレットふくしまという施設に開設された避難所です。

そこに彼がボランティアに入っていたものですから、私もちょっと様子を見に行くというかたちで行きまして、そういった関係で富岡町の役場と連絡を取るようになりまして、そこから縁ができ、原発避難問題と関わるようになったということです。

私の専門は社会学です。社会学には日本社会学会というのがありまして、ちょうどそこの研究活動委員をやっていたものですから、委員長にいろいろと相談し、少しこういう研究をしないかということで会員に呼び掛けてメンバーを募ったのです。十数名ぐらい現われました。当時、広域避難が続いておりまして、役場の方に、もし東京などに避難者がいて、様子を見に行くということであれば調査というかたちでお手伝いしますよということでお話をする機会があって、それで紹介していただいた何人かの避難者たちを、私たちのメンバーでそれぞれ東京、栃木、茨城、静岡、大阪、神戸などに手分けして回ってヒヤリングをしたのです。

それが縁で、一番最初に会った避難者が市村高志という人で、彼とそこからいろんな縁が出来まして、二〇一一年の八月か九月に最初は会ったと思いますけれども、今回、原発避難者の側からの論理をちゃんと理解してもらえるような本を作ろうということで、二〇一三年の一月ぐらいから何回か、佐藤彰彦先生と三人で話した録音音声を起こして、それを元に文章にしていったのがこの本です。

市村高志さんというのは普通の自営業者のおじさんです。普通の人なので話をしていると、論は立つのですが、文章を書けるわけではない。論理も素人の論理なので、そこを私たち社会学者で手助けをしながら論理を立てて行こうというかたちで本を造ってみました。

彼はその後、二〇一二年二月十一日に「とみおか子ども未来ネットワーク」という団体を立ち上げました。ちょうど震災から十一カ月後です。この団体を今度は私たちのグループでその後、手伝っています。何をやっていたかというと、タウンミーティングをずっとやっています。テーブルを囲んで高齢者、女性、子どもとかに分かれてタウンミーティングを企画しまして、みんな全国へ散っていますので各地で、またもちろん福島県内の郡山やいわき市でもやりました。

タウンミーティングを全国でやって、そこに我々が出掛けて行ってお手伝いをする。基本的には我々は黒子に徹して、彼らが議論しているのを書いて貼ったりして、整理するというふうな作業をお手伝いし、さらにこれをテープに録って、起こして、そこから内容を抜いて全体を構成していく。これは私がではなく、メンバーがやっていったわけです。

最終的には、タウンミーティングの結果を元にして二月十六日にとみおか未来会議というのを企画して、ビッグパレットで、当時の町長と議長に来ていただきました。それから下村健一さん（元ＴＢＳキャスター）にもお手伝いいただきました。下村さんはちょうど菅内閣に入っていて、原発事故の時に官邸にいました。本もお書きになられましたけれども、私たちがタウンミーティングをやっていた時に連絡をして来ていただいて、是非見たいということで来られたのです。政府の関係者で僕らの所へ直接来たのは下村さんだけでした。市村さんたちとは加害者と被害者の関係ですが意気投合しまして、いろいろと相談に乗っていただき、この日もコーディネーターをやっていただいています。

タウンミーティングで出て来た声を積み上げて、話をしたいことというかたちで提示して、それをもとに議論したところ、それまで住民側からすると、町役場は一体何を考えているんだということが多かったわけですが、それを下村さんが見事に解きほぐしてくれまして、意外と国が決めていることを町が言わされていて、その背後では町は国に頑張って抵抗していたのですが、それが住民には見えない。しかしその関係が議論を通じて見えてきました。

例えばこのとき、警戒区域を解除するという話になっていました。警戒区域は、許可無く入っただけでも罰則があるものです。私は昔、雲仙普賢岳の噴火災害があった時に九州大学の学生で、社会学の研究室で調査に入っていたものですから、実際に警戒区域に強行突破して入ってとらえられた農民も知っています。それは抵抗だったのですが。

ですから、警戒区域というのは非常に重いものなのですが、二〇一三年の五月七日現在で双葉町と川俣町がまだ残っているものの、三月から五月にかけて一斉に解除されていきました（五月二八日までに全面解除）。これも町民からすると、何で帰る場所じゃないのに警戒を解くのだという話ですよね。非常に憤りを感じていたようですが、よくよく話をしてみると、年間一ミリシーベルトになるまで帰らない、警戒区域は解かないと言っているのは町役場なんだけれども、政府の方で、これは決めた基準だから呑んでもらわなきゃ困る。賠償、賠償と言っているけれども金が欲しいのか、とそういうふうに言われていたようです。何千万円とかなったら妬みややっかみがあるんだからと、新聞報道では前の大臣が言ったそうなのですが、そういう流れの中で泣く泣く警戒区域を解除していった。

そういったようなことで、実際上どういうことがおきていたかということがこの会議の中でもかなり話が出ました。そういう意味では、この会議でかなり役場と住民との軋轢が解けたのではないかと思います。

こうした形でタウンミーティングをしながら、そこで出て来た声を踏まえて、さらに市村高志という人の個人的な避難の経緯とか、この三年間考えて来たことを語ってもらって、それを社会学者の分析を重ねて提示したのが『人間なき復興』という本です。語りの文化講座ということであれば、その内容をお話して行くのがいいのかなと思います。

二　「不理解」の中の復興

日本政府の原発避難者の政策は今、帰還政策になっています。帰れるところは早く帰りなさいということですね。ただ、それが元々どういう形で進んできたかということを考えた時に、この本では「不理解」という言葉を使っています。普通は「無理解」ですね。不理解という言葉を何となく最初の頃に思い付いて、この言葉で行こうということでこの本は進めました。

どういうことかというと、政府も一般の市民もそうですが、この原発事故に関してみんな関心は非常に高いのですね。関心が高いのでいろんなことをよく知っているわけです。事実関係とか。だから、一定の理解を示しているのですが、どうも避難者からすると、その理解は本当の理解じゃないということが非常に多い。理解できないならまだいいのかも知れないですけど、それは理解ではないという理解をしているということです。ですから「理解にあらず」という意味での「不理解」という言葉をキーワードにしたのです。

例えば、帰還政策が始まった理由ですね。今でもこの問題で出掛けて行っていろんな人と会うといろんなことを言われますが、その中で言われたことを振り返ってみると、これはメディアの方に言われたのですが、「あなたはそう言うけれども、帰りたいと言っている人がいるんだから、早く帰してやれ」と言うわけです。確かに、お年寄りたちは「帰りたい」と言うんですよ。ミーティングをやっていても確かに帰りたいという言葉が出てきます。でも、必ず「帰りたい、でも帰れないよね」というわけです。帰りたいのは当たり前で、それは市村さんもいつも言っています。

まず、富岡町から何の考えを持たずに突然出て行けと言われて出て行った人たちですから、基本的に百人なら百人が帰りたいわけです。特にお年寄りですと、「いつ帰してくれるんだ」という話を初期の頃は特にやっていました。ところが、二〇一一年の秋口から一時帰宅が始まってちょっとずつ帰れるようになって来ると、「ああっ、これは帰れないぞ」ということに気が付き始めるわけです。今は警戒区域を解きましたので、いつでも誰でも自由に昼間であればこの場所に行くことが出来ます。僕はとんでもない話だと思いますが。また、もともと飯舘村なんかは入れるというのはご存じかと思います。警戒区域には指定されませんでしたので。

でも、こうやって数値を測ったり、それから、彼ら自身が原発のそばに住んでいますから、原発作業員の知り合いだとか東京電力の関係者などをみんな知っているわけです。そういった人たちからいろんなことを聞いています。数値の意味もわかってます。それから、その数値の意味をわかっている東京電力の社員がどういう選択をしているか。二〇一一年三月十一日の時点で子どもや家族は皆逃げているわけです。地域住民たちは残っていたのに、気が付くと東電関係の人たちは皆消えているわけです。だから、危険な人は危険だということがわかっているということは、この人たちだって、どこが危険でどこが大丈夫かということは薄々わかるわけです。その中で、帰れるかというと、帰れないと思う。けれども、「帰りたいかどうか」と聞かれれば「帰りたい」と答えます。その「帰りたい」という言葉だけが独り歩きして帰還政策にどうも結び付いている。場合によっては「帰りたいと言っているのだから早く帰してやれ」といったかたちで帰還政策を世論が後押ししているきらいがあるのです。

他方で、これはちょっと余計なことかもしれませんが、すごく変なことも起こっているのですね。福島の県内で、中通り、浜通りの人たちはみんな誰でも知っていることと思いますが、新しく設置したモニタリングポストの数値が、測ってみると大体二割減ぐらいで表示されているというわけです。この装置は本当に正しいのかということが前から話題になっていて、どうもわざと低い目の数値が出るものを用意しているのではないかという噂があり、しかも除染した後、下に鉄板を入れて測っているという話もありまして、ともかくそもそもが低く出る。その低く出る数値を元にして被ばくの実測値になって行くと、今後何か体に異常が出た場合に、因果関係の説明がしにくくなる、そのための準備ではないかと言う人もいます。文科省が設置しているみたいで、文科省がそんなことを考えるとは思えないのですが、国民の立場からすると、考えられないようなうわさが色々と出てきているわけです。

この間、某国会議員の方から帰還の話が出ました。その際、大熊町と双葉町の一部に関しては、買い取られるという話が出ていましたけれども、これもある種の不理解だと思います。例えば、「帰れないなら帰れないと言ってくれよ」と確かに言っています。だから「帰れないと言ってやれ」ということなのかもしれませんが、帰れないと言ってくれと言っている人たちの話をよくよく聞くと、帰れないと言ってくれとは言っているけれども、買い取りして、ここが核のゴミ捨て場になるということに関してはものすごく抵抗があるわけですよね。やっぱり故郷《ふるさと》は故郷のまま、何とか取り戻したいという意識がある。ですから、言葉尻だけ拾った政策発言みたいな感じなのです。

そして今回はリーク（情報漏れ）が多い。新聞報道を見ていると、国が国有化を決めて、大熊町や双葉町ではそれが実際に進んでいるのかと思いますが、よくよく聞いて見ると、そちらの役場にちゃんとした正式の話はないようなのです。そういったようなことが頻繁に起きていて、これも奇妙な出来事の一つです。

政策を進めるために、何かあくどいかたちでリークが行われて、リークされることによって住民は新聞報道で知る。住民は新聞に出るなら、役場もみんな知っていて、政策としてそれで進んでいると思い込んじゃいます。その中で、役場は何を考えているんだというかたちでの分断が起きて来るわけです。さらに、土地が買い取りということになると、買い取られる所には今度はお金が入ってきます。だから早くやってくれという話になるかもしれない。それに対して、買い取られない所はどうなるかというと、例えばこういうことですね。道路の向こうとこっちで、こっちは買い取る、こっちは買い取らないということが起きてくる。そうすると住民の間でまた分断が起きてくるわけです。そういうことを意図して政府がやっているかどうかはわかりませんが、そう考えてもおかしくないぐらいの、避難者側からすると、あるいは避難自治体の職員たちからすると、非常にあくどいかたちでの情報の漏えいというものがなされている。こういう状況の中でさらに国民が理解したつもりになって、一方的なかたちで世論を作って行くので、彼らは非常に厳しい状態にある。その厳しい状態を何とか議論で改善して行きたいというふうなことで、市村高志さんと一緒に本を書いたということです。

理解が難しい理由とは一体何なのか。ここではダブルバインド（二重拘束）という言葉を使って説明してみます。ダブルバインドというのは、こういうところへ来られる方々であればある程度ご存じであろうと思うのですが、精神医学の用語で、どちらにも行動できないような矛盾した命令を出した時に、矛盾した命令に従おうとする子どもとか人間が、どっちにも付けず、決定することが出来なくなって、それが原因で病気になってしまうというような状況を指しています。

例えば、「主体的に決断しなさい。あなたが思う通りにやりなさい」と、皆さんもお子さんに言ったことがあるかも知れませんが、これがまさにダブルバインドの典型で、その通り自分のやりたいようにやったら、主体的にやったことにならないのですね。主体的に行動しなさいという命令は、それに従えば主体的ではないし、従わなければ、主体的ですけれども主体的ではなくなる。要するに矛盾を孕んでいるのです。

言葉はしばしばいろんな矛盾を含むので、その言葉に引っ張られてしまうと現場の人間の方が、そのはざまで、どちらか決定できずに苦しむということになります。そういった、要するににっちもさっちもつかないような状況が彼らには提示されていて、しかもその内のどちらかを選択しなさいというようなことが起きているのです。

さっきの「帰りたい」という話もそうなのですが、結局、帰還政策は「帰るか帰らないか決めなさい」ということです。ところが、実際上彼らの思うところは、「帰りたいけど、帰れない」「帰れないけど、帰りたい」ということですね。場合によっては帰る人もいます。帰るけど、安全だなんて思っていない。おれたちが帰らなかったら誰が故郷を守るのかという決死の覚悟で帰って行こうとする人もいる。そういうふうに言う若手の役場職員さえいます。

だから、そこには常に矛盾した状況があって、実際上原発事故が起きて、放射性物質が大量にまき散らされて、それが今までの基準であれば、放射性管理区域の数倍の数値の所に帰れと言われても帰れるわけがないし、そういう状況に追い込んだということと、その対応には大きな矛盾があるわけです。そういう矛盾に彼らは晒されているにもかかわらず、どちらかにしなさいと言われることが非常に多いのです。

年間一ミリシーベルトでも非常に危険である、影響があるという放射線の先生たちがいます。それから、二十ミリならまあいいだろうと言う人がいます。それどころか、百ミリあってもいいんだと、場合によっては却って健康にいいみたいなことを言う先生もいるわけです。

帰還政策は安全安全というわけですから、こうした場合、一見一ミリでも危ないといってあげる方が避難者の味方になっているかのように我々は思ってしまいます。ですから、脱原発の運動なんかをやっている方々もそうしたかたちで、政府は安全と言っているけれども皆さん危険ですよねというふうに、避難者たちに同意を求めることがあるみたいです。でも、これもダブルバインドなのです。

どういうことかというと、一ミリでも危険だという話をしたら、もうすでに人々は浴びてしまっているのですね。相当の放射線を浴びています。市村さんも、川内村から結局最終的にはいわきの方へ出て来て、それから北茨城の方に出て、それから東京の方へ避難したのですけれども、その時に測られて、計器の針がぐーんと上っているのを見ているわけです。そもそも十五日の日に雨が降って来た。彼は親戚の家に身を寄せているのですが、そこで彼も雨を浴びているのですね。

それどころか、三月十一日はまだ全然放射能は漏れていないという話だったのですが、どうも最近の報道では、十一日にはもう漏れていたという話も出ているのです。そうすると、初期にも浴びている可能性がある。それから、郡山とか福島では断水していたので、雨が降っている時に給水車に並んだという話もあります。ですから、みんな浴びてしまっているわけです。浴びた人間から見ると、一ミリでも危ないという人の話というのはとてもじゃないけど受け容れ難いわけです。一ミリでも危ないのだったら、自分たちの子どもも家族も駄目で、それから、この地域ももう二度と再生不可能で、もう住むことは出来ません。しかも専門家の一部では、福島の子どもは結婚するなということを堂々としゃべる人もいる。実際、子どもたちの中で、当然ですけれども、「もう結婚できないの?」という話もあるわけですね。そうすると、本当は百ミリでも安全だと言うのも一つの見識なのですね。わからないのですから、安全か危険かということが。

一見、避難者の味方であるかのような「危険、危険」というような話は、本人たちからすれば非常に危ういものを持っていて、自分たちの差別に繋がりかねない。放射線を浴びた我々はもう取り返しがつかないという話になりかねない。それに対して、百ミリでも安全だからここに帰りなさいと言われて、じゃあ今度帰れるかというと、そうではない。だから、どちらも取れない状態の中でどちらを取るかみたいな話をされているわけです。こういうことが非常に多いのです。

こういう中で復興がどういうふうに進んでいるかということです。今、政府は、帰還が復興だというかたちで帰還準備を進めています。でも、そうなると、どう考えても子どもがいる家とか、そういったようなところでは帰ることは難しくなります。それから、もう数年が経ちましたが、避難区域の中からだけでも六、七万人が出てしまっている。その人たちが北海道から沖縄まで、四十七都道府県すべてに行っています。福島はもちろん多いのですが、かなりの人数が全国へ行っていて、海外にも行っています。

行った先で生活を始めて行きますので、そうすると、そこから数年経ってこの危険な所に戻って来るかというと、なかなかこれは難しいですね。学校も始まっています。当時中学生だったのがもう高校生です。高校に入ってしまえば三年間は帰らないでしょう。三年経てば今度は大学へ行き始める。そうすると、子育て期間中はなかなか帰れないということにもなってくるわけです。

ですので、復興住宅をいくら進めてもすぐになかなか人は集まらないのですが、不思議なことに、今やっている復興というのはどうも、そういった被災者が帰って来なくてもいいみたいな復興になりつつあるのですね。

例えば、もう避難指示解除が終わった地域には、放射線の量がけっこう低い地域もある。そうすると、他の地域で帰れない人たちがここら辺に住宅開発を求めて、人口が増えるかもしれないという話をしているのです。また、政府の資金で産業育成ということで、野菜工場とかスマートグリッドとか、バイオマスとか、私もよくわからないものが様々な形で復興事業で入り込んでいますので、ある意味でものすごく景気がいいわけです。そういったようなものをどんどん受け入れて行けば、元の人たちが戻ってこなくても、新しい人が来れば以前よりも人口が増えるかもしれないという話までしているのです。

どうも聞いていると、こういうことが起きているのです。公共事業というかたちでどんどんどんどん復興政策が入ってきますよと。でも、基本的には帰還政策ということですから、みんな帰って来なさいというかたちを取っている。ところが、帰って来る人は別にここから出て行った被災者でなくてもいい。それが別の人であっても人口が増えればいい。財政が維持できればいい。自治体が維持できればいいのだというかたちに、復興というものがすり替わって行っているのです。

そうなる理由はどうも公共事業のやり方そのものに内在していて、結局、被災者の復興だと言っていますが、やれることは、各自治体で国から予算が下りて来て、それをただ公共事業として回していくだけですから、産業育成といっても、基本的には工場を造って、そこに何らかのノウハウを持って来て稼働させて動かすこと。それから最も大きな事業は除染ですが、除染があれだけ巨大事業化して、あればっかりやるというのも、公共事業としてはやりやすいからですよね。でも、それ以外のことは要するに出来ない。本当は出来ると思うのですけれども出来ないことになっているので、場合によってはこれからどんどん事業を数年やって、それが終わると、気が付いてみたら、その時までは事業に群がってたくさん人がいたのに、事業が終わった瞬間にもう誰もいなくなったみたいなことが起こり得るのではないか。これを指して、どうも、「人のいない復興だ」という話を我々の中ではしていて、それがこの本のタイトルになっています。当初は「人間なき復興」ではなく「人間のいる復興へ」という明るいタイトルだったのですけれども、出版社の意向でこういう恐いタイトルになってしまいました。

でもたしかに、「人のための復興」が「復興のための人」になり、「人がなくても復興がある」ということになってしまっていて、人口も数値さえ揃えばいい、経済さえあればいいみたいな「人間なき復興」にはなっている。ところが似たような過程が、実は支援の現場にも見られるのです。

支援の現場で最近私も聞かれるのが、「何をすればいい」ということです。事業をやるために補助金を申請し、獲得しました。でも何をしていいかわからない。そんな相談を、支援している人たちから受けることがある。

場合によってはこういうことも起きる。ＮＰＯもなかなか経営が難しい。制度的にそうなっているのですが、結局どこかから助成金を貰って来て、それで動かしていくということになるのですが、そうすると、場合によってはこういう震災というのは活動のいい機会になるわけですね。しかし一回動かし始めると職員やスタッフがいるので、そういった人たちを動かすためにどうしてもまた事業が必要ということになってくる。そうすると、被災者がいて、被災者が何とかするために事業を取って来るはずの支援事業が、逆に団体があってメンバーがいて、何かをしないといけないので、補助金を取り活動をするということになる。なので、支援者を探して支援して行くみたいな、逆転した現象が起き始めている。

でもそれがまだ、緊急的な状況であればいいのです。最近出て来ているのは、もう三年経っていますので、仮設に大量に人が入っていて、なかなか出ることができない。避難指示が一部解除されましたので帰ることは出来るのですが、ほとんど帰っていない現実があります。政府の支援政策は暫く解かれないので避難し続けることが出来る。帰らなくてもいい状況が続いているということでもあるのですが、そういった人たちの中でも、結局、自力で生活を始めた人たちはもうすでに仕事を確保したりしていろいろやっているわけです。それに対してどうしても自立できない人たちが出てくる。

特にお年寄りなどで、それまで農家をやっていて、そこそこ年金を貰ってそれで十分だった、あとは余生を送るみたいな感じで暮らしていた人たちが、地域から追い出されて大量に仮設住宅に集まったわけですね。それまでは普通に暮らしていた人たちが、突然やることがない状態に押し込まれて、しかも何年もこの先いつまでかかるかわからない状況なので、そこに支援に入っている人たちも、支援に入ったはいいけれども、どうしていいかわからなくなる。これは実は非常に新しい事態で、十分に考えなければいけません。

阪神淡路大震災がありましたが、私は兵庫県の長田高校の出身で、長田の婆ちゃんの家の前まで全部焼けてしまいましたけれども、一九九五年一月は、弘前にいたのですが実家の方に戻ってみました。当時は震災ボランティアというのが話題になりましたが、その調査をしていました。今振り返ると、一月十七日に震災が起き、二月の終わりにはボランティアの撤退をどうするかという議論をしていたことを思い出します。支援はいつまでも続けちゃいけない。引き際が重要だという議論をして、実際、三月末にほとんどの団体が撤退しました。長田区に入ったボランティア団体ではピースボートが有名でしたが、彼らの撤退についてはいろいろ批判もありましたけれども、ある日潔くパッと引きました。そして引いたことによって地元の主婦とかが仮設住宅の支援を引き継いでいき、「孤独死を無くそう」みたいなかたちで、地付きのボランティアが出て来るのですね。当初は外から来たボランティアが支援に入り、その後、復旧して来ると地元のボランティアたちが仮設の支援とかいろんなところに回るようになっていく。そういう構図です。それも三ヶ月目くらいが転機でした。

ところが、今回起きていることは非常に大変なことで、ピースボートの例を出しましたが、今回は三年たった今も彼らは石巻に入ったままです。全部根こそぎになくなって、それでなかなか生活再建が出来ない状況が続いている。五年、十年かかるかも知れない。そうすると、何が起きていくかというと、全部根こそぎいなくなっていますので、普通の災害であれば、支援に回っていた人たちまでが外に出てしまったのですね。その上でさらに、支援される側も大量な数になっていますので、それが何回も避難先を移転したりなんかしてシャッフルされた。仮設住宅も夏ぐらいまでかかりましたよね。そのために仮設住宅にいる人たちというのはものすごく高度に要支援の方々になっているわけです。しかもそれを、阪神淡路大震災ぐらいまでだったらまだ周りの人たちが支えられたのですけれども、そういった人たちがいませんから、それを支えに首都圏などからボランティアが行っているわけです。

これは大変ですよ。引くに引けないし、続けるにしたっていつまで続けるのか。先が見えない状態に支援の現場がなっていて。こうなるのは当たり前なのですけれども、こうなっていく過程の中で私たちが気付くのは、支援に入っている人たちって、人しか見ないのですね。仮設住宅の人々もシャッフルされていますので、ある程度地域でまとまっている所もありますが、それぞれ人や家族で入っています。ですから仕方がないのですが、その人たちを見て、個別にこの人をどうする、あの人をどうするというかたちで議論をしている。実際上ここでやらなければいけないのは、こういうことです。一人一人がそれぞれ元々孤立していたのではなくて、家族の中にいて、あるいは地域の中にいたわけですね。ところが今回、家族がバラバラになり、お年寄りは仮設に残っているのですが、子どもたち夫婦は関東に出てしまったり、あるいは郡山に出て来て、場合によっては旦那だけがいわきに働きに行っているとか、そういう家族の分離が進んでいます。そういった中で取り残されているお年寄りですから、彼らが生活再建するためには、家族が戻り、地域が元に戻らないといけない。しかし、それが大変難しいという状況に陥っている。今の支援の現場でその対応が出来るかというと、なかなか出来ないわけです。支援の中の「人」はたしかに個人なのですけど、実際上は「コミュニティの中の人」だったわけですから、コミュニティを直さないと元に戻らないのですが、コミュニティの再建は支援の人たちで出来る範囲を超えてしまっているのです。それを場合によっては支援の現場の人たちが、自分たちの力が足りないからだというふうに議論したりして、支援者がむしろ被災者みたいな感じになりつつある状況も見られます。

支援にはまた、脱原発運動などと絡んでいるところもある。しかも、脱原発に非常に近いところで被災者も考えているはずだというふうに連想されている人もいて、そういったかたちで近づくことがあるようですが、実際上は彼らは原発の仕事そのものにもかなり関わっていますし、僕の知り合った中にも、第二原発にいた人もいますし、電気の配線をやっていた人もおります。そういった人たちも同じ町民ですから、そういった人たちを含めて、この地域をどうしようかという時に、完全に脱原発とはなかなか主張できないのですね。

彼らは避難する時に非常に痛い目に会っていますから、原発を続けるということについては非常に懐疑的であるわけです。ところが、この地域はどうなっていくかと考えた時に、原発推進にしても脱原発にしても、どちらにしても、核廃棄物をどうするかという問題がある。今の構図であれば、脱原発が進んでいった向こうに、核のゴミはここに押し込めるような構図にならないかという危惧さえあるのです。そうすると、避難者の方で支援というところからだんだんと身を引いて行って、残った人たちというのは支援を受けなければ生活できないような人たちだけになってしまう。そうすると、人々を復興させるために支援活動をやっていたはずのものが、支援そのものが復興を阻害し、支援を続けるためにただ支援が続いていくというかたちへと進んで行く。そういう矛盾を孕むことになるわけです。

こうやって復興にしても支援にしても、いろんなかたちで不理解が進んでいる。こうして理解されないでいると何が起きるかというと、被災者たちは、もういくら言ったって理解されない。自分たちのことはわかってもらえないというかたちでの諦めが始まる。ところが、これは市村さんが言うわけですが、諦めだけじゃなくて、諦めきれない人間はどうするのかというと、結局この状況を断ち切って、被害者であったことをなかったことにするというふうな動きが始まっていく。

避難していた人たちが今、いわき市にたくさん集まっています。いわきに家を買うという動きがある。これを「福島に帰っている」と表現することがありますが、これは「帰る」わけじゃないですね。いわきに住んでいたわけじゃないですから。住んでいたところに帰るのではなくて、避難していたところから出ていわき市に行くということです。これは、何かを断ち切っているわけです。そういったようなことが始まっている。もう賠償はいらないと言い出した者もいます。結局いろんなことを言われることが耐えられないので、もういやだというかたちで状況を断ち切ろうという動きが出ているということです。それが例えば、先程あげたタウンミーティングも先ほどの未来会議から以降はやってないのですけれども、そういった活動の停滞にもそういったことが現れているのかなと思います。

今回のことは、西洋近代化を日本が取り入れたことに原点があるような感じがするのですね。科学は西洋発です。近代国家も西洋発です。民主主義も西洋発です。そういったものを積み上げてきた結果として原発ができ、その原発が事故を起こした。その流れで行けば科学の失敗、国家の失敗、民主主義の失敗でこういうことが起きたのだから、そこから、根元から治していかなければいけないと発想しなければならないし、二〇一一年三月の段階には、そんなことを日本全体で議論していたはずなのです。ところが、今出て来ているのは、競争社会の中であなたたちは負けたのだから「負け」だと。事故が起きたのはそこに住んでいた人が悪いのだと。そういうふうなかたちで話が進んでいて、根元から修正すると言っていたあの時の議論というのがみんな吹っ飛んでしまっている。この状況をなんとか打開できないか。それがこの本をつくった動機です。

りました。

三　原発避難とは何か—被害の全貌を考える—

避難とは何か。そのことについて僕も十分理解していなかったんです。市村さんに語らせてみると非常によくわかりました。

当初、いろんな原発事故の調査報告がたくさんありまして、その中にも避難の項目があるのですが、それを見ているとこんなふうになっている。政府の避難指示が何月何日何時の時点でどう出たかといった話がずっと出て来るのです。これはさっきの下村さんもそうですし、国会議員にも会ったりして、当時の官邸の様子というのはかなり詳しくお聞きしましたけれども、確かに避難指示は出しているのです。ただ、その国会議員も言っていましたけれども、この指示が住民に届くとは思っていない。でも、政府としてはとにかく避難の指示を出さなければいけない。それが私たちの責務だと思ってやった。実際考えてみればたしかにそうですが、事故現場と東京の官邸なんてもう何百キロメートルも離れているわけですから、そこで手出し出来るわけはない。その状況の中でとにかく政府にできることということでやったのが避難指示だったというふうに理解できると思います。

私は日本学術会議のある分科会に入っていて、そこで提言も出しているのですけれども、その学術会議の参考人招致に、富岡、大熊、双葉、浪江の四つの町役場で、災害対策本部に詰めていた現場の直接的指導者といえる人たちに集まってもらったことがあります。そうしたら、四人とも言っていたので事故調の方が間違いだと思いますが、政府からの指示というのはない。双葉に関してはここに第一原発がありますので、中から職員が来て危ないという話はしていったらしい。しかし富岡になるとあるのは第二原発なので、とりあえず問題はなかったわけですよね。それで

「何とか持ちこたえている」みたいなかたちで、「早く逃げろ」というような話ではなかった。その中で、特に富岡町では、テレビを見て、これはおかしいぞというので避難を判断したということなのです。

テレビ経由では確かに避難指示とか何とかという言葉も出ていましたから、指示したことになるのでしょうけれども、テレビだって結局、電気が来ていませんので、発電機で回して、役場だから見ることが出来た。普通の人たちは電気が切れればおしまい。その中で、十二日の朝、突然、役場の方で決断をして、バスを手配するから逃げなさいと指示を出すわけです。結局はどこも役場の独自判断だったと聞いています。国から役場へちゃんとした指示が来て避難が行われたかというと、そうではない。

なので、私はこう思ったのですね。国から指示がちゃんとあって逃げたのなら国を信用するという話もある。だから、もう安全だから帰りなさいもあるでしょう。でも、国からの指示も何もなく、役場から逃げろと言われてただ逃げただけで急に帰れと言われても、そんなものは信頼できない。そういう話ですかと市村さんにも聞いてみたわけです。聞いたところ、それは違うと。避難しろと言われた時に、町役場がしているのか国が言っているのかそういうことは住民にとって一切関係ない。指示が出たから行った。指示に従って、西に逃げろと言われたので川内に行った。

彼はバスに乗って避難したのですが、気が付いたら帰れなくなっていたというのです。その時に、政府に対して怒りとかそういったものはあるのかと聞いてみると、「えっ」という感じ、「しまった」といった感じだったと言うのです。じゃあ、そもそもおかしいなと思ったのはいつかと聞くと、彼らは着の身着のまま逃げているのですね。財布さえ持っていない人が結構いる。富岡町の職員の聞き書きによると、バスが出るぞと。その時にどこそこの婆ちゃんが病院の帰りでのこのこ歩いている。バスが出るから早く乗って行けと言って乗せて行ったところ、その婆ちゃんは、

「何だ、今日は役場が親切だな。家まで連れて帰ってくれるのけ」と思って川内まで行ったという。

そういう感覚で、すぐ戻って来る、三日ぐらいで帰って来られるんだと思って避難したら、十二日の昼にドカーンとなった。でもまだ多分、彼らのマインドコントロールは解けてなくて、十五日に三号機の爆発があって、二号機の放射能漏れで飯舘村の方までずっと流れて行った。この大汚染を経て、十六日の朝、もう一回避難しろと言われた。二度目の避難の時に初めて「ああ、おかしい」と気が付いたのですね。ですから、ともかくかなり長い間何が起きているのかわからない。

その時に、十六日の二回目の避難というのが非常に大きな問題を孕んでいて、ここを十分に私たちは理解する必要があると思います。これは、彼自身も「どういっていいかわからない」と言っていますので十分な説明はないのですが、私なりに咀嚼してみるとこういうことです。

十二日に川内村へ行きますね。十五日にまた爆発があって、放射能漏れがあって、これはもう取り返しのつかないぐらいの放射能漏れで、今回の大汚染となったわけですが、川内村も含めて三十キロ圏内は逃げなさいということになります。二十キロから三十キロ圏は屋内退避なのですが、結局は川内村も逃げろということになります。三十キロ圏内の人々は全部逃げ始めます。その時に彼がハッと気が付いたことは、十五日になっても警察も来ない。自衛隊も見ない。これだけのことが起きているのに誰もここへ来ない。物も来ない。川内は農村なので、冬の間の貯えがあるので、お米とか野菜とか、そういった家の中にある物を農家の人たちが持って来て提供してくれたので、食うには困らない。でも、外側からは全然物資が来ない。彼らはなかなか動けない。動けないのはなぜかというと、ガソリンがない。ガソリンを持って来る者がいない。その時に、ここの道が地震で壊れて分断されたというならわかるけれども、道に何の異常もない。来ようとすれば来られるはずなのに誰も来ていなかったという怖さです。つまり、取り残されたという感じですね。自分たちは見捨てられたという感覚を、あの時非常に強い恐怖とともに感じたという。どうもそういうことです。

原発事故が起きた時に、第一原発の現場の人たちはとにかく死守するということで、例の所長以下五十人みたいな話もありましたが、何とかここを守るというかたちで守った。しかし他方で、危ないと思った人たちは早々に避難したわけですよね。十一日の時点でこれを知っていた人たちはもう早い内に遠くに避難してしまっているわけです。それに対して、うかうかとこんな所でまだ残っている人たちがいて、その中に自分がいて子どもたちもいて、本当はもっと逃げなければいけない事態だったのにこんな所にまだいる。しかも、出て行く手段もない。彼の場合は北茨城から友達が来てくれたので、その車に乗って逃げることが出来たけれども、他の人たちはさらにそこから役場がチャーターしたバスを何とか乗り継いで田村へ逃げたり、郡山へ逃げたりするわけです。

そういう、得体の知れない恐怖を彼らは感じていて、その得体の知れない恐怖の原点は何かというと、放射性物質も怖いですけど、原発が爆発するかもしれないという恐怖心です。これは民間の事故調で出たのですかね。政府の方でも最悪のシナリオというのは描いていた。ところがそれも当の住民たちには全然伝わらなかった。

これを官邸の方で聞いて見ると、そういうことを伝えたからといって、ここだけで数万人います。福島の中通りなどを合わせて行くと百万人単位になるので、結局どこで線引きをするのかという時に、ただ逃げればいいということではないという、ぎりぎりの判断をしているわけです。最終的には責任を取らなければいけないかも知れないし、刑事罰も受けなければならないのかも知れない。でも彼らは彼らで、当時の民主党の閣僚たちは、さすがに政治家ですから、そこは覚悟しながら、ぎりぎりの線でこの事態をどういうふうに乗り切るかということを考えた上での二十キロ圏、三十キロ圏に指示を出していくという判断です。それがよかったかどうかは後の問題です。

現場ではそういう大変な状況が起きていて、しかもその状況を住民たちに知らせることもできない。そういう事態ですね。で、知っている人だけは逃げて、知らない人はうかうかと被ばくしたり、場合によっては命の危険にさらされている。その時、まだ双葉や大熊では、病院などに人々が残っていたのですね。そんな状況の中で亡くなった人もいる。そういう意味では非常に怒りとかもあるのでしょうが、怒りよりも何よりも問題なのは、「えっ、本当？」という感覚ですね。

ここから今回の避難で、何で全都道府県に人が散らばったのかということが少しわかるのではないかと思います。これはただ単に、原発が爆発するから怖いと思って、とにかく遠くへ逃げろといって出て行った結果ではないのです。そういうかたちで出て行ったにしても、郡山でとどまる人もいたし、いわきでとどまる人もいるわけです。それに対して関西まで行った人もいるし東京まで行った人もいる。でも、八十キロ圏なんていうと東京も全然安全ではないわけですね。それだと本当は関西に逃げなきゃいけない。

じゃあ関西に行くのかというと、例えば彼は元々横浜の人です。横浜の生まれで、親が川内村だということで近くの富岡町へ家を求めて移り住んで、そこで自分も職を探したという人物です。ですから、横浜とか東京だったら知り合いがいるわけです。馴染みもある。だから、そういう所を選んで行く。知らない関東へ行ったわけではない。静岡へ行った仲間のメンバーも、奥さんの実家がそこだった。関西へ行った人もそういうことが多いですね。新潟が多いというのは、元々東京電力も、原発の関係でいろいろと業者なんかは行き交っていて、婚姻もそこで進んでいたりするわけです。そうすると、親戚がいるということで新潟が多くなる。

そういったようなことで、恐らく、危険だから安全を求めて逃げたというよりは、こういう避難だったのでとにかく不安で不安で仕方がない。安心できる確実な情報がもらえる場所に行きたい。多分そういうことですね。そして、結局、福島の方へ戻って行くというのも、恐らく、危険か安全かということだけでいえば危ないと思って出たのだから、帰るという選択はないのかもしれないけれども、そこにやっぱり自分が安心できる場所、自分が落ち着いて居られる場所を探して逃避行が続いている。

ということは、郡山だっていわきだって、「福島に帰る」と言いますが、帰るんじゃない。そこが落ち着き先かというと、福島の中でこそいろんな反目もある。仮設住宅に、「帰れ」という落書きが出たような話がありましたね。あれなども、聞いたところでは広野の仮設らしいのですが、広野は三十キロ圏なので、もう避難指示が解除されていて帰ることが出来るのですね。なのにどうして仮設に居続けるのかという、ある種のいじめみたいなことが、却って福島の中で起きるわけです。それに対して、東京などへ来てしまえば、あまり気にせず暮らすことが出来る。福島にいるということの方がいろいろと軋轢も多いでしょう。

恐らくこの広域避難は、安全よりも安心を求めて、伝手《つて》をたどって行ったものです。こういう小さな町ですが、逆に言うと、伝手をたどった時にも全国にこれだけ関係性が広がっていたということを表しているのだというふうに考えることができるのです。

その時に、なかなか福島県内に帰らない人がいる。いわきとか郡山に留まって帰らない人がいる。そういった人たちに対して、一部では、賠償が欲しいから帰らないんじゃないかという議論が出て来ています。「賠償貰ってよかったね」と彼も言われたことがあるそうです。賠償というのは結局、倍返しにして償うということですよね。償うのはなぜかというと、失ったものがあるからです。失ったものがあるので、それがもう取り戻せないのでお金に換算して償いましょうというのが賠償です。失ったものがあるのに「よかった」とは普通言わない。

またその額も、加害者・被害者のあいだで話し合い、和解し合って決めるのが本来の賠償です。ところが、今回の場合は東電の方で基準を決めて、これこれこうですよと一括して処理をする。例えば百万になるはずだと言って出しても、あなたのは五十万円ですねといって返って来る。しかも査定がどういうふうになっているのか、詳しいことは教えない。そのようなことがずっと続いています。和解とは言えないようなかたちで和解したことにされ、償いとはいえないようなかたちで金を渡されている状況の中で、さらに賠償が出始めたということに対して、例えば近しい支援者の方からポロッと、「賠償貰ってよかったね。これで生活再建が出来るね」みたいなことを言われたということです。賠償というのは生活再建費ではないですよね。それは全く別の概念であり、考え方であり、賠償は賠償ですね。これは話が違うものなのです。

ところが、与党から二〇一三年十一月八日、「原子力事故災害と復興加速に向けて」というものが出されました。この中にも出ているのですが、政府の考え方としては、生活再建＝賠償になっています。それから、なぜか知らないけど、地域再生が除染になっているのですね。健康問題も今はリスクコミュニケーションということになっている。リスクコミュニケーションというのは政府の説明でいうと、安全だということをちゃんと理解しましょう、被ばくを恐れるな、うまく放射能と付き合いましょうと。それがリスクコミュニケーションになってしまっているのです。

被災者からすると、生活再建というのは住居をどこにするのか、仕事をどうするのか、子どもたちはどこの学校へ

避難をめぐる問題群

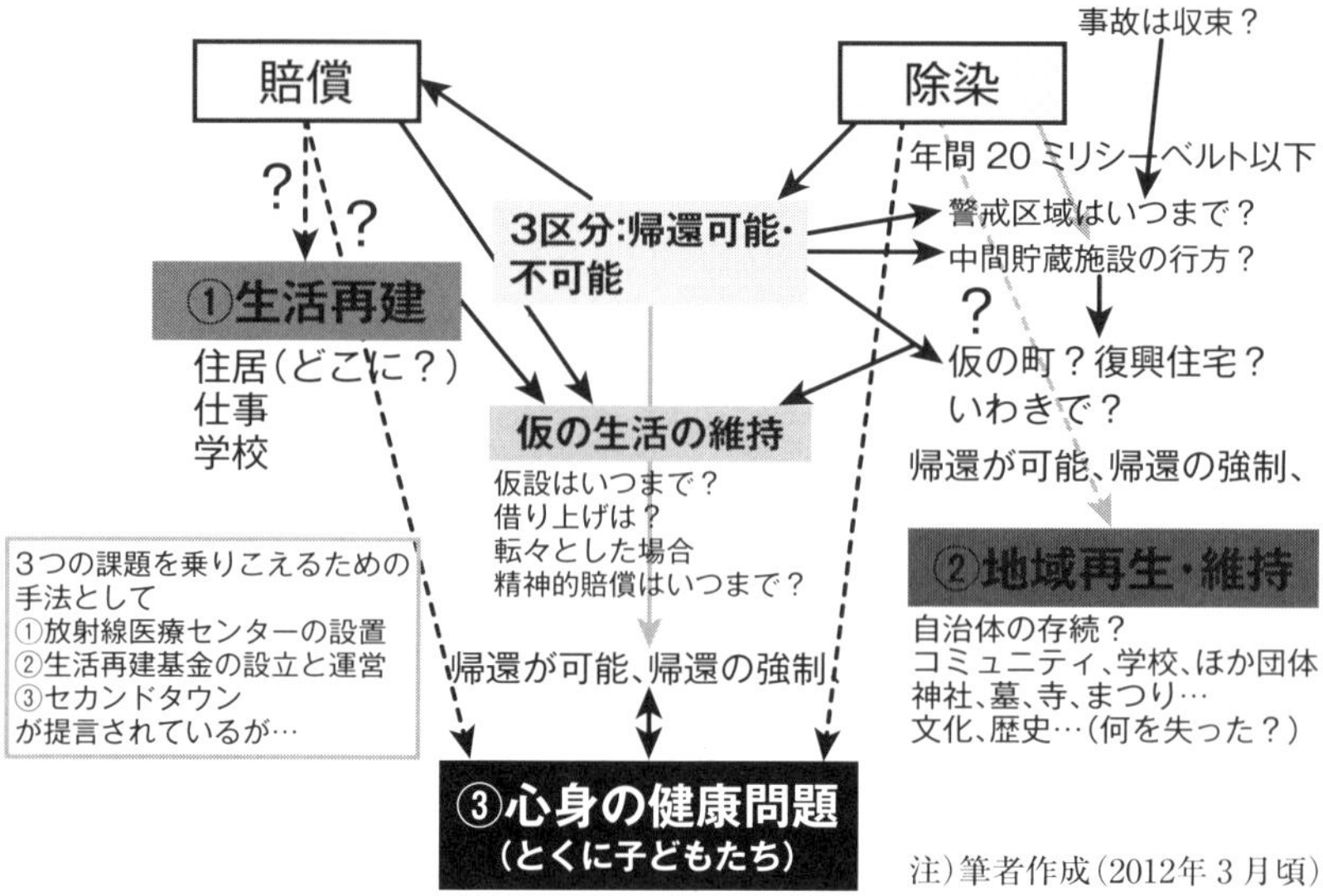

注）筆者作成（2012年3月頃）

どうやって行くのか、そういったことが問題です。しかも、ここはけっこう三世代の家族が多い。そうすると、爺ちゃん婆ちゃんの考えと夫婦の考えと子どもたちの考えといろいろ違うわけです。それらをすり合わせて行かなきゃいけないわけで、それが生活再建なのですが、それを、基本的に今の政府の政策は、百パーセント賠償で何とかしなさいというかたちになっています。それが多分、「賠償貰ってよかったね」という言葉になってしまうのでしょう。

私たち国民も、たくさん賠償金を貰っているからそれで生活再建が出来るだろうというふうに理解してしまってはいないでしょうか。賠償が出るとか出ないとかということと、生活再建が出来るということとは別ですよね。そして、政府なり東京電力の責任としては、賠償するのも一つの責任の取り方ですが、失った生活をどう取り戻すのかが重要です。そしてどうやっても取り戻すことが出来ないから賠償するのであって、暮らしを取り戻していくために何らかの努力をして行くという、その努力の姿勢を見せることが償うということになるはずなのです。

これは環境経済学の先生から強く言われましたけれども、公害論をやる時には、賠償論では絶対やっちゃいけない。原状回復論でやらなければいけないと、強く言われました。実際そうだと思います。しかもそれは避難者の間でも非常によくわかっていて、そういう話は必ず出てきます。我々が欲しいのは何か。原状回復だ。元の地域に戻してほしい。それが出来ないのなら賠償でしょう。私たちが欲しいのは、元の暮らしを戻してほしいということだ。「それが出来ないのなら」というところをしっかり認めるのであれば賠償に応じてもいいでしょうけど、生活再建は賠償だというかたちでボンと来て、それどころか、地域再生も、あの地域に住めなくしてしまったということについては、除染することによって住めるようになるでしょうということになっています。実際に住む人が少なくなって、地域が崩壊しても加害者には何の責任もないという論理になっているのです。

法律や弁護士の方々とお話をしていると、どうも個人の賠償や家産の話に行くんですね。でもそれでは金取りになっちゃう。それは一つの手段であって、むしろ生活再建のためにこういう制度が必要だとか、地域再生のためにこういう制度が必要だという議論をしなければいけないのに、そういうことが後回しになってしまうのですね。そこのところは弁護士の方々にももっと頑張っていただかなければいけないのかなと思います。いずれにしても、賠償というのはそういうことで、そこでもやっぱり不理解が働いていていて、いくら貰ったというかたちで彼らを見ているふしがある。

結局、この避難論や賠償論に何が抜けているかというと――これが社会学者の中でも今その話になってきているのですが――被害論が全くない。一体何を失ったのかということが議論されないまま、突然、賠償という話になっているのですね。交通事故と同じように進めているらしいのですが、考えれば交通事故と同じというのも不思議な話です。

市村さんというのが元は保険屋なので、交通事故との比較もこの本の中でやったのですが、三十五万円というのがそういうもので出た時の最高金額だそうです。一か月に。一般的には十五万とか十二万とか、そのあたりで出るのが普通らしいです。それが原発災害では月十万という金額が決まって支払われているということです。ですから、一般的な基準から言っても額は大きくはなく、交通事故で受けた被害と彼らの受けた被害が同じくらいのものと考えてよいのかというところから本来議論しなければいけないところです。そういうことを一切抜きに賠償の話が進んでいて、それどころか、彼らが失ったものは何かといった時に、僕らは一つには、とにかくくっ付いていたものが全部無くなったということの怖さですね。これは実は津波被災地でも起きている問題です。

私たちは社会学者なのでこれを気にします。地域再生ですね。コミュニティが全部なくなった。一切合財そこにいた人たちがいなくなった。そういう事態を作ったということの今回の国や東電の責任というのは非常に重いですね。二、三日で帰って来られるのなら大したことはないでしょう。それが一年経ち、二年経ち、五年経ちということになってくれれば、それはなかなかみんなが戻って元の生活をするということにはならない。産業もやらなければいけない。家族も元に戻さなればいけない。また産業をやると言ったって、自営業者であれば、職員がみんな出てしまっているから、そういった人たちを元に戻さなきゃいけないわけです。お客さんも戻ってこなければ仕事にならない。そんなことはとてもじゃないけど、今からやろうとしても難しいですね。だから、相当時間をかけて地域再生を進めて行かなければいけないのですが、それに対して今の方策は除染と雇用対策、それに産業づくりです。野菜工場とかバイオマスとか自然エネルギーとか言ってやっているわけですが、逆に言うとそういう職があるから生活再建が出来るんじゃないのみたいなかたちにもなってきている。

でも保険屋をやってたり、パソコン屋をやってたり、行政書士とか散髪屋をやっていたという人たちに、除染をやったらいいだろうというのは、生活再建というのはそういうことではないですよね。働く場所があって、金が貰えればいいだろうという考え方は非常に横暴だと思います。そういうようなことが実際上行われているので、「これは我々のための復興政策ではない」という声が、住民や当事者の中から起きているのです。それは当然だと思います。

じゃあ、どうやったら人々のための生活再建なり、地域再生が出来るのかというと、これはなかなか難しいですね。全てがくっ付いて、いっしょになって壊れちゃっている。私たちの暮らしというのは必ず健康な心身があっての話ですよね。ところが、この健康な心身を維持するためには生活再建しなければいけない。でも、生活再建をしようにも、例えば家族がバラバラに住むということが強いられている。

そして地域の再生ということを含めて考えるとすれば、この地域を再生するためには、あの場所に戻って仕事をしなきゃいけないけれども、そのためには子どもたちも連れて帰らなければいけない。でも、子どもたちをあんな場所で育てるわけにはいかない。結局、どっちつかずなんです。それでもここで何らかのかたちで原状回復できるとすれば、やはり三十年は見なければならない。三十年ぐらい経てばかなりの程度、放射線量が落ちてきますね。セシウム一三七は確か三十年が半減期です。そこまではぐっと落ちて行く。その先はあまり落ちませんけれども、そこまである程度落ちていくということは、一応計算が立つ。

それから、百ミリでも安全だという話がありますけれども、これは要するに、刻まれた遺伝子の傷がどういうかたちで将来的に癌とか奇形といったかたちで出て来るのかということです。極端な話、お年寄りや自分はもう子どもを産まないという人であれば、その人の分の寿命が縮まることに関してはあまり文句を言う人はいないですね。問題は子どもたちの健康であり、またその子どもたちが結婚して、その子どもたちを産む時に出て来るわけで、そうすると、心身の健康問題について三十年は経たないとはっきりわからない。三十年経った時に、本当に百ミリ浴びても大丈夫だったという結果が出れば、彼らにとっては万々歳ですし、それを望んでいるわけです。が、三十年経つまではここに子どもたちを連れて、安全だから住みなさいみたいなことを言われてもできるはずもないわけですね。

三十年かけて、どういうかたちで順々に戻していくか。これは法政大学の舩橋晴俊先生が最近そういう議論を始めましたが、「さみだれ式帰還」ということを推奨しなければいけない。今の政府のやり方は、一気に帰還。それに対して自治体の方は、帰還したくないとか帰還できないとかというかたちで抵抗していたわけですが、結局、地域を再生しようと思ったら、帰れる人から順々に帰って行って、帰れない人は帰る人を外側から支えて行くというふうな方式を取らざるを得ないだろう。福島大学の今井照先生はこうしたことを実現するために、住民票の二重登録をやる必要があるという議論をしています。

かなりいろんな知恵を合わせ技しながら、生活再建、地域の再生・維持、心身の健康問題、この三つが十分に成り立つようにしなければ、生活再建でただ仕事があれば良いといった話でもないでしょうし、生活再建なしに地域の再生なんてありえない。そもそも健康問題というのが今回最大の問題ですから、これをどういうふうにうまく制度化し、人々を支えて行くのかということを十分に議論しなければいけないのですが、今の政策はまだそうなっていないということです。

原発避難の原点からしてそうなんだけど、その時に最も大きな問題は、実は第一原発そのものの問題です。ここで何が起きているのか本当はわからない。放射線の問題ばかり言いましたけど、爆発する危険性を感じてみんな、真っ青になって逃げているわけです。それまで、こんなことが起きるなんて思ってもいませんでしたので、こんなことには関心なかったんですけれども、それに気が付いた瞬間に非常に強い恐怖を感じて、それで彼らはもうあそこに戻りたくないと思っている。それでも関東など、知らないところで生活するよりは、自分の地域の近くの方が安心だと思って帰る人たちもいる。でも、どこかでみんながお互いに思っているのは、「ここはまだ止まってないでしょう」ということです。

汚染水の問題などが出て来ていますが、除染した後にまた放射線量が上がるんだそうです。除染した後に線量が上がるというのは、山の方にあったやつが下りて来ているという説明になっているのですけれども、そうじゃないんじゃないかという話をする人もいます。二〇一一年の九月か十月に新聞に出たのですけれども、キセノンが検出されたというのです。キセノンは半減期がすごく短くて、一日で消えるらしいです。そのキセノンが半年経っても出ていたというのです。そうすると、その時点でまだ止まっていない。それどころか、これはちょっと不気味なんですけど、収束宣言というのがあったじゃないですか。二〇一一年十二月十六日、当時の野田総理が冷温停止状態を確認しましたと。これが新聞報道では収束宣言というかたちで出た。あれがその後どういうふうに使われているかというと、事故はもう終わったので帰りなさいなのですね。十二月十六日まではまだ爆発の危険性があった。でももう爆発の危険性がなくなりましたという宣言ですね。そうすると同心円の避難はいらなくなるので、汚染された状態によって被害を確定して、帰る、帰れないを決めましょうということになったということです。それが二〇一三年三月の警戒区域の解除と避難指示区域の再編という動きにつながっていきます。

四　原発立地自治体を考える—新しい安全神話の成立—

みんな口にはあまり出さないけど、本当に爆発の危険はないのか、もう二度と逃げなくてもいいのかというところが、帰れない理由としてあるようですね。この辺の話はなかなか口に出すのが難しい。その理由のもう一つとしてこの問題があります。つまり原発立地って一体どういうふうに理解されているのかということです。

僕はもともと弘前にいましたので、青森県は原発立地地域ですから、僕も普通の県民として、原発教育は受けていました。今東京に移ってきて、他県に行くとそれがないことに、僕でさえあらためて驚く。

いろんなことが起きた時に、この原発がなぜあの福島県浜通りにあったのかということが、多分一番理解してもらいにくいところのようです。よく彼らは「何で原発のそばに住んでいたんですか。危ないということがわかっていて」と質問されるそうです。こう質問されると、普通の避難者は答えられなくなって大体は逃げちゃう。市村さんに無理やり言わせてみた時に、何が出て来たかというと、こういう話をするわけですね。

事故の前です。ある時、保安院の会議に出たことがある。出た時に、「原発を全部止めたらどうなるの」と聞いた。そしたら、「東京は止まりますよ」と言われた。そう言われると、やっぱり自分たちはどこかで東京を背負っている。日本を背負って頑張っているのだと。彼は別に原発そのものに関わったわけじゃありませんが、うちの地域に原発があるというのは、これは日本の国のためなんだ。正義としてやっていたという話ですね。

これは私がいた青森県でもわからないわけではない。核燃サイクルなど、いろいろややこしい部分はありますが、そこで行われている言説の質は同じですね。この国のために原子力は必要で、日本のものは最高水準の技術と科学を駆使した、世界に冠たるすごいものなのだと。そこにあなたたちは関わっているのですよという言い方をしていました。僕は研究者ですから、心のどこかで疑いを持っていましたけれども、それでも、そこまで言うのならそうなんでしょうと思っていました。あの手この手でやってきますから。いろんな有名人が来て説得して行くんですよ。この人が言うのなら間違いないみたいな感じにさえなります。その人たちもだまされていたのかも知れませんが。

ところが、事故が起きてみると、東京は普通に動いていて、僕もびっくりしましたが、五月に東京に来た時に新宿へ行ったら、パチンコの宣伝車が走っているのですよ。これはかなりの驚きでした。夜は暗かったですけどね。それでもう、彼らに何が起きるかというと、人生の全否定です。今までの人生は何だったのか。何でそんな危険な原発のそばに住んでいたのか。答えられないのはそれですね。あなたの人生は意味はなかった。何でそれに気付かなかったのかということです。実際、そういう状況に陥っているということです。全部奪われたわけですから。全部なくなったわけですから。人生の全否定というのは現実的に彼らはそうなっているのです。命は取られていないけれども、人生は何もなくなったという状態で、それを今、金に替えさせられている。そういうことだと思えばいいですね。

でも原発から恩恵を受けて来たんだろう。恩恵を受けて来たのだからこんな罰を受けるのは当たり前だという話もある。しかし、ちゃんと商売をして、仕事をして働いて、対価を得たということは、別に恩恵を受けたということではないだろう。もちろん、そのことによって家族が三世代いっしょに暮らしてきた。それも例えば、「今、避難しています。家族バラバラです、大変なんです」といったとして、それを東京の人が、「いや、うちだって家族バラバラですよ、単身赴任で三年ぐらい旦那はまともに帰って来ていません」と言われた時に、何も答えることが出来ない。

このままだとどうしても彼らは負けてしまいますので、私たち社会学者が何らかのかたちで彼らを救わないといけない。私自身にとっても青森県の行く末はとっても重要なので、今後の青森県のことを考えるためにも、こうした議論には何とか勝たなければいけない。どうやってこの難しい立場を理解してもらったらよいのかということになります。

結局、原発の事故がなぜ起きたのかというと、絶対事故は起こさない、起きないというふうに言っていたのですね。ところが起きてしまったその時に、これをどう考えればよいかというと、これはどうも、国家がこのリスクを賭けて——原発事故は起きないという方に賭けて——安価で安定的だといわれる電力を確保し、それから、もしかすると国防上の、原発を持っているということでの何らかの意味合いも確保していたのかもしれない。原発が、アメリカや諸外国に対するいろんなかたちでの牽制力になったのかもしれない。けれどもいずれにしても、国家がそのリスクを賭けたのですけど、実際に事故を起こしてしまったということで、その賭けに失敗したということです。

これに対して原発立地といったって、好き好んで地元がこんなものを誘致したのではない。現地の人たちが、「原発っていいらしいぞ。原発やろう、やろう」と言って考えてここに原発を持ってきたわけではないですね。元々は国が考え、国で必要だからというかたちでいろんな場所を当たりながら、ここが適地だということで持ってきたのです。それに対して、ここでは第二原発が特にそうらしいけれども、いろんな反対運動があった。その反対運動の中で、政府の方でここに置くことを説得し、その時に多分、絶対安全だという話をしたはずです。

事故直前にも保安院が来て、そうした説明をしていたようです。第一原発、第二原発の関係者たちに説明会をした時に、ちょうど市村さんがそこに行った。そこで、「あまり安全安全と言っていると、却って危険だと思われるのではないか」と言ったら、保安院の方が「安全と言って何が悪い」と激怒したそうです。これは多分、保安院の人も本気でそう思っていたのでしょうし、そういったかたちでのある種の集団的なマインドコントロールが働いている中で、事故は起きたと思います。

その時に、この、安全を安全だと言って何が悪いと言った保安院に対して、地元の人たちが反論できるかというと、これは絶対出来ないですね。なぜかというと、安全だと言っているのは国家であり、普通の住民ではない。安全だと言っているのは経産省の役人であり、普通の住民ではありません。それから、安全だと言っている人の背後には科学者がいて技術者がいて、これも普通の人ではありません。結局、権威や権限を持っている人たちが、これは安全だ、大丈夫だ、これをやることがあなたたちのためなんだというかたちで持って来て、それに失敗した。でも、それを望んだのは元々この人たちではない。ここに外から原発を持ってこられたがためにこんなふうになった。

結局、安全ではなかった。そういう意味では彼らの話の中によく出て来るのは「裏切り」です。今まで大丈夫だと言っていたのにそうではなかった。これはどういうことなんだ。怒りよりも裏切りだという言い方をするわけですが、その裏切りに対して、さらに事故後に何が起きているかというと、政府は、事故は起きましたけどここは安全です、もう事故は終わっています。これ以上爆発しません。汚染水は漏れていません。安全なので、帰りなさいと、こうなっているわけです。そしてその一部は危険なのでここは買い取りますみたいなそんな話になって来ているわけです。

相変わらず、安全か危険かというのは国が決める。研究者が決める。科学が決める。当事者ではない。自治体はこのなかで可哀想ですね。自治体もこうした決定には全く蚊帳の外で、決定は上からボンボンボンボン降り注いで来て、抵抗してもそれを鵜呑みにさせられた上に、住民説明会では不思議なことに、国が決めたことを役場が決めたんだというかたちで住民に対して発表させられる。そういう説明会を私も一度見ました。住民だけでなく、自治体も本当の意味で決定に関われていないということなのです。ただこうして、帰れるか、帰れないかは国が決めますよというかたちで進んで行くと、これはいったいどういうことがおきるのかということになります。

五　「ふるさと」が変貌する日―リスク回避のために―

僕は元々、震災直後は岩手県の野田村のほうへ行っていたので、津波災害をどうしようかと考えていたのです。その後、石巻や気仙沼の何人かの人たちとも縁があって行き合うようになって、その過程で今、津波被災地で起きている巨大防潮堤の建設を巡る議論を聞いています。

津波被災地と原発避難の問題と、何が違うのか。突き詰めて行くと、全て失ったというのは同じですね。それと、命のやりとりも同じです。除染と賠償ですべてが決まって行こうとしている。全ての復興政策が上から決定されている原発自治体と、実は津波の被災地だって、高台移転と巨大防潮堤、しかも一回水が掛かった所は絶対住まわせないみたいな、そういうかたちで、住む所、住めない所を全て上で決めるという点も、基本的には構図がいっしょなのですね。意外に似ているのです。ただ、原発事故地は「帰れ」。それに対して津波被災地は「帰るな」ですね。そういう方向で動いています。

その時に、何が一番違うのか。原発事故は人災です。それに対して津波は天災ですので、これは加害・被害関係はないですね。それから、原発事故は放射性物質という、わけのわからないものが存在していて、それに対して、津波被災地はその気になれば住める。ところが、考えてみると、津波のリスクという得体の知れないものがやはり存在していて、一度水が掛かった所は千年後にまた水が掛かるかも知れない。だからもう二度と住んではいけないみたいな話になっていて、そういう意味では、科学や国家が介入することによって、暮らしや人生が復興という名のもとに踏みつぶされていくということは、結構似ているのです。

それでもなお、何が違うのかと考えてみた時、やっぱりさっきの問題なのですね。国家が関わっている。津波の被災地は賠償とか何もないわけです。それに対して、賠償を彼らは東電からですが貰っている。このことは生活再建するなり復興するなりにとって有利であると考えられ勝ちですけれども、逆に言うと、国営に近い企業と国家と国民とに、彼らは個人として向き合っていかなければいけない。そういう意味でいうと、津波被災地はまだそうはいっても、地域の内部的な問題の中である程度処理できる部分があるのです。

原子力は国策なので、原発の避難問題や事故後の復興のすべても国策として動いています。ですから、常に福島県では知事が見えないでしょう。この問題に。それはそういうところからくるのです。逆に言うと、国が関わっているから安全だとか安心だとか思っている人もいるかも知れません。でも国が関わっていることによって、住民一人一人、全く口出しが出来ない状況に置かれているということでもあるわけですね。これを今のまま続けて行くと、何が起きるかというと、こんなことが起きて来るのです。このまま帰還政策が進んでいった時に、富岡町は三区分ですから、今もうすでにゲートが張られているみたいですが、ここから先は危険だから入るなという場所と、それからちょっとの違いで、帰りなさいという場所が現れて来る。また場合によっては放射性物質の中間貯蔵施設がすぐそばに出来て行く。除染したものがそこに運び込まれて行くルートに町全体が組み込まれて行く。

とすると、いくら何とか町を残したいと思って、帰ろうと目論んでいたとしても、家族の関係や地域の関係などいろいろありますから、その中で帰れる人というのはごく一部に限られていく。その中で、どうしても帰らなきゃいけない人というのはどういう人かというと、帰らざるを得ない人になって来る。その分岐点は、政府がやっている避難者政策がどこまで続くかということです。

各地に仮設住宅があります。それから、仮設住宅以外にも各地にアパートやマンションを借り上げて、借り上げ住宅・見なし仮設という制度が今回は動いています。それで各地で避難者たちは生活をしています。それに一人当たり月十万円の精神的賠償が出ているという、そういう構造です。その時に、避難解除をすれば、これはおそらくこのままでは賠償を出さなくてもいいということになってくるのですよね。

それから、もう帰れるのにどうして避難しているんだと。仮設住宅なんかは制度的には災害救助で国の税金でやっているのです。ですから避難解除をしても災害は続いているので支援しましょうということで、仮設などは残っているのですが、これを、いつどこで解くのかという話がこれから問題になって来るのです。これをやめられてしまうと、元の場所に帰らざるを得ない人たちが出て来る。そのタイミングがいつになって来るかという問題があります。

帰らなきゃいけない人は、ではどういう人なのかということになります。今回の要支援者というか、被災者の中でもとくに支援を必要としている人たちは、今までの被災者とは相当質が違います。年代的にいうと、昭和の生まればかりになります。昭和のお年寄りというのはどうなのでしょうね。明治・大正生まれのお年寄りとはどうも質が違うみたいですね。そういった人たちが、しかも長期にわたって帰ることが出来ず、帰る場所が放射性物質で汚染されていて、地域再建がなかなか難しい。そういう場所を選ばざるを得ない人たちとはどういう人たちになるのか。

その時に、もう一つ問題があって、いま原発避難者特例法というものが動いています。要するに、避難した先でも避難元と同じように行政サービスが受けられるという法律です。実はそんなことがなくても、災害支援では普通にそれをやっているので、別になくてもいいんだけどというような話もありますが、一応それがあるので、住民票を移さなくても、行った先でいろんなことが出来る。それで今はまだ人々は住民票を移していないのです。

しかしちょっとずつ動き始めてきた。多分、断ち切って移しちゃった人が少し出て来た。それでもまだ残しているのは、一つには賠償の問題があるというふうに言われているのですが、それもよく聞いてみると、みんなどこかに引っかかるものがあるのですね。それはやっぱり、覚悟して出て来ていないので、これで住民票を抜いてしまうと、二度と戻せませんから、それはどうなんだという思いがある。

ところが、こうして区域が再編されて特例法が解除されていくと、当然ですけれども、住民票を抜かざるを得なくなってくる人たちが出て来るだろう。さっき言ったように、諦めや断ち切りが起きた時、自ら抜いて出て行く人ももっと出て来るかもしれない。もう嫌だと思う人も出て来ると思います。もう原発とは付き合いたくないと思う人もあるでしょう。

でもそうやって自ら住民票を抜くことができる人というのは、多分自力再建が出来る人です。それでもなお避難元に住民票を残す人とはどういう人なのだろうか。おそらくそれは高齢者ばかり、しかも、元気で豊かな高齢者は多分いなくなって、貧しくて、何らかの問題のある方々が残ってしまうということになってくるのではないか。

今はまだ、自治体はちゃんと元の住民で構成されており、あの時避難した人たちですから、避難というのはどれだけ大変なものか、原子力政策が失敗するとはどういうことなのかということを身に染みている人たちですので、福島県も含めてここは絶対に最終処分場にするなというわけです。でも、ここを守っていた人が抜けてしまったら一体どうなるのか。

住民が減って行って、自治体の維持についての施策を何も展開できなければ、どうなるのか。人口が減れば合併するという話も出てきています。合併して、帰らざるをえない人たちだけで集まって、さらにここの除染とか、廃炉の事業なんかで集まって来る人。もちろん中には義侠心があって、ここで新しい産業を起こすといって、国の補助金なんかを貰って頑張る人もいるのかも知れませんが、そんなこと、別にここでやらなくてもいいじゃないですか。それがちゃんと町の再生につながるという見通しがあれば、命を賭けてもやる人が出て来るかもしれませんけれども、今のようなやり方で、「全部政府が決めますよ、危険かどうかもこっちが決めますよ。あなたたちは考えなくてもいい。安全なんだから、安全と信じなさい」というかたちで言われても、結局ボロボロと色んなことが出てくれば、政府の話はどうもおかしいとなるだけでしょう。そういった所に集まって来る人間というのはかなり危ない方々だと思います。今はまだまともですよね、みんな。でもこの人たちが断ち切り始めるとどうなるのか。

人間の集団というのは生きていますので、良いように進んで行けば、どんな状態であっても自分を犠牲にしてでもこの地域を守るというふうに動いて行くわけですが、失敗すると話が逆転して、悪いことを考える人間ばかりが集まる場所にもなり得る。そういうふうになり得る条件みたいなものが、今ここでは確実に揃って来ているというふうに思うわけです。

元々、安全か危険かということについて、地元の人たちが参加して納得できるようなかたちで科学が説明し、原発を運営していればよかったのです。そして実際上、事故調でもあるように、下に置いた発電機を上にさえあげていれば何ともなかったのですね。

ただそれだけのことに失敗したといえばそれだけのことですが、それをいったいどういうふうに考えるべきかといえば、こういうことだと思います。自治をあまりにも軽視したことによって、一部の人たちだけで、それも地元以外の人が安全だと決めていたことによって失敗したということです。それを反省しないまま何が起きているかというと、今度は、こうした危険な人たちが集まって来るということです。今のままでは、ここを絶対に最終処分場にしないぞと言っていた人たちが出て行って、中身が入れ替わり、金を出すのだったら危険でもいいよという人々が入り込んでくることになるでしょう。

事故を起こしたことによって、ここが最終処分場になり得る下地ができたということですね。ただ、ここは地盤的には余りよろしくないとも聞きます。だから、僕らが言っているのは素人的な話で、本当は阿武隈山地のあたりが狙われているという話も聞こえてきます。

これは国策の失敗なので、こんなふうに人間の意志を超えて動いていくのですね。国際社会もこうしたことに全部反応して行きます。原子力政策やその事故というのは非常に規模が大きい。これは、政策をちょっと失敗したとか間違ったみたいなかたちでは終わらない。それだけの責任を持って、政治家たちがちゃんと決定してくれなければ困る。そういうレベルでこの問題を少しでもいろんな人が考えてくれればいいなと思っています。

その時に、じゃあ僕らに何が出来るかということですが、僕もよく分かりません。分かりませんが、結局、僕らは普通の国民です。それから、僕は研究者ですが、社会学者は別に原子力を扱えるわけではありません。人間の集団の研究をやっているわけですから、この日本という国の国民という集団が、どういう集団になるのかということ、そこで勝負するしかないと思っています。そういう意味ではある種の啓蒙というかたちになるのかもしれませんが、ともかく国民レベルでもう少しいろんな議論をしっかり行う場を作ることが必要だと思います。そして三年をすぎて、メディアの中にもかなり色んな人が、的確な情報を発信するようにはなってきてはいると思うのです。

少なくとも今起きていることを考えて行くと、リスクというのは想像力なのですね。原発の事故が起きる前までは、僕もそのリスクの想像力が働かなかったかも知れませんが、起きてしまった以上は、こういうことが起きるというところから何かを考えて行かなきゃいけない。そして、今進めているこの事後処理そのものが大きなリスクを抱え込んでいるんですよね。どうやってこの事故を収めるのか。大変ですよ、本当に。こんなひどいことを起こしたのだから、責任者たちはみんな「切腹」だと普通は思いますけれども、そういう責任さえちゃんと問われないままです。責任が問われないのは何が起きたのかがまだ十分に明らかになっていないからですから、それは研究者の怠慢と言えば怠慢ですが、例えば社会学者としては一応こういうふうなかたちで、今起きていることを説明できるようにはなって来ている。

現在私たちが抱えているリスクをしっかり想像し、そこからどういうふうに解決していくべきか、その力を私たちがいかに獲得して行くのかということをしっかり考えていくことが重要です。ともかく起きてしまったので、起きたことをまずをどうにかしなければならない。その時に脱原発という発想がいいのか。僕は意外と原発をもう一回徹底的にやり直すという方向もアリだと思っています。

それは何かと言いますと、最終的にここが最終処分場になります。なりますけど、なるんだったらなるで、絶対に事故が起きない。絶対に漏れない。ものすごくクリーンで最高水準で、世界中の技術と日本の英知を集めて、ここが本当に機能することによって、国の原子力政策がちゃんと安定的に守られる。そういうものが出来るのであれば、恐らくここの人たちの士気も上がるし、多少リスクがあっても、自分はここに関わるんだというかたちで帰って来る人たちもいるでしょうし、それはそれで一つのやり方だと思います。しかしそれが、放射能ダダ漏れの現場で、金だけ貰えれば多少危険でも構わないみたいな人たちが集まるような場所になってしまったら、本当にこの国の未来はないかもしれません。

物事は容易にひっくり返りますので、どういうかたちに持っていくのかということの決定が非常に重要です。適切な想像力をもって、しっかりとした政策が実現できるよう十分に、科学の場と住民の自治と、国民のいろんな意見を吸い上げながら、政府の力でもって政治的決断を重ねながらやって行く。そういうやり方をしていかねばならない。全体でみんなで変わって行くしかないと思います。

この間、ある省庁の方にヒヤリングを行いました。いろいろ話を聞きました。彼が言った言葉はすごく正直なのですね。「政府だけでどこまでやれるのかといえば、なかなか出来ないと思う。これは個人的意見だが」と。これは非常に重要な言い方だなあと思います。どこかで政府に何かをしろとか、この事態を省庁で何とかしろとかと押しつけている部分もあるんですよね。国民のほうで。あるいは被災者のほうでも。でも、問題が大きすぎて、政府だけで解消出来るはずもないのです。例えば、科学がちゃんと協力しなければ駄目だ。逆に、政治や行政の官僚たちがちゃんと科学に門戸を開いてしっかりと膝を揃えて議論できるような場を作らないと、先へ進むのはなかなか難しいでしょう。今のところその道筋は全然見えないのですが、そういったようなことがいかに可能か社会学者としても追究していきたいと思っています。

〔参考文献〕

今井照『自治体再建―原発避難と「移動する村」』（筑摩書房、二〇一四年）

佐藤彰彦「原発避難者を取り巻く問題の構造――タウンミーティング事業の取り組み・支援活動からみえてきたこと」『社会学評論』第六四巻第三号、四三九―四五八頁（二〇一三年）

東京電力福島原子力発電所事故調査委員会『国会事故調　報告書』（徳間書店、二〇一二年）

日本学術会議社会学委員会・東日本大震災の被害構造と日本社会の再建の道を探る分科会「東日本大震災からの復興政策の改善についての提言」（二〇一四年）

福島原発事故独立検証委員会『福島原発事故独立検証委員会　調査・検証報告書』ディスカバー・トゥエンティワン（民間事故調）（二〇一二年）

船橋晴俊「震災問題対処のために必要な政策議題設定と日本社会における制御力の欠陥」『社会学評論』第六四号第三号、三四二―三六五頁（二〇一三年）

山下祐介・開沼博編『「原発避難」論　避難の実像からセカンドタウン、故郷再生まで』（明石書店、二〇一二年）

山下祐介・市村高志・佐藤彰彦『人間なき復興　原発避難と国民の「不理解」をめぐって』（明石書店、二〇一三年）

津波常習地の生活文化

川島秀一

ただいま紹介していただきました川島です。私の話は「津波常習地の生活文化」です。三年前の三・一一の日に、二階建ての家が全部流され、それから母親が一年以上行方不明のままでした。そういう状況でおりまして、今日はたまたま震災から三年余りの時間を迎えております。

去年の三月十一日は神奈川大学に在籍していて、その仕事の関係上高知県にいたのです。そこでカツオ一本釣りの竿を国立民族学博物館のリニューアル展示のために探していたときでした。どうも去年よりもきつい三・一一だなと思ったんですね、自分の心の中では。去年はまだ半分興奮状態で、しかも母親がまだ見つかっていないときだったので、無我夢中で生きていたような気がしますが、今年だけはちょっといろいろ思うことがありまして、午後二時四十五分、あの地震の時にですね、高知県の中土佐町の久礼《くれ》というカツオ一本釣りでも有名な所に行って、久礼の八幡宮で手を合わせておりました。実際に津波が来たのはそれから二十五～三十五分くらいの間です。大体三陸の津波はそのくらいの時間で逃げ切れば逃げられる。そういう意味で二十五分というのは大事な時間です。で、今年の三・一一の日に、二時四十五分に手を合わせて、それからの二十五分が辛かったですね。いろいろ考えてしまうんですよ。あの時こうしていれば母親を助けてあげられたとか、二通り三通りのいろいろな、こうであればああであればということをずうっとその二十五分間考えていました。中土佐町久礼という所は今、カツオ船が二艘あるのですが、船頭さんたち乗組員も気仙沼にしょっちゅう来ているわけでして、一本釣りの経験者はみんな、「気仙沼は第二の故郷だ」と言っているくらいです。

その夜は私も一人で過ごすのが嫌だったので、元船頭さんを誘って、今夜いっしょにつき合って下さいということで、震災から三年目を出発した次第です。

一　山口弥一郎『津浪と村』のキーワードと問題提起

震災後すぐに、私が気になった民俗学者の一人に、山口弥一郎さんという、二〇〇〇年に九十八歳で亡くなった、福島県会津若松市出身の方がおります。彼は昭和八年の三陸大津波のときに、ちょうど二年くらい経って自分の足で歩き始めて、コツコツと、被災の様子だけでなくて、復興して行く様子も克明に記録して、ちょうど昭和八年の津波から十年後に『津浪と村』という、非常に優れた、今こそ皆さんに読んでもらいたいような本を造り上げたわけです。その書は、なかなか手に入らない状況でしたので、東京学芸大学の石井正己さんといっしょに編集をして、こころやすく手に入る本を造ろうということで、震災の年の六月に出版できました。それが震災後の最初の仕事といえば仕事だったわけです。

（1）津波常習地

『津浪と村』をじっくり読んでみますと、いろいろと彼独自の言葉の使い方がありまして、それは時代的な制約があった言葉かも知れないですが、ちょっと気になる言葉があって、そこから話を始めたいと思います。

まず、本日お話するタイトルの「津波常習地」というのは、津波が何度も繰り返し被災しているという土地という意味なのですが、山口弥一郎は一貫して「習」という字を使っているのです。普通、現在、一般的なのは「襲」ですね。もしかしたらこの時代はこっちのほうだったのかなと考えてみたりもしておりました。

しかし、あるとき、もしかしたらこれはもっと違う含みがあるのではないかと考え始めたのですね。どういうことかといいますと、「襲」のほうは被災されたというか、受動的な意味合いが濃厚な言葉です。「常襲地」というのはきつい言葉ですが、この「習」という言葉は「馴れる」という言葉に通じると言ってもいいかも知れませんが、要するに津波というものを、自分たちの日常の生活文化の中に受け入れているということとか、津波とともに生きて来たというような言い方をするのであれば、こちらのほうがいいだろうと思われました。むしろ積極的な意味合いがありますね。津波を自分たちの生活の中に取り入れながら生きて来たという発想が出来るのはこの「習」ではないかということを考えました。

例えば、最初に見ていただきたい写真は、気仙沼市唐桑町只越という、今回の津波を合わせて明治二十九年、昭和八年と、もう三回も全滅に近い所にあった家です。家によっては一階をガレージにして上に家を建てるような、気仙沼市内でも見られるものがありまして、常に津波を意識していたということです。ある家ではこのように高く上げない代わりに頑丈な門や塀を家の周りに置く。家々でそういうことを考えながら生きてきたということです。

地上１階をガレージにした家
（宮城県気仙沼市唐桑町、2006年８月12日撮影）

どうして三陸の人たちは、何回も痛い目に遭っているのにまたそこに住み続けるんだということは震災後に何度も言われたことで、そういう言説も多かったのですが、それを承知で生きて来た。そこに住んできたというもっと積極的な意味を考えて行かなければたぶん駄目だろう。それは復興を考えるにしても同じです。そういうことで「生活文化」というタイトルを付けたわけです。

民俗学の創始者である柳田国男は、なかなか災害のことを扱っている文章というのが少ないのですが、たまたま私が前に読んでいた講演記録がありまして、これは後に『青年と学問』という講演集に収められています。一九二七年の講演で、駒場学友会で主催したものです。ここで柳田がどういうことを言っているかというと、「災害の御救済のごときももとより悪いことではない。お見舞いの勅使が行けば土民は感泣する。しかし、常の日の事情、すなわち突発の災害に対する抵抗力ともいうべきものが、かつて考えられていないのだから何にもならない」（「旅行の進歩および退歩」）。要するに、非常時にあっても、実はその非常時に人間が行動するのは、常日頃の日常的なものが支えて動いているのだということです。この災害に対する抵抗力というのはある意味、回復力と言ってもいいのですが、そういった非常時だけではなくて、日常の生活がわからなければ何も語ることはできないだろう。実際に、速やかな復興などはできないということを暗に言っているわけです。その非常時を支えている日常性こそ民俗学がやってきた仕事でもあるということで、民俗学というのは非日常的なことは扱わないと言いつつも、非日常を支えている日常性に目配りしてきたということです。

もう一つ、『津浪と村』で非常に私が気になった部分があるのです。それは、その『津浪と村』の中にかなり頁数を割いて「両石《りょういし》の漁村の生活」という章を当てているのです。どういうことかというと、普通の民俗調査で報告するような叙述なのですね。特に両石の津波のことに触れてもいないし、ただ、そこの章だけは普通の両石の漁村の生活というような章を設けています。実際は昭和十五年に福島県いわき市の和田文夫《あやお》による採集の記録をそこに入れ込んだわけですね。これも最初はどういうことだろうと思ったんですね。津波のことではなくて日常的な三陸の漁村の日常のことを記述している。でもやはり、山口が考えていたのは柳田と同じように、そういった災害の中でも日常的なものを知らなければ災害自体もわからないし、それからの復興も考えられないということを言いたかったのだと思います。

ちなみに、そういった非日常の中の日常性を描いた、これは自然災害でない、原爆投下のことを書いた小説で、井伏鱒二の『黒い雨』というのがありますが、あの中にも「広島にて戦時下に於ける食生活」という手記を入れ込んでいるのです。あの井伏鱒二の『黒い雨』がたぶん成功しているのは、日常性を組み込んでいるからだと私は思うのです。単に原爆を落とされた悲惨な記録ということではなくて、その中で人間がどのように戦禍の日常で生きていたかというのをよく表現していると思います。それと同じように、この『津浪と村』も、そういった日常性をかなり意識した本であるということです。その「両石の漁村の生活」の最後の文章が次のものです。

これらは両石の漁村の生活の一端を述べたに過ぎない。ここで詳述するのは目的でないが、三陸の一漁村にもかくのごとき古くからの生活の伝統がある。津浪の大災害は一挙にしてこれらの漁村を流失させ、狂乱の巷《ちまた》と化すのであるが、復興を遂げ落ち着いてくれば、これらの生活の伝統は再び生きてくる。それほど古くより固持されているものである。災害直後官吏や指導者が机上で設計、考案したままに、村の移動などの行われ難い場合の一因も、この辺にひそんでいることを知らねばならぬ。災害の救済復興は急を要する。しかしこれらの村の生活の伝統を研究することなどは一朝になるべきものでない。永い地味な仕事を、津浪の災害の忘れ去られた頃も、コツコツと一人や二人行っていたとて差し支えないと思う。むしろ災害地の村人にこれらの仕事を望んで止まない。村人自身が永い調査研究を遂げるのでなかったら、真の災害救助、村々の振興など遂げられるはずはないと思う。

（山口弥一郎「両石の漁村の生活」『津浪と村』恒春閣書房、一九四三年）

と締めているのです。これも要するに、その土地の日常性を知らないで軽はずみに復興とか言っている当時の（現在もそうですが）ちょっと批判した言葉だと思います。

（2）原地

もう一つ、山口弥一郎ならではは付けられなかった語彙だと思うのですが、「原地」という言葉です。これも辞書で引いても出て来ない。要するにこれは、山口が言っているのは、元々住んでいた土地のことです。そこから高台移転して動いて、また戻って行くような土地を指して原地と呼んでいる。普通は現地の現を使ったりするのですが、山口弥一郎は「原」を使っている。建築学ではこういう土地を「旧地」と言っています。だけども山口がなぜ原地としたかというと、やはり「原地」というのは、無理に離れざるを得なかった三陸の人々の思いの籠った言葉だと思うのです。

そして、その原地に関わって山口弥一郎は、「次の津波を避けるためにせっかく移った村が、何故に月日が経つにつれて原地に復帰するのか」という問題提起をするわけです。なぜまた戻って行くのだろう。その繰り返しをしているわけですね、常習地では。それを問題提起してある仮説を述べます。一つは「経済的関係」です。これはどういうことかというと、いつ来るかわからない津波のために、毎日の漁にとって不便な所に居られないということ。当然あり得る考え方です。漁師さんも競争社会です。海に近ければ近いほど海の表情がわかる。その日に船を出すか出さないかというのは、海を見ればわかる。漁がありそうだ、魚が来そうだというのも海を見ればわかるということで、わざわざ不便な所へ行く必要はない。実際、昭和八年に高台移転して、降りて来ると、最初に作業小屋とか納屋が建ちます。小屋ですね。それがいつの間にか住居になっていくというケースが多いわけです。

それから、「民俗学的問題」というもの。これはなかなかちょっと詳しく説明はしていないのですが、例えばこういうことを言っております。高台移転した後、他所からその土地に入って来る者、要するに原地に新たに新しい人たちが入って来る。その人たちは津波を経験してないから、そこで一生懸命働いて出世するわけです。そうするとどうしても、また戻って来たくなる。何で他所者が目の前でどんどん羽振りが良くなっていくのに、自分らはここに留まっていなければならないのか、ということで下りて行く。あるいは、その原地に屋敷墓とか氏神とかがまだ残っている場合、墓参りをしたり、あるいは神様がここにいるのだからということで戻って行く場合もたぶんあるだろう。

次の、「海に対する等の民俗学的問題」というのは、実は山口ははっきりとは述べていないですね。これについては少し時間があれば触れたいと思いますが、それがまず大事であろうということを述べている文章があります。『津浪と村』の中の文章ではないのですが、それと対照できるような三つの理由に沿って書いた文章です。

私の最も精力を費した問題は、やはり津浪常習地としての宿命的な災害を負うてきた三陸海岸の集落を、高地に移動する問題であった。これは純地理学的問題に似て、学位論文ではあまり深くふれなかったが、幾度の災害にさらされても、動こうとしなかったのも三陸海岸に住む人々の気持ちなら、最後に移ろうかと決意して腰を持ちあげるのも、そこに住む人々の気持ちである。災害の及ぶ限界は津波と地形で解ける。その限界を越えて村を移せば災害は避けられる。それでは海岸に住む人々の生活が成りたたない。これは経済の問題で解ける。それでも解けないことがあるかと、お役人さんや、地震・津波の研究者はやっきとなるが、村の人は動こうとしないし、補助金をもらって移動地を造成しても移らない。移っても数年にして原地に戻ってしまう。私の集落移動の研究成果は、二十数年も費して、この屋敷神の残る祖先の墳墓の村から、どうして移動させるかの理を説き廻ったところに、ほんとうの特異性があったのではないかと思っている。そして、この最も貴重だと思われる三陸海岸漁村の生きている基礎の心意現象の問題は、論文にも綴れないでいる。

（山口弥一郎「民俗学の応用価値論」『山口弥一郎選集第七巻』世界文庫、一九六八年、傍線は引用者）

基本的に山口は高台移転を進めようとします。これは彼の姿勢だと思います。で、「これは純地理学的問題に似て、学位論文ではあまり深くふれなかったが」というところが結局山口弥一郎の到達点だと思うんですね。一九六八年に出された文章です。だから、そこに居ようとする人も、高台に移転する人も、それはそれぞれの考え方であり、生き方であるということをここで容認してしまったということです。

そして、要するに次の「屋敷神の残る祖先の墳墓の村」というような言い方は、民俗学的問題なのですね。「地理学的問題」、「経済の問題」として解ける。でも、最終的に「心意現象の問題」。心の問題。これは自分の論文にも書けなかったと言っている。それでは、この書けなかったものというのはどういう内実であるかということですね。それを今日は考えて行きたいと思います。その心意現象の問題というのは一体どういうことなのか。

(3) 家の再興

もう一つ、先に山口の言葉でちょっと光っている言葉を説明しておきます。それは「家の再興」ということです。復興ではありません、「再興」です。復興は元に戻るという意味です。亡くなった人はもう戻れませんから、その家をどうやって継続して行くか。例えば、一家全滅した家の墓を誰が守って行くか。そういう問題です。これは実は今回の震災ではあまり家の再興を問題化していないところがあります。時代的に、家意識みたいなものが違いますので、当時とは全く状況は違うのですが、集落の復興は語っても、家を再興して行くというような記事があまり見られない。山口は『津浪と村』の中でこう言っております。

これらの災害地がいかに復興してゆくかの状態は、詳細に採録してみる必要があると思うのであるが、災害直後の惨害、哀話、救済事情などを伝えたものは若干あっても、力強く復興してゆく村の様子は、一部官庁などの刊行物、訓令、報告書的なものがみられる以外ほとんどなく、特に各家々の再興に関する資料などは皆無と言ってもよい。

(山口弥一郎『津浪と村』、一九四三年)

また、どのように復興して行くかということを、これも非常に頁数を費やして、家の再興の問題というのを山口が扱っております。

まず、一家全滅した家をどうやって継いで行くかということですね。本家、分家の関係で、まず本家が流失したら分家が継ぐとか、分家を本家の誰彼が継いで行くと。昔は三陸地方で「かっこみ」という言葉があるように、何世代も同居しているのですね。何人もいるわけですから、一家から一人は、「分家は誰もいなくなかったから、そっちに行って家を盛りたててくれ」とか、そういったやり取りがあったみたいだし、それをやっていたのが村の役人だったというようなことも聞いております。今のような核家族では考えられないのですが、そのような本家・分家間などの家の後継者のやり取りのことを、気仙沼地方では「家同士商い」というような言い方で、それは災害に関わらず、そういった家の継承の仕方をしていました。

それから、子どものない家があった場合、「寄せ家督」という言葉があって、男と女を連れて来て、その家を継がせるとか。災害時に関わらずそういった継承の仕方はしていたということです。本家・分家だけでなく、もう一つは、網元と舟子の関係ですね。舟子の家が一人しか残らない場合は網元の誰かがそこに嫁いで行くとか、結婚させることで何とか家を再興させていった。この家を再興することがイコール集落の復興でもあったのです。当時としては、そのくらいむしろ大事なことだった。たぶん今回の震災とはまた違う時代の状況かなと思っております。

このような再興の話は、たまたま私が岩手県釜石市の唐丹《とうに》という所で、震災前の一九九七年、今から十六年ほど前ですが、昭和八年の津波に遭ったお婆さんから聞いたことが印象的だったのでここに活字化しています。この人は三年生か四年生の頃に、十歳前後ですかね、三月三日の日たまたま親戚の家に行っていて、その晩、そんなに離れていない集落ですが、暗くなったので泊まれといって泊まるのです。そうしたところが、その夜、地震と津波が来て、彼女一人を残して一家全員が亡くなってしまう。その時に彼女は、「オレばかり残った。ホトケマブリに置かれた」という言い方をした。ホトケ（死者）を守るために、要するに供養をするために自分は一人残ったのだ。そういうふうに捉え直すことでしかたぶん一歩は進めないですよね。何のために自分だけ残ったかというのは、その亡くなった人たちを供養するために自分は残ったんだと。それでも、この親戚の爺さんに育てられて、結局、位牌を持って独立するわけです。その千葉敏子さんが実は今回の震災でも元気でおりまして、私は会いに行った覚えがあります。

桜の土堤を境に別れた被災地域（右）と復興地（左）
（岩手県釜石市唐丹本郷、2011年４月24日撮影）

ちょうど桜の季節でした。左側が昭和八年の津波の後に移った復興地です。東日本大震災以前から「復興地」と呼んでいるのです。それから少しずつ下に建って行った。六十軒建ったのですね。だから、昭和八年が一九三三年ですから、七十八年かけて下りて行って、約九割近くが今回の津波で流された。千葉さんの息子さん二人の家も流されまして、次男と三男の家があったのですが、彼女はこの土手の上から二人の息子の家が流されるのを見ていたということを言っています。家族は助かりましたけど、家がぐるぐるぐるぐる回りながら、最後は海の方へ消えて行ったということを話していました。

防潮堤が実はここにもあったのです。二重になっておりました。最初の防潮堤が昭和四十四年に建てられまして、大体六メートルの高さの防潮堤を建てた。建ててから二十一戸が下へおりて来ました。千葉さんのように、次男、三男が独立して行く時に、原地に家を建てることが多いですね。核家族化ということも今回下りて来た理由と思われます。山口弥一郎の時代にはなかった下りる理由ではないかと思います。次三男が独立して行く時に、元の土地に建てて行く。さらに昭和五十五年に、この防潮堤のさらに外側に十一・八メートルの高い防潮堤を建てます。そうしたら、その後すぐに十九戸が下りて来ました。そして、結局ほとんどが流された。防潮堤のために下に降りて来て流されたという例です。逆に安心してしまうんでしょうね。そういうこともあるわけです。

二　津波をめぐる民俗学的問題

(1) 津波記念碑

この記念碑は、後でお話をしますが、唐丹の場合は防潮堤の上に建っていたのです。これは明治二十九年の津波記念碑で、ここに昭和八年の記念碑があったんですが、私が最初に行った時にはもうなくて、どこか下に流されたみたいで、それを見つけ出してまた建てたみたいですね。さらに新しくこういった平成の津波のモニュメントも建っております。これは、津波記憶石というような表現をしております。今はどうも「記念」という言葉は使いたがらない。記念日というと、今は良いことにしか使わないので、津波記念碑と言わないで、津波記憶石という。ちょっと力は弱くなったような言葉で伝えております。

これは唐丹の震災前の地図で、防潮堤が二つあります。防潮堤ができるごとにどんどん復興地から下りて行ったということですね。今はこのように何も建ってない。

昨年の十二月に行きましたら、もう下に家が建っています。これはもちろん作業小屋です。住宅地は禁止されているのでまだ住宅地としては建ってないけど、すでにこうやって、原地に家を建てている状況が始まっている。漁師さんはそうせざるを得ないからしょうがないのですけれども。

他の地域を見ますと、三陸町の綾里《りょうり》でも、昭和八年に高台移転した所を震災前から「復興地」と呼んでいました。今はここがメインストリートです。漁師さんはあまり住んでいませんが、商店街とかがある所です。恐らくここも、七十八年間かけて下りて来た所が全部流されたということですね。

明治29年の津波記念碑（右）と昭和８年の津波記念碑（左）
（岩手県釜石市唐丹本郷、2012年12月９日撮影）

東日本大震災の「津波記念石」（同上）

被災地の跡に建てられつつある漁業の作業小屋（同上）

昭和８年の「復興地」（左）と東日本大震災の被災地（右）
（岩手県大船渡市三陸町綾里、2011年３月20日撮影）

川をさかのぼった津波の跡
（岩手県宮古市姉吉、2011年６月19日撮影）

綾里の側に田浜という小さな集落があります。そこも「復興地」と呼ばれている一角が助かりました。昔、ここにカツオ漁のことを聞きに私も訪ねて行ったことがありますが、何でこんなに急な階段のところに人が住まなくちゃいけないのかと思ったのですが、昭和八年の復興地だったのですね。今回の津波でここだけを残して全部また流されました。綾里の田浜は、復興地だけを残して、跡は整地されて瓦礫も撤去されて今はこんな状態になっています。

宮古市の重茂《おもえ》半島にある姉吉《あねよし》という所は高台移転して今回被災しなかった、成功の地なのですが、下は水産加工場とかありました。それが全部流されております。本州最東端の魹ヶ崎に一番近い集落です。高台移転した集落はかなり高いですね。それでも津波はこの沢を集落に向かって上がって行ったのです。これがちょうどダムの底のような、まるで山津波が下から来たような感じですかね。上へ上へとあがって行った。集落は助かりました。これは移転した姉吉です。ここには日倉神社という伝説のある神社があるのですが、ここが移転に成功したのは、元々下にあった神社を人間といっしょに神社まで動かして上に建てたということです。集落の入口には、記念碑が建っておりまして、「明治二十九年にも、昭和八年にも津浪は此処まで来て部落は全滅し、生存者僅かに前に二人後に四人のみ。幾歳経るとも要心あれ」と書いてあります。明治二十九年で二人生き残って、昭和八年で四人残った。その四人で高台移転して今回は無事だったという。ここは一時、「此処より下に家を建てるな」という言葉で、マスコミにも取り上げられることが多かったのですが、記念碑の意味が単に記念だけではなく、警告をする場所に建った。津波がここまで来たのだから、ここより下に家を建てるなと警告したわけですね。それを守って、姉吉は大丈夫だったわけです。

昭和三陸大津波の後、神社ごと高台移転を果たした姉吉集落（同上）

よくよくそうやって記念碑を見ますと、重茂半島の里という集落なのですが、里も集落移転したのですが、その後、また原地へ戻ったところがこのように津波に襲われております。この境にやはり明治と昭和の記念碑が建っています。明治の記念碑で里家屋が五十戸、死亡者が二百五十名いたということを書いています。さらに昭和八年の津波記念碑で、「強い地震は津浪の報らせ、その後の警戒一時間、想へ惨禍の大地震」というような警句、標語を書いております。

大船渡市赤崎町でも、ここまでは水が来て、ここの記念碑と供養碑は残ったということがあります。他の赤崎町でも、ここまでは津波が来た

「比処より下に家を建てるな」と刻された昭和三陸津波の記念碑（岩手県宮古市姉吉、2011年６月５日撮影）

東日本大震災で被災した里集落（岩手県宮古市里、同上）

んだけど、記念碑の所は残ったということで、どうも今回の津波は、昭和八年のこととまず比較して考えるべきではないか。実際には記念碑より波が上がった所もあるわけです。

　これは大槌町の吉《き》里《り》吉《き》里《り》です。吉里吉里の神社の中に、「地震があったら津浪の用心せよ」とか「津浪が来たら高い所へ逃げよ」、「危険地帯は住居するな」というようなことが刻まれておりました。ところがここが悲劇だったのは、確かに移転したのですが、移転した所が原地よりそんなに高くないのです。ここから吉里吉里町のメイン道路なのですが、ほとんどが昭和八年の時に移った所だったので、そこにいた老夫婦の何組かは、ここは津波で移った所だから大丈夫だということで逃げなくて亡くなられたそうです。昭和八年に高台移転で移った所だから大丈夫だということで居たために亡くなった人が多かった所です。

　岩手県は政策的に、どうやら津波の記念碑を浸水線に建てようということがあったみたいです。『岩手県昭和震嘯誌』（一九三四）を見ますと、「津浪浸水線上適當の箇所に震災年月日時・死亡者數・流失戸數等を表示した石標を建設し、津浪の浸水線を標識すると共に右線内は今次津浪の被害地帯であり且つ將来も亦容易に津浪の氾濫すべき地域であることを後世に知らしめ災害を警戒せしむるものである」ということで、岩手県の政策は、浸水線上に建てよということだったのですね。ところが、七十八年も経って行く間にそれが忘れ去られて、恐らく東日本大震災直前の状態では、誰もそれに目を配る人もいなかったということですね。時間が経つとそういうふうになるわけです。

同じ唐丹の小白浜《こしらはま》に少し変わった碑があったのです。これは「大津浪くぐりてめげぬ　雄心《こころ》もて　いざ追ひ進み参《ま》ゐ上《のぼ》らまし」というようなことが記録されております。これは何だろうなと思いました。少し調べてみたところ、岩手県の方で「復興の歌」と「鎮魂の歌」を作るのですが、それを、三月三日が昭和八年の津波のあった日ですから、その日に小学校で講堂に生徒を集めてオルガン伴奏で歌わせていたのです。それを覚えていた人がおります。この歌を歌った人は昭和八年生まれで、ちょうど震災のあった日にお母さんのお腹の中にいた人なのですが、小学校に入ると大体こういった歌を歌わせられた。ところが、昭和十五年入学といいましたかね。十八年くらいまでは歌っていましたが、戦争が激しくなったために、あまりこういうことをやらなくなった。逆に、戦争が前の悲惨な状況を上書きしてしまったというようなことで、歌い続けられなくなったと

昭和三陸津波記念碑を境に、浸水域とそうでない地域とが別れたところ（大船渡市赤崎町、2011年８月６日撮影）

いう話でした。

（２）津波石と高潮で上がった石

　こういったものの他に、津波で上がった石が三陸沿岸にあり、通称「津波石」と呼ばれております。これなどから少し、海に対する民俗学的問題というか、海との関わり方をちょっと考えて行きたいと思います。一つは岩手県田野畑村羅賀《らが》という所にあった、明治の津波で上がった石です。暫くは子どもたちの防災教育、歴史教育の時に、この羅賀にいた田野畑の漁協の元組合長がここで説明などをしていました。その組合長が一番津波のことを心配しておりまして、昭和八年の体験者だったのかもしれません。彼は震災の数か月前に亡くなっております。

　それから、大船渡市三陸町吉浜も集落移転が成功した所です。土地が元々あった湾奥の村ですから成功したのですが、昭和八年のときの津波石があったのです。それが実は耕地整理で埋められてしまったということですが、今回の津波でまた出て来た。ちょうど、震災の二日前にも大きな地震がありました。あの地震でどう対応したかが二日後の災害対応に大きく影響を与えているのですけれども。九日の地震はその意味で非常に大事な地震です。そのとき、ここの吉浜のお年寄りが海を見ながら、十一日の午前中に二日前の地震の話をしていたらしいです。震災から三

明治29年の津波で上がった石
（岩手県田野畑村羅賀、2011年10月９日撮影）

時間くらい前でしょうかね。そのときに誰かが昭和八年の津波の石があったはずだ、覚えていると言うのです。よく泳ぎをしたときに、その石に上がってハマナスの実をほおばりながら背中を干していたとか、そういう子ども時代の思い出があって、この石があるはずだなと言っていた。もし、あの石が現れるとするならば大きな津波が来るしかないだろうと誰かが言ったそうです。それが津波が来る三時間前のことでした。

津波の直後は行けませんでしたが、一週間も経たないうちに、そのお年寄りの中の一人が、ここの側をオートバイで通りかかったときに、ちょっと頭が出ていた石があったそうです。もしかしたらこれかも知れないと、半日かけて掘ったら、やはりこの石が出てきて、「津波記念石」と書いてあるのです。彼らが言うには、この石が津波を呼んだのかも知れない。そのくらい、ある意味、畏敬の思いを託しているわけです。

東日本大震災により発見された昭和８年の「津波記念石」
（岩手県大船渡市三陸町吉浜、2011年10月２日撮影）

もう一つは大船渡市赤崎町外口という所にある、明治二十九年に上がった津波石です。ここには龍神というものを石の上に祀っていたのです。これは確かに津波石なのですが、なぜ龍神を祀るようになったかを聞いてみますと、津波の引き波でここの石に多くの人間が引っ掛かって、亡くなった人が流されずにいたというのです。それで、この石が守ってくれたということで祀るようになったということです。『大船渡市史』の中にも龍神として祀っているとあります。

ここだけではなく、どうも津波とか高潮で上がる石は龍神様が絡んで

高潮で上がった「龍神の石」（宮城県南三陸町名足、2001年）

高潮で上がった石を祀った「龍神碑」
（岩手県宮古市磯鶏、2002年）

いるというようなことが多いです。特に沖縄あたりでもそうなのですが、高潮で上がった石を龍神の石として祀っていた所があります。これは元々海の底にあった石で、ある家のタコ取りをしていた人がいつも潜っては見ていた。目印にしていた石だそうですね。ある時、高潮の次の日に、それが磯に上がっていたので、これは大変なことだと思って、舟二艘で石を運んで来てここに祀りました。そうしたら、その家はその年一番の漁をしたということで、龍神の石として祀っております。ある時、建設業者が来て、鳥居を建てる前だったから、この石を間違えて真二つに割ってしまった。そうしたらそこの家の人たちが病気になって、山形あたりのオガミヤに行ったところ、どうもその黒い石が見えるということで、もしやと思ってこれじゃないかと思って、またくっ付けて祀り直したという石です。

もう一つはやはり龍神碑なのですが、これは宮古市の南の方に磯鶏《そけい》という所があります。その裏面に、「時是漁石者本歳十二月八日高浪際前須賀浮揚即蛭子石名称以為祈念此設立」と記されています。これは明治二十八年ですから、ちょうど明治二十九年の津波の前年の話です。「蛭子石」としてこれを祀ったとあります。結局、高潮で上がった石とかそういったものは記念の石というよりは、底にあった石が上にあがったということは、非常に自然に対する恐れのようなものがあって、しかも龍神との関わりが多い。津波も龍神を祀っているのですが、どうも昔の人の考えでは、津波というのは、海の沖から来るというよりは、海の底から上げてよこすといったような感覚があったのではないかと思うのです。龍神というのは海の底にいるわけですからね。そういった津波の考え方があると思います。

（3）津波と大漁の伝承

それからもう一つ、津波に関わっていろいろな伝承があります。『宮城県昭和震嘯誌』（一九三五）の中からピックアップしたものです。これは「水産生物と異変」ということで、津波の予兆ですね。それから津波後の方の、水産生物の異変を書いたものです。ナマズというのはよく言われますが、「地震前には集燥凡止むことなし。鯰と地震と關係につきては、東北帝大理學部の畑井新喜司教授、目下研究中なり」と、鯰と地震の関係についてのそういった当時らしい文面が見えます。それから二番は鰛。これはイワシと読みます。「鰛　安政三年明治二十九年共に大漁續き、今回は、昭和七年十月頃より昭和八年二月迄大漁あり」とあります。地震の前に鰯が大漁するということですね。これも前兆です。興味深いのは、昭和八年の津波は三月三日なのですが、二月まで大漁ありというのは、ぎりぎりまで大漁続きだったということを示しているわけです。それからイカですね。「いか　明治二十九年、昭和八年両度共、海嘯後稀なる豊漁あり。仍て、「三陸地方」に「いわしで倒され、いかで活き返る。」の俚諺あり」ということです。これは宮城県だけでなくて、岩手県の三陸地方ではもっとストレートに、「いわしで殺され、いかで活かされる」というようなたとえを残しております。

要するに、津波の前はイワシの大漁、津波の後はイカの大漁ということなのですね。これは確かに何らかの生物学的な説明が付くと思うのですが、どうもこういう言い伝えは三陸だけではないのですね。例えば三重県の志摩半島に錦（大紀町）という漁村があります。そこでは昭和十九年に、戦中だったのですが、東南海地震津波が起きて六十四名が亡くなっているのですが、その前の日までカマスの大漁だった。それで、急に小金を得てしまったので、その小金を取りに戻った人たちが全部亡くなったという言い方をしているのです。昭和三十五年のチリ地震津波の時も、マグロの大漁が続いたというような言い方をしています。

そういった事例を見ていきますと、資料には「津波の前の大漁」ということで数例あります。『風俗画報』（臨時増刊第一二〇号大海嘯被害録、東陽堂支店、一八九六年）という雑誌には「海嘯と鰯漁」ということで、「青森県鮫港より湊に至る沿海にては四十一年前に鰯の大漁ありしに其年大海嘯あり本年も亦た鰯の大漁なりしに此大海嘯ありたれば人々奇異の思ひをなし居れりと」とあって、大漁があったということが記録されております。「四十一年前」というのは安政三年、「本年」というのは明治二十九年です。その年にも大漁があった。

それから、岩手県の普代《ふだい》村ですね。そこに太田名部《おおたなぶ》という所がありまして、これは防潮堤を造って今回唯一助かった村です。ここでは明治二十九年の津波で、女性に比べて男性の犠牲者が、極端に少なかったといいます。実際、死者百九十六人の内、男四十三名、女百五十三名。女性の死亡者が三倍多かった。それは、この年に岩手沿岸ではマグロ、イワシ、サバが異常なほど大漁だったそうです。「浜の男たちは皆、大漁豊漁の魚を追って沖に漁に出ていて、幸い死だけはまぬがれたかもしれません」ということですね（『太田名部物語―この地に生きたすべての人にー』太田名部物語をつくる会、二〇〇六年）。男は大漁が続いていたため、沖にいたから助かったということです。

それから、『津浪と村』の中にもそういった鰯の大漁の様子が書いてありますね。山口弥一郎が聞いたのは、鰯の大漁で作業をずうっとしているのですね。津波ぎりぎりまで。それで、うつらうつらしていた時に地震が来たというようなことを書いております。

津波の後の大漁に関しては、非常にストレートな表現があったのでここに載せておきました。阿部幹男さんという岩手県の奥浄瑠璃の研究者です。そのお爺さんが明治五年の生まれです。大槌町の安渡《あんど》が彼の実家なのですが、よくお爺さんから言われていた言葉に、「いいか、覚えておけ。おまえは生きている内に必ず大津波に二回遭う。地震が大きくても小さくても油断するな。浜の方に耳をたてろ。夜中地震があったら綿入をはおり『津浪だ』と浜から声が聞こえたら黙って一目散にお宮の境内に駆け上って海を見つめろ。もし家が流されたら畑に掘立小屋を立てて浜に出ろ。必ず浜は大漁だ」（「慙愧の思い」石井正己編『震災と語り』（三弥井書店、二〇一二年）というのがある。恐らくこのお爺さんは明治二十九年と昭和八年の地震を経験していると思われます。阿部幹男さんと私は昭和三十五年のチリ地震津波と今回の地震、津波を体験している。後はたぶんないだろうと私は思っております。これは海に対する非常な信頼感です。防潮堤のような話ではないのです。必ず大漁になるという確信があった。そういう言い伝えが実際あったのかも知れません。

今回もちょっと気を付けているのですが、実際海の様子はだいぶ変わっていますね。松島湾でも急にムール貝が取れたり、今までなかった魚が大漁しております。前あった魚は獲れなくなっている。海が近くなったという感じですかね。どんどんヘドロみたいなものを持って行ってしまったので、良かれ悪しかれ海の様相が変わってしまったということは、たぶん生物学的にも言えるのではないかと思います。

（4）回帰的な生命観

こういう考え方は、たぶん津波だからということではなくて、例えば、海で亡くなった人はガニッコ（蟹）になるという言い伝えなどもあるのです。要するに、亡くなった人の代わりに魚を大漁させるというような考え方がどこかに流れているのですね。大漁させたから今度は人の命を頂く。人の命を頂いたからその代わりに魚で返してあげるというような、そういった生命観のようなものがたぶん流れているのだろうと思います。

ガニッコになるという言い伝えは、お盆とかお彼岸の時に「ガニッコに上げ申す」と言って上げました。

実際に『風俗画報』にあったのは、人肉を好む魚ということで、非常に誤解をして書いているのですが、これはウニですね。「海栗と云ふ魚介ありて到て人肉を好むよしなるが近頃處々の海岸に漂浮する死体には「カゼ」一面に吸ひ着て全身真黒なるあり又近頃引揚ぐる分に毛髪一本だに見へざるあり是れ亦魚類に喰ひ去られしならんと云ふ」と。魚が食ってしまったのだろうというのですね。気仙沼とか三陸ではウニのことをガゼと言います。吉村昭の『三陸海岸大津波』では、ここの文章をそのまま引用してしまったので、ガゼという魚に吸い付かれている死体が上がったという明らかな間違いを犯しております。ガゼというのは魚でなくてウニのことですので、吉村さんはそういう意味ではやっぱり土地勘がない人ですから、そういった失敗をしているわけですね。

他に同じように、「両三年は漁業中止せん　漁夫の十分の九は溺死しけるが此一分は生存せるに拘はらず此處両三年間は漁業を営まざるの考へなりと漁夫等の言によれば父兄妻子皆海底の藻屑となれり自分等仮令ひ飢えて死すとも父兄妻子の肉を啖へる魚介を採って生計を営むの惨酷なる能はずと」（『風俗画報』臨時増刊第百二十号大海嘯被害実録、東陽堂支店、一八九六年）ということで、漁師をやめたという話です。結局、自分が身内を食べた魚を獲って、また自分が食べるなんてことはできないということです。そういう考えがある一方で、先程の阿部さんのお爺さんのように、必ず浜は大漁だから行けというような積極的な捉え方もあるということですね。

今回も、同じような考えをする人が結構いました。私も方々歩いて、例えば宮城県の十三浜（石巻市北上町）の養殖のワカメとかをやっている所ですが、女性の方ですが、私は浜を離れないと言う。亡くなった人には悪いが、私たちはそれ以上の恩恵を海から得ていますので、ここから離れるつもりはありませんとはっきり言っています。それから、牡鹿町（石巻市）の谷川浜の漁師さんは、「津波で全部持って行かれたんだから、今度はそれを取り返せばいいんだから」と言う。南三陸町の歌津では「うちには太平洋銀行があるんだから」と言っている。そういう発想です。それは非常に積極的な、海に対する信頼関係のある考え方なのですね。

漁師さんは多少のリスクは背負って毎日生きています。最大のリスクは津波でしょうけど、常に危険を承知で生きていることは確かなわけです。これは明治二十九年の『風俗画報』に出ていたお施餓鬼の写真です。浜に出て、海で亡くなった人の供養をする。お施餓鬼は津波にかぎらず行なわれます。これは唐桑町のお施餓鬼を組んだ写真です。特に水死体が上がったときや遺体が浜に上がったときに、その浜にこういった施餓鬼棚を組んで供養をします。いっぱい来ているのですが、実は水死者の縁者でない人も来ているわけです。気仙沼地方の漁師さんは、あそこでお施餓

明治三陸大津波のお施餓鬼（『風俗画報』、1896年）

宮城県気仙沼市唐桑町小長根での御施餓鬼（1989年）

鬼があるようだから行こうということで行くのです。それは、その死者の供養というよりは、どこの家でも大概、ある何代前からは海で亡くなっている人がいるわけです。私もいとこが海で亡くなっている。その人たちの供養をいっしょにすることで大漁が得られる。供養をすれば大漁する。そのために行くんだという。

必ずお施餓鬼の下に大きな木の盥を置いておきます。それに水を湛えておきます。その水を求めて海で亡くなった人が真水を飲みたくて上がってくる。それで、お施餓鬼をそのまま一晩置いておくと、朝方に盥に海の砂が沈んでいたりしたといいます。海から上がって来るのだっていう言い伝えです。だからこの施餓鬼というのは、上がった死者だけでなく、それに連れて無縁の霊が同時に来るわけです。供養をする側も方々の人たちが集まって、大漁を授かるという。やはり大漁を意識しているから、自分の船が大漁してもらいたいから他の家の供養に参加する。

津波記念碑（右）とボラの大漁記念碑（中央）とマグロの大漁記念碑（左）（三重県大紀町錦、2011年７月25日撮影）

これは伊豆七島の新島で、大掛網を見るために乗ったときに、必ずお弁当を食べるときに無意識にご飯を箸で一掴み、海に投げる。どうしてかと言うとあんまりわからない。そうして小さい頃からそうしているのだと言うのですが、どうやら海で亡くなった者への供養なのですね。ときには団子などを海に捧げてから漁に行く。そうすれば大漁するのです。そのためにやっている。

これは先程の志摩半島の錦という所です。ここではこういった避難タワー、五百人くらいが避難できるタワーが夜もネオンサインを灯して、夜間の津波に備えるように誘導灯がある所です。ここに金蔵寺《こんぞうじ》がありまして、右側に津波の記念碑がありました。これが昭和十九年十二月に来た津波の死者六十四名を祀った記念碑です。そして、真ん中はボラの大漁記念碑です。これは大正三年に三万五千本のボラが湾内に入って来たということで、記念碑を建て、こちらはマグロが昭和三年、七百八十六本も湾に入って来たということで、記念として祀ったものです。どちらも、津波にしろ大漁にしろ、村としては珍しい出来事です。だけども、なぜこのように同じ所に建っているのだろうかと考えた時に、津波も大漁もみんな沖から来るわけでしょう。大漁することもあるし、逆に波にさらわれることもあるということをよく象徴しているのではないかと思います。

宮城県でも、これは女川の出島《いずしま》ですが、魚類を祀る供養塔と海難者

「魚類塚」（左）と「海難物故者供養」塔（右）
（宮城県女川町出島、2011年９月１日撮影）

海難供養碑（右、中央）とウミガメの供養碑（左）
（岩手県宮古市蛸ノ浜、2004年）

の供養碑が同じ所に祀られております。魚の供養と海難者の供養が同じなのですね。これは宮古市ですが、亡くなったウミガメを祀った所と、加賀藩の船が遭難したときの碑が同じ所に並んでいる。これも溺死者の碑ですね。海難者と海の生物というのは同じ場所に祀られているわけです。

これは、被災した気仙沼市の小々汐《こごしお》という、私がよく通っていた集落です。ここで昔、放生会というお盆の十七日に、生きた魚を海に戻すという行事がありました。ここでは甘茶もいっしょに上げるのですが、このように沿岸で簡単なお施餓鬼棚のようなものを作ります。ここに位牌のようなものもある。気を付けて見ると、八大龍王だからやはり海の底にいる神様に捧げるのですが、「気仙沼海岸の水死者と魚介類の無縁一切の菩提のためなり」と書いてあります。水死者と魚介類を同じ所で同じように祀るという考え方です。こういった考え方があるわけですね。

三重県尾鷲市の須賀利《すがり》という所では石経《いしぎょう》という、大般若経を一字一石書いて海に落とす行事があります。これは住職がお経を読んでいる間、組合長がその石を一個一個海へ投じて行くわけですが、この船が走る道は「魚道《ぎょどう》」といいまして、魚が来る道沿いに供養して行くのです。だから魚の供養なのですね。ある場所に来ると拝んだりしているので、後で聞いたら、過去の海難事故があった所に止めて、一つ一つ拝んで行く。ここも、魚と水死者は同じ時、同じ場で祀られているということですね。

三重県鳥羽市朝熊山の金剛證寺にも、魚介類の塔婆と普通の人間の塔婆が並列して供養されています。恐らくこういう例はいっぱいありまして、クジラは海の生物として考えますと、このようなクジラ供養はもちろんするのですが、

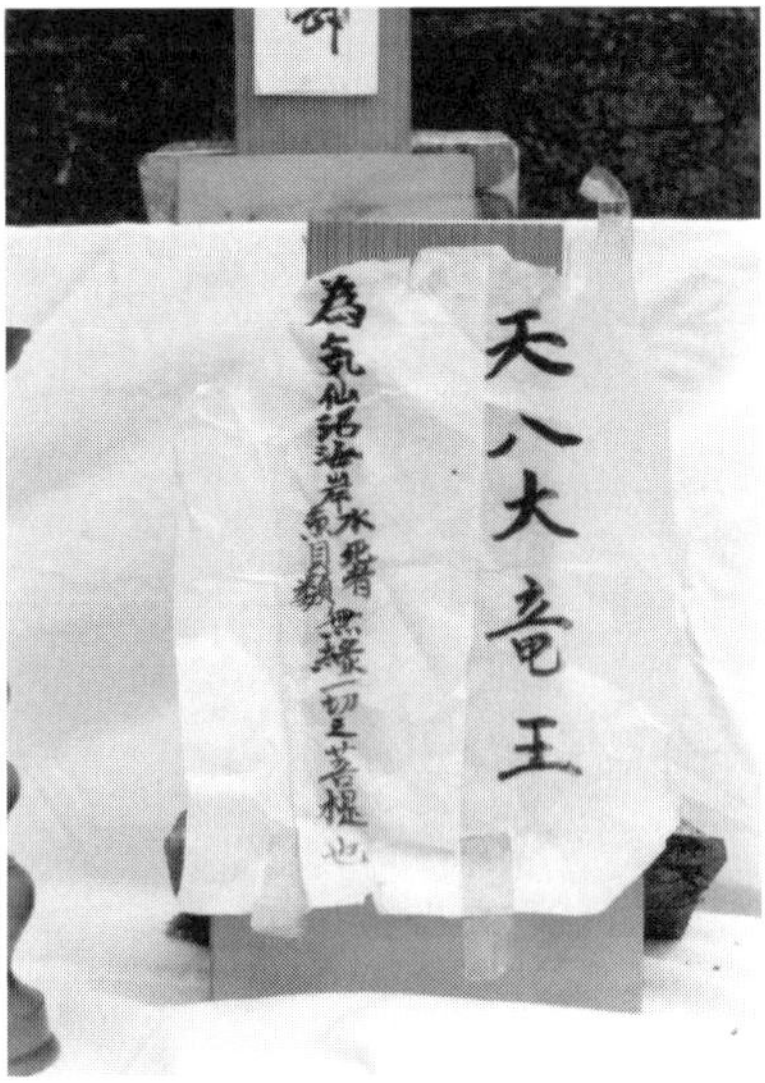

放生会の棚
（宮城県気仙沼小々汐、1997年）

魚類と人間を祀った塔婆（三重県鳥羽市の金剛證寺、2012年11月12日撮影）

クジラの霊と婦人会の霊も祀って、その年一年間に亡くなった婦人会の先輩の霊をこの日に祀るのです。クジラといっしょに人間も供養する。こういった例は方々にあります。

こういうことを考えますと、どうも龍神様というのが多く津波や高潮に関わる神様なのですが、三陸沿岸では、その龍神様に対して刃物を落とすと漁が当たらなくなるというような言い伝えがあります。これは全国的にそう言います。ただ、その落とした物を、落としたことにしないで、村の神社に奉納するという形をとるのは三陸沿岸だけなん

「八大龍神」の石碑に直接貼られた失せ物絵馬

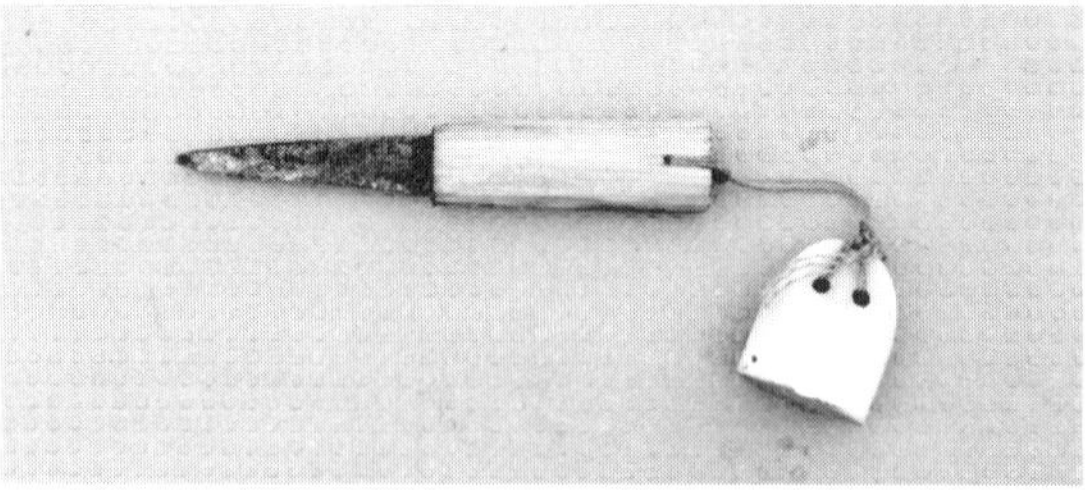

海底に沈まぬように工夫したマキリ（小刀）の浮き

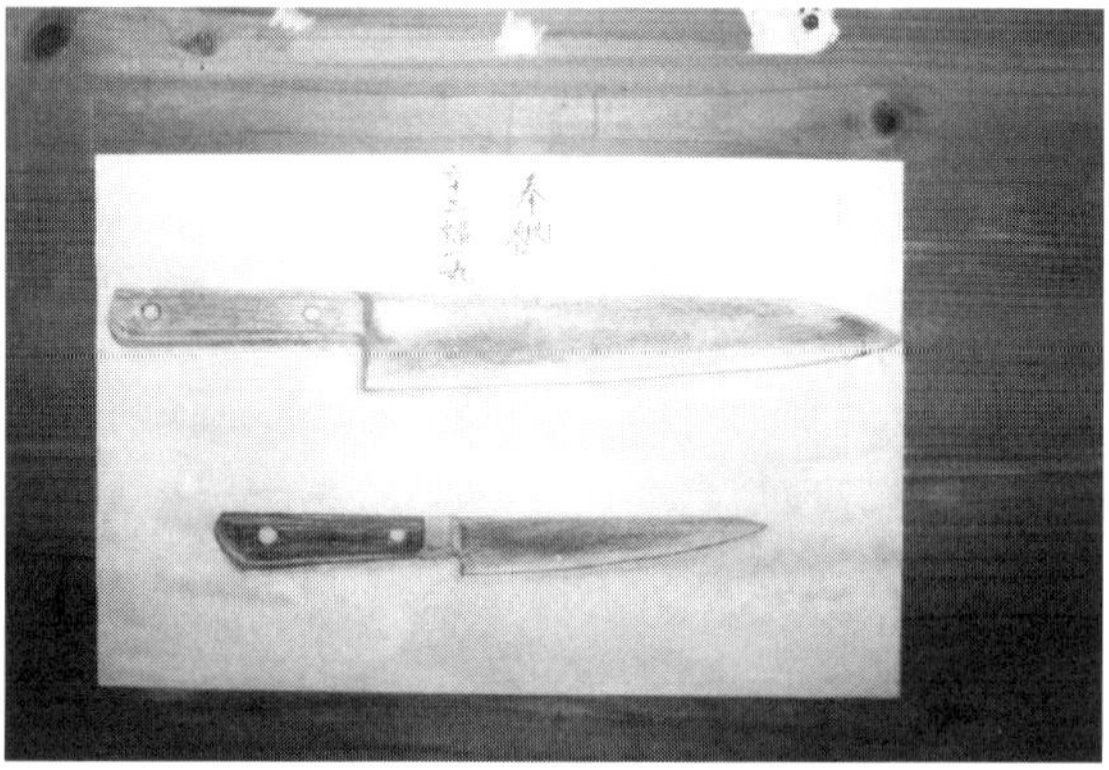

写実的に描かれた失せ物絵馬

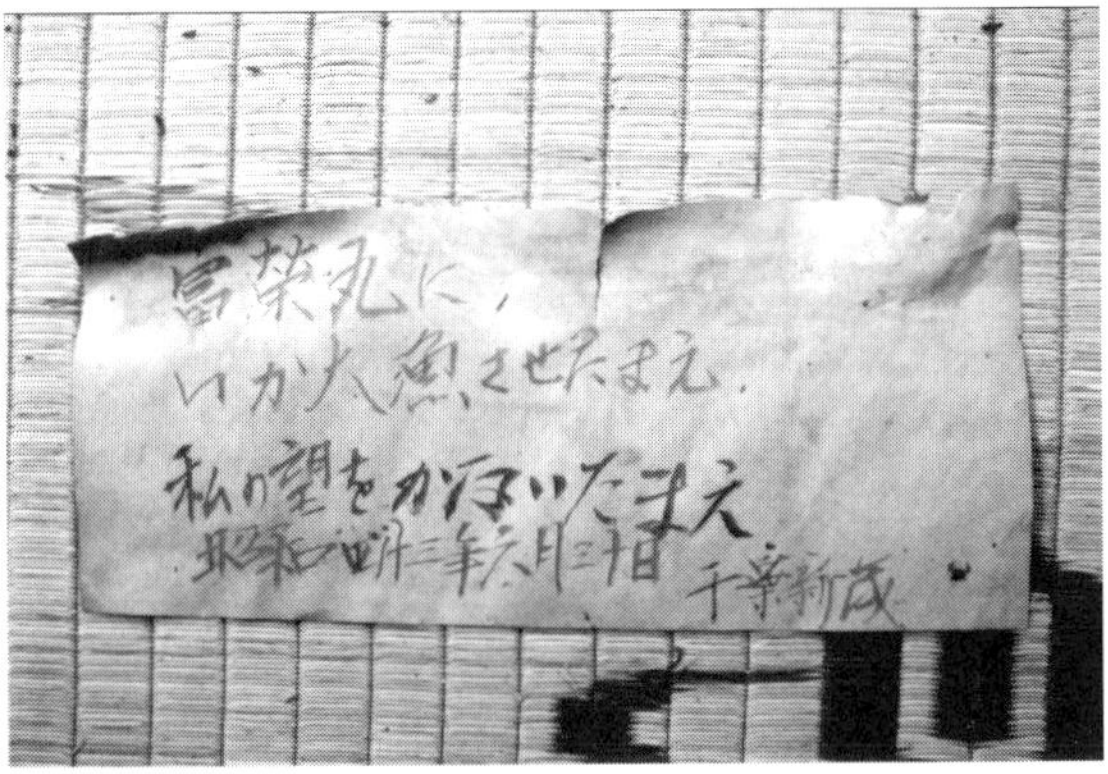

失せ物絵馬の裏面に書かれた大漁祈願の言葉

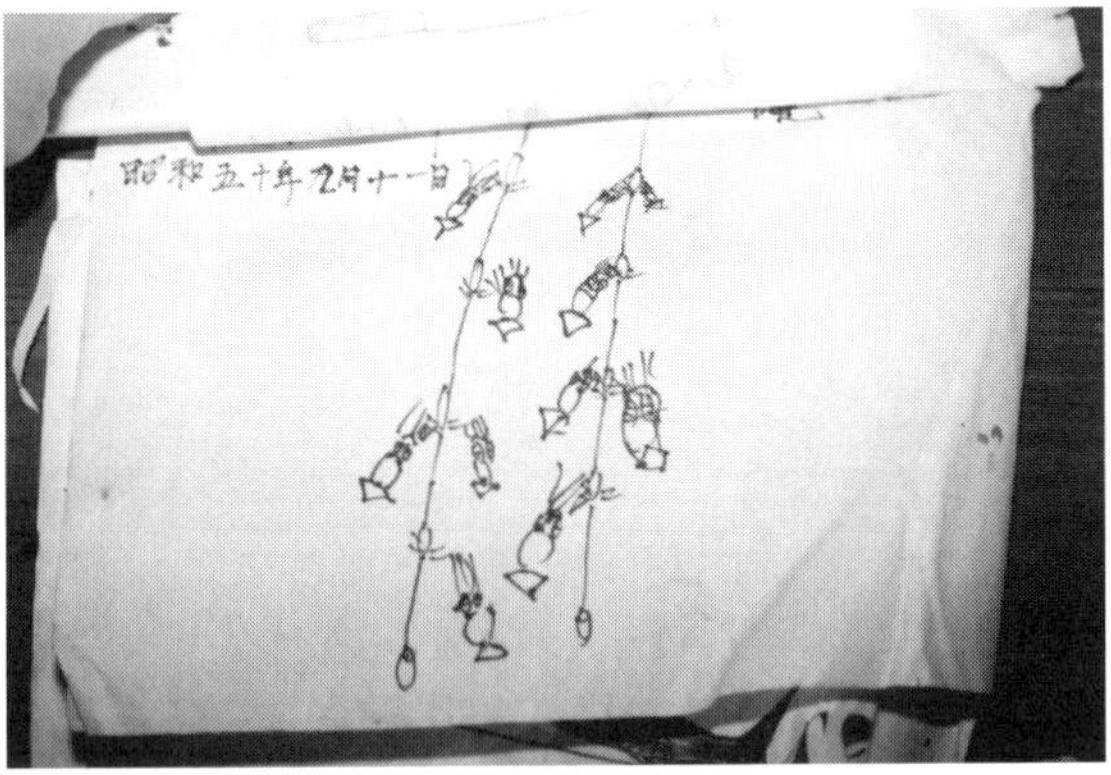

落としたツノ（漁具）と共に描かれたイカ

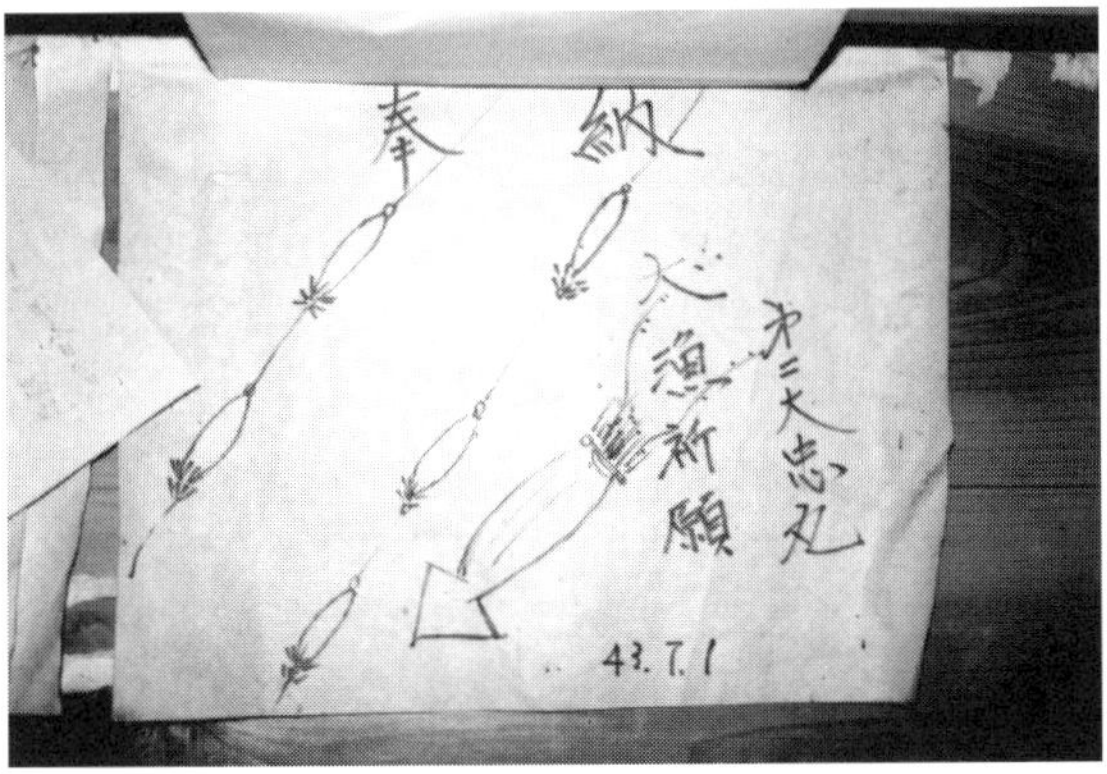

「大漁祈願」の文字が書かれた失せ物絵馬

ですね。落とした物を描いて神様に上げる。これは明らかに八大龍王の碑に金物の絵を描いて上げている例です。普段から金物には小さな浮きを付けている。非常に写実的な絵馬もあります。いろいろな金物を落とした船もあるようです。船外機を落とした人もいて、どうやって帰って来たのかなと思います。

これも唐丹ですが、先ほど紹介した千葉敏子さんの息子さんが奉納者です。裏を読みますと、「富江丸にいか大漁させ給え、私の望みを叶え給え」と書いてあるのです。これを機会に大漁祈願をしているのですね。これも恐らくイカ釣りのツノですね。金属製のツノを落としたのだと思うのですが、ツノだけ描けばいいのに何でイカも描くのかなと思います。どこかにやっぱり大漁祈願があります。明らかに大漁祈願を描いている絵馬もあります。こういう事例を見ますと、確かに金物を落とすということは、一種のミスですよね。だけども、そのピンチをチャンスに替える。そういった発想が漁師さんにはたぶんあるのだと思います。

津波で被災したことは確かだし、ここ十年間、前のような漁業に戻るというのは難しいかもしれないし、宮城県では水産特区という民間企業を入れる動きもあります。これからどうなるのかを見守って行かなければならないと思うのですが、海と人間の関わりというのは、津波だけではないのですね。津波だけ考えていれば、防潮堤を建てれば済むかも知れないけれども、それ以外に海との関わりがあったはずです。しかも、漁場としているだけではなく、海からの涼風や潮の香りとか、波のざわめきで心が安らいでいた人はいっぱいいたはずです。そういうものまで無視して、一元的に津波だけを考えて町作りをするというのはどうかなあと思います。津波も海と人間の関わりの一つと考えて、これからのことを考えて行かなければならない。私もやはり、海と人間の関わりをずっとやって来たのですが、津波のことを入れてもう一度、海の側《そば》でなぜ人が住み続けるのかということを、山口弥一郎の課題を解決するためにも、少しでも研究して行きたいと思います。ご静聴ありがとうございました。

〔参考文献〕

阿部幹男「慙愧の思い」石井正己編『震災と語り』（三弥井書店、二〇一一年）
井伏鱒二『黒い雨』（新潮社、一九六六年）

岩手県編『岩手県昭和雲嘯誌』（岩手県、一九三四年）
太田名部物語をつくる会編『太田名部物語――この地に生きたすべての人に――』（太田名部物語をつくる会、二〇〇六年）
川島秀一「魚と海難者を祀ること」『歴史民俗資料学研究』第十八号（神奈川大学大学院歴史民俗資料学研究科、二〇一三年）
川島秀一「三陸大津波と漁村集落――山口弥一郎『津波と村』を受け継ぐために」（『歴史と民俗』30、平凡社、二〇一四年）
『風俗画報』臨時増刊第一一〇号大海嘯被害録下巻（東陽堂、一八九六年）
宮城県編『宮城県昭和震嘯誌』（宮城県、一九三五年）
柳田国男「旅行の進歩および退歩」『青年と学問』（日本青年館、一九二八年）
山口弥一郎『津浪と村』（三弥井書店、二〇一一年）、初版は恒春閣書房から一九四三年に刊行
山口弥一郎「民俗学の応用価値論」『山口弥一郎選集』第七巻（世界文庫、一九六八年）

歴史の災害から学ぶ

近世の飢饉・災害について考える
―東北地方(八戸藩)の天明の飢饉を中心に―

菊池勇夫

一　はじめに

仙台から参りました菊池と申します。私は元々が北東北の青森県出身で、東北地方を中心に江戸時代（近世）の飢饉について二十年ほども研究を続けてまいりました。もう一つ大学院生の頃から関心を持ってきたのは、蝦夷地と呼ばれた北海道と東北の人たちとの歴史的なつながりです。北海道に出稼ぎに行くということが近世の半ばあたりから始まりますが、たとえばそういった問題です。従って、飢饉史研究と北方史研究とが私の研究の両輪となってきました。

今日は、江戸時代の飢饉史についてこれまで調べてきたこと、考えてきたことを、災害とは何かという大きなテーマを多少意識しながら、北東北の八戸藩における天明の飢饉を具体的な事例として取り上げ、人々の身の上にどんなことが起きていたのか、民衆生活史的な観点を重視して話してみようと思います。

二　災害史へのまなざし

災害という言葉

最初に「災害」という言葉についてです。『広辞苑』（第六版）には、「異常な自然現象や人為的原因によって、人間の社会生活や人命に受ける被害」と説明されています。天災・人災にかかわらず、人間に降りかかってくる災いを包括的に「災害」と呼んでいることになります。この「災害」という言葉の用例を『日本国語大辞典』（小学館、第二版）で見てみますと、八世紀後期の『万葉集』巻五の山上憶良の文章中に、「痾《あ》（やまい）に沈みてみづから哀む文」の中に、「朝夕に山野に佃食する者（狩猟して食する人）すら、なほ災害無くして世を度ること得…」と出てくるのが一番古いようです。

江戸時代の用例では、たとえば、

○「変作の災害を料るには単に収穫の減少のみに依るべきにあらず」（『天保凶荒録抄』）

○「飢寒の災害幷ひ至れは」（『耳目凶歳録』）

○「神怒をなす時は災害岐に満と云」（『同右』）

とあります。『天保凶荒録抄』は弘前藩の記録で、『耳目凶歳録』は八戸藩の記録です。むろん他にもあるでしょうが、それほど「災害」の用例は多くないという印象を持ちます。頻繁に使われるようになったのは近・現代に入ってからのことでしょう。

国会図書館のデータ・ベースで「日本法令索引」を見てみますと、明治二十三年の「地方税経済ニ於テ非常災害ノ為メニ要スル土木費借入ノ件」というのがあり、これが災害という言葉を含む法令の始まりでしょうか。昭和以降、「労働災害」という言葉なども使われてきます。戦後になりますと、「災害救助法」という法律が定められます。こうしてみますと、法令ないし行政用語として一般化し広まったと見てそれほど間違っていないでしょう。

江戸時代には災害をどんな言葉で表現したか

それでは、江戸時代には「災害」をどんな言葉で表現していたのか確認してみましょう。災害・飢饉記録を収録する『日本農書全集』第六六巻と『新編青森県叢書』第三巻の二冊から用例を拾ってみました。そうしますと、「大変」という言葉が一番頻繁に出てくる言葉のようです。

○「此度之大変広太無量之儀ニ御座候得て」（『富士山砂降り訴願記録』）
○「浅間焼出す、かゝる大変有べきとわ夢にもしらず」（『浅間大変覚書』）
○「如是の大変ものちのち皆打忘れ」（『同右』）
○「近年に至り信州浅間の大変、又者薩州桜島の変有といへども、此節の大変と申は中々十倍増たる古今の変」（『嶋原大変記』）
○「不意の大変にて多くの者共流死の有様」（『同右』）
○「古今の大変誠に前代未聞の事」（『同右』）
○「存外之大変ニ付」（『大地震津波実記控帳』嘉永七年・志摩）
○「此度之儀者大変之事故」（『同右』）

○「人王に至て如斯の大変亦可有事共不被思、寔に五十六億七千万歳此時成か」（『天明卯辰簗』）
○「此度之飢饉は…あまりあまり強き大変也」（『天明日記』）
○「此年は関十弐三ヶ国之大変」（『同右』）
○「当年凶作に相及ては大変なるへし」（『天保雑話』）
○「大変に及び申事」（『八戸年代雑話』）
今日でも日常語として、「大変」という言葉を幅広く使いますが、今よりもっと深刻に大きな災害を人々は「大変」という言葉で表現していたものでしょう。この「大変」のほかにどんな言葉が使われていたのかですが、一つは「天災」です。
○「此度降砂之義天さい之事ニ御座候へハ」（『富士山焼出し砂石降り之事』）
○「天刑の時運に当て、…黎民過半其天災に餓死す」（『耳目凶歳録』）
○「此一条の蔓草は実に天災の予告ならん」（『天保凶荒録抄』）
○「当年の天災厚く勘弁の上」（『同右』）
同じく天のつく言葉として「天変」があります。
○「誠ニ天変ニ而天災之程恐るべき事共に候」（『大地震津波実記控帳』嘉永七年・志摩）
変や災のつく言葉として、それを合わせた「変災」も用例として少なくありません。
○「瀬原田村之変災事」（『弘化大地震見聞記』）
○「飯山辺之変災尤大成事」（『同右』）

○「此度之変災」（『同右』）
○「当年之義者非常之変災」（『八戸年代雑話』）
「異変」「急変」といった言葉も出てきます。
○「大雨にて異変ある時者」（『弘化大地震見聞記』）
○「水等出候様之急変」（『嶋原大変記』）
○「不意之急変、水之相図ニ聞候」（『同右』）
この場合の「急変」は水禍を指しています。突然襲ってくる水害の恐さが窺われます。
凶のつく言葉では、「凶災」「凶変」があります。
○「況や凶災の最中なれば」（『耳目凶歳録』）
○「本邦に於て最近の大凶荒は所謂天保五ヶ年の凶変にして」（『天保凶荒録抄』）
○「其余七ヶ年は皆共に凶変を証せり」（『同右』）
最後に難のつく「災難」「大難」「難渋」といった言葉です。
○「大地震見聞記之事ハ、我見聞と災難に逢し大路を記スのミ」（『弘化大地震見聞記』）
○「縁者之方災難にあふて死せし人々」（『弘化大地震見聞記』）
○「一片一時の災難にもあらず」（『耳目凶歳録』）
○「余人之大難に逢し事」（『弘化大地震見聞記』）
○「此節之難渋」（『弘化大地震見聞記』）

具体的に用例を挙げてきましたが、「大変」という言葉が最も多く、「天災」「天変」「急変」「変災」「凶災」「異変」「凶変」などのように、凶・変・災・異・難といった漢字で表現してきたと言えるわけです。

災害は天の咎め、誡め

その災害の受けとめ方なのですけれども、災害は「天の咎め」あるいは「誡め」という受けとめ方があり、広く浸透していました。

○「飢饉は天の咎」（『天明日記』）

○「御祈禱終れは亦々本の東風冷雨也。今年におゐては仏心も力に及ばせ給わさるか、又は万人の奢を天道より誡め給ふ時節にや」（『天明凶災録』）

○「天刑の時運に当て、…黎民過半其天災に餓死す」（『耳目凶歳録』）

江戸中期の思想家安藤昌益は八戸で医者を開業していた人でありますけれども、『自然真営道』の「大序」の中に、次のように記しています。

「人ノ欲迷・盗欲心ノ邪気・患悲ノ汚気・転定・活真ノ正気ヲ穢シ、不正ノ気行ト為シ、飢死・病死スルコトヲ。是レ其ノ本、聖・釈、私法ヲ立テ、不耕貪食シ、己レ先ヅ盗欲心ニ迷フテ、而シテ後ニ世人ヲ迷ハシ、欲賊心ト為サシメテ致ス所ナリ」

（『自然真営道』「大序」、『安藤昌益全集』一より）

安藤昌益は人間社会における汚れた「私欲」が天のただしい運気を乱し、その結果災害が起こるのだという人災の論を語っています。私欲・私法の根源に聖人・釈迦の教えを置いているのが特徴ですが、それに人々が誑かされてきたというのです。

「天譴論」というのは、古代中国に成立して東アジアに広まった考えで、天と人は感応しあっていると捉える天人相関論です。災異は、天の委任を受けた皇帝など為政者が悪政を行ったことに対する天（天道）の怒り、懲らしめというのが本来の受けとめかたでしょうが、儒学思想を取り入れた徳川幕府でも、そのような理解が広く受け入れられていました。ただ、その点を突きつめていくと、将軍や藩主を直接批判することになりかねないので、かなり抑制的になっていかざるをえないと思われます。

悪政に対する天罰という受けとめから、近世半ば以降になりますと、貨幣経済が展開し、それに応じて消費生活が向上してきますけれども、そういった社会や生活の変化に伴う人々の金銭欲というか奢りと言いましょうか、そういったものに対する誡め、「万人の奢り」に対する誡めという形に変容していくのだと思われます。商人・貨幣に対する厳しい批判をした昌益の思想もそのような動向の中に位置づけることができます。

従って、近・現代に入りましても、しばしば「天譴論」「天罰論」が、世の中が贅沢になりすぎたという、文明・私欲批判の文脈で大災害のたびごとに語られることになります。関東大震災の時も様々にこの「天罰論」が渋沢栄一などによって発信されました。その一方で柳田国男さんが、被災者が天罰を受けたような論になってしまうことを批判していたのも知られています。今回の東日本大震災でも「天罰」だと言った著名な政治家がいましたけれども、それに対する厳しい批判があって撤回したことも記憶に新しいところです。ただ、天譴論は本来政治家の悪政を問うもの、あるいは政治家自身がそれを知って過ちを改めるところに本来の意味があるのだということを見逃してはなりません。

災害の定義、範囲、性質

次に災害の定義や、範囲、性質について整理しておきます。近世・近代の災害史研究をリードする北原糸子さんが編者としてお書きになった文章（『日本災害史』吉川弘文館、二〇〇六年）を少し要約してみますと、災害一般について、「人や社会が一定の地域内で突発的、あるいは恒常的に受ける集団的な被害」であると定義しています。そして、その「突発的自然災害」には、地震、火山噴火、津波、あるいは台風、洪水、高潮などの「気象災害」が含まれるとしています。それに対して「恒常的」という言い方をされているのですが、戦争ですとか公害、あるいはコレラやインフルエンザなどの伝染病、そして飢饉といった災害がそうした恒常的被害ということになります。「恒常的」と言っても始まりがありいずれ終息しますので、一定期間常態化しているという意味で使われているのでしょう。

そして、「被害を与える源」には「人工的」なものと「自然現象」に起因する場合があるとしています。加えて近年のエイズや鳥インフルエンザの例のように、「災害源」が新たに生まれ、災害の様態が社会の変化とともに「変容」するものであるということが指摘されています。その点で、災害の歴史性、時代性を重視した定義、捉え方になっています。

東日本大震災の後によく読まれた本の一つだと思いますが、寺田寅彦さんが『天災と国防』（一九三四年。講談社学術文庫、二〇一一年）のなかで、災害（史）への視点として、「いつも忘れがちな重大な要項がある。それは、文明が進めば進むほど天然の暴威による災害がその激烈の度を増すという事実である」と、述べていたことが強く印象に残っています。文明が進むに従って自然との関係が著しく変化し、自然を征服しようと天然に反抗する人間が災害を大きくしている。そして、国家・国民の有機的な結合が進化すればするほど、一小部分の損害が全系統にとって致命的なこととなる、と指摘していました。世の中が文明化・構造化・複雑化していけばいくほど、人間社会はいっそうリスクを背負い込んでいくのだという、自然科学者のリアルな観察眼ですね。

近世社会の飢饉・災害を考える場合でも、寺田の指摘は人間と自然との関わりのシステムの中で捉えることの大切さを再認識させてくれます。歴史学というのは一人ひとりの暮しから世の中の大きな動きまでをトータルに捉えようという志向をもつ学問であると考えますので、自然科学、人文諸科学のさまざまな分野の成果を学び取りながら、広い視野を持つことが歴史学に求められるということでしょう。そういう点では、災害史、あるいは環境史といった分野が近年着目され、そのことに取り組む研究者が増えてきたのはよいことですが、一過性に終わらないでほしいものです。

三　江戸時代の災害―どのような災害が起きていたのか―

大量死をもたらした災害

さて、江戸時代どのような大きな災害が発生していたのか、『理科年表』（二〇一二年度版）から、死者一万人以上の大量死をもたらした災害を挙げておきます。

・一七〇七年（宝永四）宝永地震、五畿七道、津波伴う、死者二万人、潰家六万軒、流出家二万人
・一七七一年（明和八）八重山地震津波、八重山・宮古両群島、溺死約一万二〇〇〇人
・一七九二年（寛政四）普賢岳噴火、嶋原地震・津波。死者約一万五〇〇〇人

・一八四七年（弘化四）善光寺地震、信濃北部・越後西部、死者松代領二六九五人、善光寺領二四八六人、参詣者七〜八千人のうち生残り約一割
・一八五五年（安政二）安政江戸地震、死者町方四〇〇〇人余、武家方約二六〇〇人、合わせて一万人とも
〈参考〉
※一八九六年（明治二九）三陸沖地震（津波襲来）死者二万一九五九人。
※一九二三年（大正十二）関東大震災、死者・不明一〇万五〇〇〇人余。
※二〇一一年、東日本大震災、関連死含め二万人超
これらは突発的な自然災害ということになりますが、むろんその他の災害でも夥しい死者を出した飢饉、火事などがありました。『日本歴史災害事典』（吉川弘文館、二〇一二年）によりますと、
・一六四一〜四三年（寛永十八〜二十）寛永の飢饉、日本全体で五万人、十万人餓死という
・一六五七年（明暦三）明暦大火（振袖火事）、死者一〇万人という（数万人規模か）
・一七三二〜三三年（享保十七〜十八）享保の飢饉、餓死者一万二〇〇〇人（幕府報告）
・一七七二年（明和九）明和大火（目黒行人坂火事）、死者一万四七〇〇人、不明四〇六〇人
・一七八三〜八四年（天明四〜五）天明の飢饉、東北地方三十万人を下らない死者
・一八二八年（文政十一）シーボルト台風、死者一万人（これより多いか）
・一八三三〜三八年（天保四〜九）天保の大飢饉、東北地方少なくとも十万人を超える死者
〈参考〉

※一八五八年（安政五）コレラ、江戸だけで死者十万人、二六万人余とも（『岩波日本史辞典』）。感染症による大量死は他にもあるか。

※近代の戦争死　日清戦争一万三三〇九人、日露戦争約八万四〇〇〇人、日中・太平洋戦争約三百十万人といった災害が知られます。死者数は精粗があり、また噂された人数しか伝わらない場合もありますから、そのまま信用できないものもあります。犠牲者の数は災害の規模、程度を知るうえで欠かすことができません。それ自体の吟味、推計を必要としますが、それだけではなくて、死をめぐる地域性とか階層性、死に至った状況などが問われなくてはなりません。

近世日本の人口はおよそ三千万人です。今は一億二千数百万人ですから、大体今の人口の四分の一ですね。現代の数値の感覚より、もっと重たい犠牲者数ということになります。大量死は地震・津波・大火・台風（水害）・伝染病に見られ、その中でも特に飢饉による大量死が際立っています。地震とか大火とか水害などは大都市（江戸等）に災害リスクが高いことも特徴です。近世は「徳川の平和」とよく言われますように、その始まりと終わりを除き戦争死のほとんどない時代でしたが、その一方で飢饉などの大規模災害に見舞われていました。そうした大災害の中に、幕藩社会のさまざまな問題や矛盾とかがいろいろと集中的に立ち現われているということを考えますと、そのことを研究していく意義は大きいのではないでしょうか。

地域災害史に目を向ける―北奥八戸藩の場合

ただ、南北に長い日本列島ですから、地方・地域によって相当に自然的・社会的諸条件が異なっています。そうではあっても、時代的な共通性というものがあって、一般化、普遍化できる側面もあるとは思いますけれども、それぞれの土地に即して、どのような災害が起こっていたのか、地域に即した災害史、災害を組み込んだ地域史というものが求められると思います。住民という立場から見ていくと、前述したような大災害の研究だけで決して満たされるものではありません。

地域災害史と言ってよいでしょうか、こういった関心はむろん今に始まったことではありません。自治体史、いわゆる市町村史といったものを紐解いていただきますと、必ず災害・飢饉という項目が立項されていることに気付かれるでしょう。こうした記述を通して、その地域で起きた大きな災害・飢饉がその地域社会の共同の記憶として継承されていくことになります。非常の死を忘れてはいけない、あるいは死者を悼む。そして、その惨事を教訓として地域の防災・減災にも役立てて行かなければならない。そういう気持ちが強く反映していると思います。

そういうことで、今日はあまり大雑把な話になってもいけませんので、八戸藩（二万石、南部氏）を中心に述べて行こうと思います。さいわい、前田利見編『八戸南部史稿』（八戸歴史叢書、八戸市、一九九九年）という、藩日記を主な典拠とした年代記がありますので、これに拠ってお話していきます。

八戸藩領は現在の青森県八戸市から岩手県北部にかけての地域にあたり、平野部が少なく北上山地（高地）が多くを占めています。山地の産業としては、江戸時代、鉄山がありましたし、作物としては畑作、雑穀です。特に大豆が換金作物として作られ全国市場に乗っていました。むろん、寒冷地という厳しさがありますが、水田が全然なかったわけではなく、八戸城下の周辺などには水田が広がっていました。

火事

それでは八戸藩でどんな災害が起きていたのか見て行きたいと思います。まずは件数の多い火事からです。火災は藩日記という公用の日記に書きとめられる重要事項とされ、大火災の場合には、藩は幕府に被害状況を詳しく報告することになっていました。以下に挙げた火災の発生年は比較的大きなものになります。

〈八戸町〉寛文五、延宝元、同二、同六、享保三、同十、寛延二（飢饉下）、同三、宝暦二、同七、天明三（飢饉下）、文化三（焼失一七〇軒、死傷〇）、文化十、同十三、文政八（焼失一八七軒）、同十二（焼失四〇四軒、ただし死傷〇）、元治元（焼失三二四軒、寺三）

たびたび起っていたことがわかりますが、寛延二年（一七四九）や天明三年（一七八三）は飢饉下での火災でした。飢饉時には付け火する者も出てきますので、在々も含め火事が数多く発生します。火事は人口の密集する城下町や港町などで多い災害と言えますが、八戸町の例を見てみますと、火事の死者が意外に少ない感じがします。青森町でも天明三年に二度大火が起きていますが、人馬の被害は報告されていません。やはり江戸のような巨大都市とは違いがあるのでしょう。

城下以外でも、寛文五年（一六六五）葛巻村・一村全滅の火事、文化十一年（一八一四年）久慈町・焼失一〇五軒、焼死三人、慶応元年（一八六五）白銀村・焼失五五軒、と大火災が起きています。さらに山火事、野火です。寛政四年（一七九二）に所々焼失一一四軒、焼死二人、山一五〇箇所とあります。

江戸時代には農家の秣や刈敷などの必要性から野焼きが村々で行われていました。草地を維持するためには、春に野原に火を放たないといけません。そのため、スギ、マツやヒバといった、藩が管轄している「御山」に燃え移るということが度々あって、野火を禁止したり（ただし例外として認可）、煙草を持って山に入るな、などと細かく規制していました。

風水害（洪水）

火事と並んで多いのは風水害、洪水です。これも主なものに限られますが、発生年を挙げておきましょう。

寛文七、天和三、元禄十二、同十五、正徳元（ただし志和、飛地）、享保二、同四、同五、同七、同九、同十九、延享二、寛延二、宝暦元、同三、同五、同九、同十二（大風）、同十三、明和元、同二、同五、天保六、同七、同十一（大風）、嘉永二、同三

八戸藩には新井田《にいだ》川、馬淵《まべち》川、それから久慈《くじ》川という三つの大きな川がありますが、これらが度々氾濫して、橋が落ち、土手が決壊し、家や田畑が流されました。また山や崖が崩れて、土砂災害を起こすこともありました。集中豪雨や台風ですので、日本列島ではどこでも気象災害として頻繁に起こったものの一つと思います。当然のことながら、土砂に埋まった田畑の修復には多大な労力を必要としました。

なぜ江戸時代に洪水被害が目立つようになったのでしょうか。一般論になりますが、中世社会と違って、江戸時代には大河川の下流部、沖積平野で治水工事が行われて新田開発が進みました。人口の集中する都市も水運や海運の便のよいところに形成されました。そこは水害のリスクが本来高いところですし、上流の森林伐採なども土砂を流出させ川床を上げてしまったと考えられています。それぞれの川筋ごとに見ていかなくてはなりません。

大きな水害が発生すると、藩はこれだけの損毛高であるとして作物の被害届を出しています。数字上はとても大き

な被害に見えるのですが、必ずしもその年にひどい飢えになっているわけではないのです。直接被害を受けた場所はむろん大変なのですが、藩領全体に均してみると被害はそうでもないということでしょうか。収穫前のことですので、当初の被害見込みよりは実際には回復が早かったのかも知れません。

地震・津波

地震・津波に移ります。東北で最大の近世の津波は慶長十六年（一六一一）の津波でした。この慶長津波はこの度の東日本大震災の津波被害のなかで改めて注目されたのですが、仙台藩で千五百人ぐらいでしょうか。南部領でも三千人ぐらいの被害が出たと言われています。八戸地方の被害は不明です。それから、「津波」という言葉が最初に出てくる史料がこの慶長の時だとも言われております。その後の津波被害を見ますと、宝暦十二、同十三、寛政五、天保十四、安政三とあるのですが、いずれもそれほど大きな被害ではないように思われます。ただ、安政三年（一八五六）七月二十三日の津波では溺死人（五人）が出て、比較的大きな津波であったようです（『新修日本地震史料』続補遺）。

この安政の地震・津波については、八戸城下の商人、大岡長兵衛という人が『多志南美草』（みちのく双書所収）に書き残しています。大塚屋といって近江商人です。

七月二十三日大地震、土蔵は残らず壁落ち、居宅に痛まないものがなく、その中に潰もみられた。しかし、日中であったので地震による死者はなく、怪我人も稀であった。やがて、鮫、白銀、湊では「小汐」あるいは「海笑」とかで、同処より町方へ遁げてきた者が少なくなかった。三ヶ村で四十軒余も流された。またも「大海笑」が寄せくるという噂が立ち、「一犬吼れば万犬実を伝の諺」のように、沼館、石堂、河原木の者たちが、家財を片付け、亭主分の者ばかりが残り、女・童子・老人は小田の平へ小屋掛けして逃げ登った。二十八日晩の大地震のさいには大岡家では、表の空地へ五間に二間半の小屋掛けして老人と子どもを置いた。家の中には亭主米吉と我らだけで、木綿類は梱包して穴蔵へ入れ、二階の品は下へ降ろし、いざというときは持ち出す心支度であった。

およそ、このように書いています。津波を「海笑《かいしょう》」と表現しています。海嘯の当て字でしょう。海辺の低地の住民が津波を避けるために高台に小屋掛けして避難する様子や、大岡家のような店持ちは地震のさいの火災に備えて、穴蔵に貴重品を入れ、あるいは外に素早く持ち運べるようにしていたことが知られます。

安政期は、安政元年（一八五四）に東海・南海地震、同二年に江戸地震、同三年に東日本の地震と、三年連続で起きています。安政三年の津波は、震度五の強い地震でしたが、津波は緩慢で、四〜六メートルぐらいだったと言われています。こうした津波体験が次の明治三陸津波の時に油断させることになったと指摘されています。明治の津波では二万人以上が亡くなっていますが、震度二〜三のスローな地震だったため逃げ遅れたということです。山下文男さんは『津波てんでんこ』（新日本出版社、二〇〇八年）という本の中で、「体験は大切だが、一つの津波体験を絶対視してはならない」ということをお書きになっています。

獣害

それから獣害ですね。一つは狼害です。これが延宝元、同四、元禄二、同三、同五と出てきます。むろんこれだけではありません。また、猪害もあります。宝永五年（一七〇八）あたりから猪が荒れ出しますが、特に寛延二年（一七四九）は冷害による凶作に加え、猪の被害がひどく、「猪飢渇《いのししけかち》」と言われています。『天明卯辰簗』によりますと、三

根城隅の観音の悪獣退散祈願碑

千人ばかりが亡くなった飢饉のようですが、そのころから藩あげて猪の駆除に乗り出し、宝暦十二、安永九、寛政十などにはマタギと呼ぶ猟師も動員して、大掛かりな狩りを実施しています。

時期的な変化に着目しますと、駆除の対象が狼から猪へ移っています。その背景には人為的な要因が深く関わっているように思われます。日本列島の動物の生態系を見てみますと、食物連鎖の一番上にいるのが狼です。南部領（盛岡藩・八戸藩）というのは馬の産地で、藩直営の広大な放野がありました。狼はそうした牧の野馬を襲い、あるいは農家の馬屋にやってきて、人間も巻き添えになります。そのために、藩は鉄砲でもって狼を害獣だとしてどんどん殺すのです。そうした狼との戦いは十七世紀後半から展開しました。その結果、狼は激減し、天敵のいなくなったところに猪が急に増えてきたのではないかと、私は考えています。猪を退治しますと、次は鹿が増えて問題になる。自然界のことを人間が都合よくコントロールできるものではないということを示しています。

もう一つは以前から指摘されてきたことですが、猪が増えた理由には焼畑などの山野の開発が関係していると言うのです。焼畑は五、六年耕作しますと、ソラスと言って放置します。そこには蕨や葛が生えてきて、その根っこは澱粉質を含んでいるものですから、それを猪が好物として食べるのです。藪になると身を潜める場所にもなります。猪は雑食性の動物なものですから、畑荒らしも得意の動物です。猪が住みやすい環境を人間が作り出してしまったと言ってよいのではないでしょうか。

流行病

疫病など感染症が流行ると、一度にたくさんの命を奪ってしまうものでした。流行年として記載されているのは、天和二（疫病）、安永三（疫癘、当春以来病死一三四七人、『勘定所日記』十二月十三日条）、天明四（疫死、飢餓下）、享和二（悪疫）、同三（麻疹）、天保八（疱瘡・腸チフス、飢餓下）です。麻疹（はしか）・疱瘡は致死率が三〜四割と非常に高いと言われています。また飢饉には疫病が付き物と言って、腸チフスや赤痢などに罹って死亡する人が多くいました。餓死より疫病死のほうが多かったと言われる飢饉もあります。インフルエンザなどを見てみますと、流行が大体長崎から始まり、そこから東へ北へと伝染していって、最後は北海道の松前にまで波及してくるのです。鎖国とは言いますが、世界的な流行のなかに日本列島も入っていたのです。地域における流行病の研究はまだそれほど進んでいないように思われます。

旱害

日照り・旱害です。東北地方はよく「日照りにケカチなし」と、むしろ日照りの方が豊作になると受けとめられていました。元禄五、同十三、宝永元、同五、同六、享保十、同十二、同十八、寛保元、宝暦十二（旱魃・冷風）、明和元、同三、同七、安永四（冷気・旱魃）、同七（旱魃・冷気）、文化七、文政二、が日照りの年でした。十八世紀前半の享保期あたりが多いように思われますが、その時期は気候変動の研究でも温暖期であると指摘されています。開発が進み、猪が増えていくのも、ベースにはそうした気候要因が働いていたのかもしれません。旱魃で一番影響を受けるのは田植えです。江戸時代には大体今の暦にして六月の上旬ぐらいに田植えが行われますが、それまでに雨が降らないと植え付けできませんから大変です。雨乞いなどやって村々は騒がしいことになります。田植えが後れ、六月の下旬から七月の初めに田植えをすることもままありました。

霖雨・冷害

八戸藩で最も恐れられたのは霖雨・冷害でしょう。元禄、宝暦、天明、天保の各飢饉はいずれもこのタイプの凶作が引き金となりました。凶作をもたらすのは「東風冷雨」などと表現されるヤマセ型の異常気象です。オホーツク海で高気圧が発達しますと太平洋側から冷たい雨を伴った東風ないし北東風が吹きつけ、それが長く続くと寒冷・日照不足から不稔障害となってしまうのです。

元禄の飢饉は元禄八、十二、十五の凶作が特にひどく、『勘定所日記』元禄十六年（一七〇三）六月四日の条に、「昨秋より当五月まで餓死人二〇三六人、所立退者一〇八八人」と記されています。宝暦五年（一七五五）の凶作による宝暦の飢饉では七千人ぐらいが亡くなったと言われています。これも冷害です。そして、天明三年（一七八三）から翌年にかけての天明の飢饉では、後述のように領民の半数もの人々が死亡したという記録が残っております。

幕末が近くなった一八三〇年代の天保期には、天保四、七、九が大凶作年で、同三、六、八も凶作でした。豊作であったのは天保五年（一八三四）だけです。このように天保期には凶作が毎年のように続き、長期にわたって人々の生活・生命が危険にさらされ、たくさんの命を奪いました。天明の飢饉は東北地方の太平洋側に激甚な災害であったのは確かですが、全国的に見れば天保の飢饉のほうが社会や政治に与えた影響が大きかったといえるかもしれません。次章以下では、八戸藩の天明の飢饉を取り上げて、飢饉のリアルな状況を話していきますので、ここではこれくらいにとどめておきます。

その他の災害では、霜害（寛保元、寛延三、宝暦三）、虫害（元文二、寛政九）、氷害（文化八）、雷害（宝暦九、文政六、嘉永四）、砂降り（宝永四、寛保二）などを、『八戸藩史稿』から拾うことができます。多様な災害が起きていたことになります。

ここでは、小藩とはいえ、八戸藩というそれなりに広い範囲で見てきましたので、地域災害史とは言い難いところがあります。村や町ごとに、あるいは川筋ごとに、地域住民の生活・交際圏くらいのエリアのところでどんな災害が起きていたのか明らかにして、その地域の人たちが知っていくことが大切であると思う次第です。

四　凶作・飢饉のダメージと藩の取り組み

ヤマセが吹く

八戸藩の天明の飢饉がどのようなものであったのか、以下具体的に見ていくことにしましょう。

天明三年（一七八三）はむろんヤマセが吹いた年だったのですが、ヤマセ型凶作の近年の経験について言えば、一九九三年の時の気象パターンです。騒動まではいかず動揺程度で収まったかと思いますが、スーパーに列ができ、タイ米が移入されたことなどは記憶に新しいところです。平年作を一〇〇とした時の作況指数は、下北地方は全く実らずゼロ、八戸地方はたったの一でした。郷里はその辺りなのですが、知り合いの米を作っている人から刈り取った稲を一握り貰いましたが、まったく実が入っていませんでした。ヤマセの恐さを実感しました。岩手県の久慈あたりも二でした。三陸は七、八です。宮城は三〇～四〇。福島県も浜通りの方が悪く、内陸の会津若松の方はさほどでもない。秋田県の方は八〇～八八、山形県も同様です。

こうして見ますと、ヤマセは日本海側よりも太平洋側に、太平洋側でも北にいくほどに被害を大きくしていくという傾向があります。ヤマセの雲は低く、奥羽山脈がそれを遮りますので、秋田・山形県側には影響が少ないのです。その季節、仙台では雨でも、山形に行くと晴れているということをよく経験します。

天明の飢饉のきっかけとなった異常気象はまさにこうしたヤマセによるものでした。津軽、南部、仙台といった太平洋側に甚大な被害をもたらし、秋田や庄内など日本海側は比較的緩やかであったのです。詳しくは省略しますが、八戸藩の飢饉記録は一様にヤマセによる天候不順を指摘しています。浅間山の噴火が異常気象の原因であるかのような説明が教科書などで流布していますが、その影響がまったくないとは言えないにしても、それは間違っているというのが私の見解です。

皆無同様の大凶作

まずヤマセが原因となった農作物の被害を見ておきましょう。『勘定所日記』天明三年十月十七日の条の「当凶作ニ付御損毛高御書上」によれば、損毛高一万九二三六石二斗、内一万一一二五石四斗田形、八一一〇石八斗畑方、と把握され、「青立霜枯」によるものだとしています。表高二万石の藩ですから、ほとんど皆無同様の大凶作であったことになります。

農作物の作柄ですけれども、晴山忠五郎の『天明三癸卯ノ歳大凶作天明四辰ノ歳飢渇聞書』（『日本庶民生活資料集成』七）には、久慈通になりますが、諸作皆無、ただし田稗は場所により少しは実ったと書かれています。豊年なら一島（シマ）から八升〜一斗取れるが、この年は田稗が三升〜五升、畑稗が五合〜一升くらいの収量であったと言いますから、畑稗より田稗のメリットが窺われます。北田市右衛門『天明凶歳録』（『新編青森県叢書』三）も、諸作実入りなし、ただし田稗も所によって少し実入りと同様の見方を示しています。

皆さんは稗を田んぼに作るのか、稲に邪魔な雑草ではないかと不審に思うかも知れませんが、東北地方の北上山地ですとか、あるいは奥羽山脈沿いですとか、下北半島といった所では水田に稲を植えても冷害によって被害を受けやすく、そのリスクを回避するために稗を植えてきたという歴史があるのです。稗も稲と同様苗を育てて、きちんと田植えするのです。八戸藩軽米《かるまい》の淵沢圓右衛門が書いた、『日本農書全集』二にも収載されてよく知られるようになった『軽邑耕作鈔』という、山間地の畑作を中心とした農書がありますが、そこにも田稗の作り方が書いてあります。

戦後雑穀作りは廃れてきますが、近年また「村おこし・町おこし」として粟・稗など雑穀が作られ始めています。休耕田対策としても稗は見直されているようです。二戸や八戸などの地元産品のショップに行きますと雑穀がよく販売されています。五穀ブレンドとしてスーパーでも見かけるようになりました。私も時々ご飯に雑穀を混ぜて炊いて食べています。今は米より雑穀の値段が高いものですから広まりにくいのかもしれませんが、東京など大都市の方々に雑穀をもっと食べていただくと地方、山間地域が元気になるのですけれども。

作柄で比較的よかったのは、大根・蕪の類でした。前出の『天明凶歳録』は大根・蕪は相応の作であったが、盗み取られるので早めに掘り取って、これで人々は飢渇を凌いだと記しています。また、淵沢圓右衛門も飢饉の助けになるとして大根・蕪の栽培を勧めています。天保四年十二月の『遺言』(『日本農業全集』二)に次のように書いています。

夏土用不気候にして、もはや凶作にもならんと見るならバ、大根蕪を多く蒔べし。尤干菜ハ大なる助と成る物なれバ、少々遅蒔して菜ばかり取とも可也。よりて、莱菔・蕪の種ハ年々数多植置て、飢饉のたすけとする物なりとぞ

大根はその葉も有用なものでした。私の小さい頃の田舎暮らしの経験でも、大根の葉っぱを吊るして干し、保存食にしていたものです。圓右衛門はいろいろな野菜を植えて試していましたが、下り種として練馬大根が出てきます。練馬大根も幕末近くなると東北地方でもずいぶん栽培されるようになります。土地に元からある地大根と、下り大根の練馬大根と両方作っているのです。ただ、練馬大根は自分で種を取っても、それを植え続けるとだめになってしまいますので、買い続けなければいけないことになります。自分で採取する種から買う種へどのように移っていくのかも、興味深い問題です。練馬大根などその先駆けだったのでしょう。

飢饉による死者

飢饉による犠牲者ですが、前出『飢喝聞書』によりますと、飢饉前の天明三年の八戸藩の総人数は六万五〇〇〇人余(家数一万三四一〇軒)であったのですが、翌年五月の人別改めによって、そのうち三万一〇五人が餓死・病死したと把握されています。調査後の六、七月にも疫癘で死ぬ人が幾千人おり、それは同五年の宗門改めに反映されるとし

ています。『天明凶歳録』も大略総人口六万人のところ三万人余が餓死したと記しており、八戸藩内では了解しあった犠牲者数ということでしょう。

そうした飢饉記録だけでなく、藩が調査した『御領内人別増減書上留』（須藤家文書）という史料が近年見つかり、その中の「去卯年御領内惣有人当辰年御改ニ付減シ候覚」という天明四年九月二十日作成の集計が、『新編八戸市史』近世資料編一に表示されています。天明三年総人口六万三一五八人のうち、「去者」四九四二人、「疫病病死人、餓死者」二万五三八〇人、「減人」合わせて計三万三三二人、残り三万二八三六人、その一方で「生者」（出生者）一二一人、「来者」一三七二人がおり、現人口は三万四三二九人であると書き上げられています。夏場の疫病死を経た後の数字になりますので、犠牲者の実態を示すものとして信用してよいでしょう。飢饉記録の三万人余死亡のなかには、領外へ立ち去った者たちも含まれていると捉えたほうがよさそうですが、逃亡しても行き倒れになり命を繋ぐのは難しかったことでしょう。

米買入れの取組み

米・食料の絶望的な欠乏という事態は、大凶作ばかりでなく、別の要因も重なってのことだったのですが、それについては後で述べるとしましょう。領内に食料がないとすれば、領外から買ってこなければなりません。お金も調達しなければなりませんから、八月下旬、石橋屋、近江屋、大塚屋、美濃屋などといった藩の御用達を勤めるような城下商人に御用金を課して、そのお金で江戸表、秋田、越後の新発田から米や雑穀を買い付けようと動き出します。『天明卯辰簗』（『新編青森県叢書』三）は、「惜哉か丶る時節の金銭徒になす事、其人を知らさる故なるへし」ということを言っています。大凶作がはっきりしてから買い付けに走るのでは、もう時期が遅いわけです。飢饉になりますと、酒田や、新潟といった米所に買い手が殺到し、米価も釣り上げられていきますから、入手がきわめて困難になります。このような時期ですので金銭の無駄使いにしかならないと批判をしているわけです。

八戸藩は万民を救うためとして、姻戚関係のある越後新発田藩の溝口主膳正を頼って廻米の無心をしています。使者の関彦惣が十月十六日に八戸城下を出立、来春三千石回米の約束を取り付けて、十二月初めに帰ってきます。城下の町人や在々分限の者たちも、藩からそれぞれ関係筋に話をつけて雑穀を買ってくるように命じられ、江戸、銚子、平潟辺、あるいは秋田、仙台などへ出かけていきます。しかし、先方も面倒で、特に盛岡が厳しい穀留めをしき、入穀なしと『天明卯辰簗』は書いています。隣の同族藩といえども、そういう状態なのでした。

秋田藩への取り組みでは、藩は江口屋孫四郎という商人に命じて、手代の善七が行くのですが、先方はそれが「手段」だったのでしょうか、米を少々渡して、代金を受け取っておきながら、その後米を渡してくれなかったというのです。埒があかず、最後は結局、米でなく質の悪い大豆などを渡されて、八戸藩は格別の損をしてしまいました。その手代の善七も、秋田に女房がいて、八戸には帰って来なかったというのです（『天明凶歳録』）。善七も怪しいと言えるでしょう。

こうして見ますと、大凶作後に緊急移入というのは非常に難しかったということです。運よく穀物買い付けに成功しても、冬の季節になりますから日本海側では海が荒れて、今は北前船と言い慣わしていますが、廻船が途絶えてしまいます。今の暦で十一月ぐらいから翌年の四月ぐらいまで全然動かないわけです。そのときが一番、米、食料の必要な時ですが、米が入ってこないのです。こうした廻船事情も見ておかなければなりません。

五　飢えに直面したとき

山野に食べ物を求める

　このように食料が欠乏した状況で、民衆はどういう行動を取ったのかということです。凶作がわかってくると、最初に見られる行動は山野河海に食べ物を求めることでした。いろんな記録に出てきますが、山や野に入って、野老《ところ》、葛《くず》、蕨といった草の根を掘り、あるいは栗や栃の実、シダミと呼んだ団栗など木の実を拾って食料にしました。葛・蕨から澱粉を取るとカスが残りますが、その植物繊維だけのカスすらも食べました。蕨のカスを「あも」、葛根のカスを「そそめ」と言いました。海のものといえば、八戸藩では「めのこ」といって昆布を細かく切り刻んで粉末状にしたものがたくさん出回りました。

　藁を粉末にして交ぜた餅は、関東などでもその食べ方が知られているものですが、『天明凶歳録』には、「藁の本（根に近いほう）は多く食べても体が腫れることなく、甘くて飢えを凌ぐのに勝れている、穀類を三分の一加えて団子餅にし、あるいは香煎にして用いるとよい、としています。こういった物を食べて飢えを凌いだのです。山野の恵みにも限りがあります。縄文時代と違って人口規模が違いますから皆がこれで助かるのはとても無理なことなのです。

領外へ逃亡する

　村にいてもこの先どうにもならないと知ると、食べ物のある所へ逃げて行くという選択肢です。できるだけ元気なうちに早く逃げたほうが生きる可能性が高かったでしょうか。『天明凶歳録』に、親を捨て子を捨て、他国へ走る者がいる。また、子を川へ投て身を助かろうとする者もいる。妻子を連れて盛岡、仙台、秋田へ走っても、行き先も同じく凶作なので半途で妻子を捨て、帰国して餓死する者もいる。あるいは妻を離別し、嫁を返し、養子を戻すなどの類は数えがたいほどである。人倫の道を失う浅ましき次第である。

といったことが書かれています。

藩の『勘定所日記』天明三年（一七八三）十月二十九日の条に、晴山郷の男女二十五人が他国へ働きに出たとの訴え（届け）が載っています。同十一月二日条にも、久慈戸呂町村の百姓十九人が他所働きに出て、空き家が四軒ありとの代官からの訴えが見られます。他所働きとありますので、いちおう届け出て村を出たのかと思われますが、実際は家族ぐるみの逃亡でしょう。前述のように五千人近くが領外に立ち去っていました。逃げる先は盛岡、仙台、秋田、さらには江戸にまで登った者もおりました。

それは八戸藩だけではなく、弘前藩、盛岡藩、仙台藩などからも同様に藩境を容易に越えて出て行きました。藩の関所は（正しくは番所ですが）取締が厳しいと言われますが、弘前藩などは飢えた領民が秋田領に出ていくのを止めようとはしませんでした。出ていくに任せるという状態でした。久保田城下に弘前藩の飢人が集まり、それを秋田藩が保護しますが、弘前藩に引取りにくるように求めても、なかなかそれに応じようとしなかったこともありました。

江戸にも多くの飢人たちが集まってきました。江戸の回向院で大公儀（幕府）より一人に二人扶持の施行がありましたが、幕領（代官支配地）からきた者たちばかりに支給し、藩領からきた人たちは対象外とされ、江戸藩邸の留守居を呼び出して引き渡したと言います（『飢喝聞書』。）国元へ戻す人返しが原則だったのです。

『孫謀録』という飢饉記録に（『日本庶民生活史料集成』七）、会津藩の者七人がエタ頭の弾左衛門屋敷に一時的に保護されたが、藩邸に引き渡され、国元へ返すことになったという、江戸からの書状が載せられています。二本松藩は五百人余、南部様（盛岡藩）は千人余りの引き渡しで、江戸藩邸には居所がない有様であったと書かれています。八戸藩からの江戸流入者もいたことでしょう。

人返しは天保の飢饉の時も同じです。江戸市中での捕捉・保護というだけでなく、さらに対応が強化され、江戸四宿といって江戸への入り口である千住・板橋・新宿・品川でガードするようになります。

穀物、その他食べ物の高騰

『天明卯辰簗』に「穀物並諸相場之事」という項目があり、八戸城下の相場の動きが詳しく書かれています。天明三年の一月までは、銭一貫文につき米三斗（銭百文で三升）の直段、それが月々日々に相場が上がり、「前代未聞」の高値になっていきました。それを紹介しますと、米は、天明三年三月二十八日に銭百文で二升一合、八月二十三日に七合八勺、十二月中に四合五勺、翌四年に入り、二月二十三日に古米三合三勺、秋田米四合となっています。三年一月比で最大九・一倍、同三月比でも六・四倍の値段になっています。

『飢喝聞書』でも、同様の価格の推移が知られます。天明四年三月初、銭一貫文で三升と最高値となり、前年三月比の七倍になっています。四年三月になり筑前船が入ってきてようやく値段が下がり始めたといいます。ただ三月といっても旧暦で、この年は閏一月がありましたから、今の四月下旬から五月にあたります。そして四月以降、新発田米、肥前米、越後米、加賀米、秋田米が入ってきて相場が立ち、食料不足も解消していきます。

それにしても想像しがたい急騰ぶりではないでしょうか。ただ、現代日本の食料事情を考えるとまったく他人事ではないように思われます。グローバル化して食料自給率がカロリーベースで四十パーセントくらいに落ちています。TPP（環太平洋経済協定）が国内農業にさらに打撃を与えると懸念されています。これ以上外国に胃袋を委ねてしまうと、その国がもし旱魃などで被害を受けると、投機筋も動きますから食料が急騰して買えなくなる事態だって生まれかねないのです。政府には食料の安定供給という責任があるのです。

話を戻しましょう。この地域は雑穀の生産地帯でしたので、階層性はありますが、農民をはじめ多くの人々が稗・粟を主食として食べていました。そこで、雑穀相場も見ておきます。天明三年三月（飢饉前・平常）の値段と翌年三月（飢饉最中）の値段の比較ですけれども、『飢喝聞書』によると、八戸町では銭一貫文につき粟三斗七～八升だったものが、七～八升（五・三倍）、稗が七斗八～九升であったのが七升五合（一〇・四倍）、大豆が三斗三升だったのが七～八升（四・七倍）、大麦が四斗三～四升だったのが七升（六・一倍）、小麦が三斗三升だったのが五升五合（六倍）、蕎麦が四斗三～四升だったのが八～九升（五・四倍）、小豆が一斗九升だったのが二百五十文（四・八倍）と、ほぼ米と同様の高騰ぶりを示しています。特に稗が際立っていますが、それだけ深刻な食料事情に陥っていたことを物語っています。

その他にも、あめ粕、蕨の粉、あも、そそめ、大根、大根干葉、枯薊《かれあざみ》、荏油粕、粉糠《こぬか》、小麦ふすま、めのこ、鹿、鶏、などが売られていました。あも、そそめだけを食べた者に一人も生きた者はいない、鶏は平常当所では食べない、などと書かれています（『天明卯辰簗』）。

それから、市日には在々より屋財、農具、家具、衣類などの売り物を馬に付けて、あるいは背負って持ってくるのですが、お金に換えようとしても、値段は望みの一〇分の一にもならず、投げ売りしてようやく一、二日の食を求めることができたのだそうです。穀物は「大人公家」よりも貴く、「器材」は草藁よりも軽いと、この有様は表現されています。また、穀物のつかみ逃げ、団子餅のさらい取り、粥の食い逃げ、さらには巾着切り・財布破りがはびこり、喧嘩口論など何かと騒々しい市日の光景でした（『天明凶歳録』）。

捨馬、馬を食べる

この地域にとって、馬は農耕、運搬のみならず、厩肥を作り出すものとして農民の生活・生業に欠かせないものでありました。二歳駒（牡馬）を販売することも収入源になっていました。また、牛も北上山地では飼われていました。鉄山地帯でしたし、三陸で取れた塩などを内陸に運ぶのに、山道では牛のほうが忍耐強く適していました。牛は西日本、東日本は馬とよく言われます。確かに仙台藩などでは馬ばかりの村が多く、ほとんど牛がいないのですが、北上山地のほか、ヒバ材を伐り出す下北や津軽ではけっこう牛が飼われていました。牛馬は人の側にいて非常に大切な家畜ですので、食べてはならない禁忌の働く動物でした。そこが野のけものである猪や鹿などとは違うところです。

『天明卯辰簗』によりますと、天明三年九月頃より捨馬、捨牛が多くなります。飼料がなく馬を育てられない農民たちが放置してしまったのです。城下近辺でも数十疋に及び、麦畑を荒し、垣を破り、物を食い荒しました。藩は放置馬を近辺の農民に与えましたが、飼育するゆとりがありませんから迷惑なことでした。その内に、捨馬から始まったのでしょうが、十月頃になりますと、馬を食う者たちが出始め、やがて在々では馬を食べない者は指を折って数えるほどしかいなくなってしまいました。古来より、馬肉を食べて酒を飲まなければ急死すると伝えられていたのですが、食べてみたら毒にも当たらず手足の浮腫も癒え、丈夫になったと書かれています。

山寺跡の餓死供養塔群（1993年頃、改葬前の様子）

十月二十三日の八戸の市日には、在々の人たちが湯で煮た馬肉を塩俵に入れて持ってき来て売り出しました。大豆の粉を掛けたり、あるいは塩煮にしたものもありました。馬と知りながら、何の肉かと聞けば鹿の肉と答え、両刀を帯びた人も多く立ち食いしたと言います。十一月の始めには牛馬の吸物が売り出され、安かったのでよく売れたそうです。

　天明二年七月の馬の総数は、久慈・軽米通九七〇八疋（内七二六疋駒当才、六二九疋駒二才）、名久井・長苗代・八戸廻浜山根通一万一〇七八疋（内四六九疋駒二才、六一一疋駒当才）でしたが、飢饉後の天明六年七月の書き上げでは、久慈・軽米通五六六七疋（内四四七疋駒当才、二八二疋駒二才）で、天明二年に比べて五八・四パーセントに、また八戸廻・名久井・長苗代通五三六四疋（内三六七疋駒当才、二一六疋駒二才）で、同じく四八・四パーセントに落ち込んでいます。人口も半分に減りましたけれども、馬の数も同じく半減したことになるでしょう。馬の出生数もぐんと落ち込みますが、天明六年あたりから回復傾向が見え始めます。

飢饉状態が悪化し食に疲れてきますと、犬・猫・鶏といったようなものも食べられ始めます。当時、犬は放し飼いされていたのが多かったのですが、犬自体が飢えて狂暴化します。八戸町では行き倒れや無縁になった死骸を山寺の「死人穴」に持って行って埋葬したのですが、持って行きかねて鍛冶町永久寺門前の死絶えの明屋敷に捨てました。そこに犬が集まって来て、女、子どもを取り巻いて吼えかかるので、藩は諸士（藩士）の二、三男に一疋十六文の褒美を与えて鉄炮で撃たせるということがありました。その犬を二十四文、三十二文で買って食べる者もいたと言います。天明四年正月のことでした（『天明卯辰簗』）。

城下に向かう「乞食」

領外に逃亡していく飢人のことはすでに述べましたが、八戸城下にもたくさん入ってきました。当時、飢えて物乞いする人たちは「乞食」あるいは「非人」と呼ばれました。城下の商人店の前の通路に突き出した庇のことを「小店《こみせ》」と言いますが、天明三年九月頃にはすでに、乞食化した人たちが所々の小店に臥すということが出てきます。それを不憫に思った美濃屋支配人の喜兵衛が、店下に厚筵を二重に張って風が通らないようにしてあげたら、ありがたいことだと寄って来て、毎日一、二人がそこで息絶えました。喜兵衛はその死骸を小屋頭（非人頭）の甚太郎へ大儀料を払って片付けさせていました。先の山寺に葬ったのでしょう。

粥売りの者の所に非人がやって来て、人の間から椀を出して売粥を汲み取ったのを買人が見つけて怒り、割木でその者の眉間をしたたかに打ちました。それでも椀の中に入った血だらけの粥をすすって、その夜亡くなるということもありました。さらに、美濃屋の莚囲いに四十歳くらいの男非人が一人おり、他の非人から三十二文ずつ掠め取って囲いの内へ入れていました。これを美濃屋が聞いて追い出しましたが、その男はその夜、寒気が強く横町で臥せて死んでしまいました。とても助からないのに強欲な者だと人々が憎んだと言います（『天明卯辰簗』）。

飢えた人たちは乞食・非人化して、農村から都市へ向かうのが基本でした。都市には金持ちの商人がおり、権力の御膝元ですから施しを期待しての行動でした。町中を徘徊、野宿するのですが、食べ物がなく凍える寒さの中で、死のみが待ち受けている。倒れ死んだ場合は小屋頭の甚太郎が片付ける。城下町の組織化された非人が対応しています。乞う・施しの関係であるのですけれども、個別に食を与える者がどれ程いたのか。実際のところは迷惑に思う、あるいは数が多くて対応しきれない、そういう状況だったものと思われます。

御助小屋（御救小屋・非人小屋）の設置

そこで設置されるのが「御助小屋」です。「御救小屋」とか「非人小屋」などとも呼ばれました。八戸城下でも飢えた人たちが数多、小店とか軒下、あるいはお堂、お宮に集まってくるものですから、治安対策および保護の二つの側面があるでしょうが、鍛冶町先下馬株の近所に二間七間の非人小屋を建てました。狭くなったので、さらに三間五間の小屋を建てています。藩は城下の寺院に米五十俵、春木十間を与え、対泉院隠居を始めとして施行にあたります。十二月初めより十三仏堂の御庭で粥を炊き、一食の施行を開始しました。寺院は家中・市中を托鉢して回り、施行米の足しにしました。その頃市中の非人は六百人ないし七百人だったのですが、「日々死するもの数人、又小屋へ入もの日々数人なれば、幾千人といふ数を知るべからず」と、『天明凶歳録』には記されています。

八戸藩の特徴かとも思いますが、寺院による托鉢・管理によって粥の施行が実施されています（盛岡藩も同様）。江戸をはじめ近世都市では町人が施行の運営主体になることが多く、中世と違って寺院が前面に出ることは少なくなっています。

非人小屋にいる人たちが問題視される事態も出てきます。天明四年正月のことですが、女性が小屋の中へ引き込まれて殺されそうになり、そこを通りがかった医者が助け出すということがありました。また、美濃屋の番頭喜兵衛（先に出てきた支配人喜兵衛でしょうか）が非人小屋の前で、中の四、五人から名前を呼ばれて、「お前は肥え太っているので旨いだろう」などと声を掛けられたそうです。二月十日には、非人小屋の中で人を食べる者が数人いると非人頭が訴え出ます。吟味してそうした男女十二人を別小屋に移しています。施行場の世話をした広沢寺広全和尚は、その様は鬼ともいうべきか、恐ろしい眼差しであったと、話していたそうです（『天明卯辰簗』）。別な記録には人食いは八十四～八十五人もおり別段小屋に一所に入れたとも記されています。在方の者が牛馬に薪をつけて八戸町に行くと、ちょっとの隙に馬が非人小屋に引き込まれ食べられてしまった、ということもありました（『飢喝聞書』）。非人小屋が町の住民に恐怖感を引き起こし、それがまた忌避感・差別感を強くしていくことになったと思います。

しかし、非人小屋に入ってもほとんど助かりませんでした。わずかの粥のところに真冬の凍てつく寒さが襲ってきますから身体が消耗します。小屋のなかに大人数が収容されますから、やっと横になるくらいのスペースしかなかったでしょう。そこで何が恐いかというと疫病です。疫病に罹ってみんなバタバタと死んでいくのです。

盛岡藩の例ですが、天保四年（一八三三）の飢饉のさい、城下のある寺院のお坊さんが施行小屋を境内に建てて施行するのですが、みんな死んでしまいました。天保七年の飢饉のときも藩のほうから小屋を建ててくれないかと言われるのですが、そうした苦い体験からとても引き受けられないと断ったそうです。一つの小屋にまとめて収容するのは効率的に見えますが、居住・衛生環境の整わないところではかえって死のリスクを高めてしまうことになったのです。

二月下旬になると非人が減り、小屋にいるのは七十人ばかりになりました。それから町・在から粥を貰いにくる三百人ほどの人たちがいました。彼らは自分の家に住みながら、通ってきていたのでしょう。旧正月までに小屋に入った者たちの姿が見えず、大方は死に絶えたのであろうとの町人たちの受けとめでした。

四月三日に非人小屋の施行が打ち切られました。その節、小屋には十五人、町・近在からの通いが百七十八人いたということです。これによってまた、町の中をさまよう非人が多くなったと記録に見えています（『飢喝聞書』）。非人小屋は御助け小屋、避難所として飢えた人たちにとって最後の拠り所であったのですが、以上に述べたことが実情だったのです。

六　一線を越えるモラル崩壊

押入り強盗、馬盗み、火付け

すでに述べたことも含まれますが、飢饉記録を読んでいますと、追剥ぎ、押入り、馬盗み、火付け、人食いなどといった、あまり触れたくないような行為がいやでも目に入ってきます。それらが社会的に出てくるということは、飢饉状態がある一線を越えて深刻なレベルに達したということを示しています。災害になりますと、困った人々が連帯して、協力して助け合うものであるとよく指摘されます。たとえば、絆という言葉が東日本大震災後広く受け入れられたのはそのことの表れでしょう。確かにその通りかと思うのですが、極端に食料が不足し、助けたくても助けられないような状況に立ち至ったとき、人々のさまざまな生命維持の繋がりが断ち切られていきますから、生きることのみに必死になり、ある一線を越えてしまう、言ってみれば、急激なモラルの崩壊が起こるのではないかと思います。

食料が高騰しますと米騒動が起きます。一揆が起きます。しかし、米騒動とか一揆というのは食べ物を奪取するような行為ではありません。米を売り惜しみしたり、高く売りつけたりするモラルに反する商行為を懲らしめる制裁的行為であるというのが、現在の基本理解となっています。飢饉のプロセスのなかで発生した騒動、一揆というのは、人々がまだ元気で、物事を理性的に判断できる段階であって、物を盗むな、人を殺すな、火を付けるなといった、モラルに基づいた行動です。それは極限状況ではないのです。しかし、飢饉状態が悪化すると、人々がお互いに協同して何か目標を達成しようということは無理になります。みんな疑心暗鬼になり、自己防衛が前面に出てくるからです。

八戸藩では天明三年十月、土地が凍り始め雪が降ってきますと、山野で根物を掘ることができなくなりました。盗賊が所々に起こって、干菜をはずし、大根穴を掘るなどして小盗みが頻発したと言います。そして、追い剥ぎ、強盗、押入りへとエスカレートしていきました。その中には、家内を縊り殺し、穀物、衣類、家財を奪って火を掛けるといった残酷な事件なども起こります。そこで藩から、一つ家、離れ家、小村等の者は家を明けて大村へ引越し、あるいは飯料、味噌などを親類知音の土蔵へ頼んで預けるようにと、沙汰があったということも書かれています（『天明凶歳録』）。

放火も多発してきます。ふつう火災は春先に多いものですが、飢饉の深刻さと重なって冬の時期にピークを迎えます。八戸町でも十一月二十三日に二十八軒が焼失したのをはじめ、たびたび起きています。ある村では、見苦しくない衣類を着た若者八人が押入り、その家の者を殺害し、貯え置く稗や味噌などを馬に付けて運び出したあと、悠々と家に火を付けるといったこともありました。この場合には隣家の者が気づき、人を呼んで召し捕えることができました。在々では特に馬屋の火事が多く、人の馬屋に火を放って、馬を焼き殺して食べたのだと観察されています、

盗み、火付けに対して防御する側も過酷になりました。ある村で座頭の盗人が取り押さえられ、「簀巻《すまき》」にされて川に沈められたと、『天明卯辰簗』に書かれています。どんな盗みをしたのかわかりませんが、殺人・強盗に及んだのではないでしょう。特に天保の飢饉のさいに流行ったと言われていますが、たとえば大根一本盗んだような軽微な盗みのような場合であっても、捕まえた側が制裁と言いますか処罰と言いますか、簀巻といっても、この地域では叺《かます》を頭から被せて縄で縛って川へ放り込むやりかたが多かったようですが、かなり行われたようです。また、ある家に強盗・放火して焼死に見せかけた親子を捕まえたさいには、近村中の者が集まってこの親子を「むしころし」（蒸し殺し）にすることもありました。藩に断ったうえでのことか不明ですが、村による処刑です。近世の村は藩に無断で盗人などを殺す自分制裁は厳禁されていました。できるのは村の追放くらいまでで、殺人については藩に突き出す義務がありました。飢饉下のモラル崩壊の状況のもとでは、藩の通常の警察・治安システムが働かず、事実上の野放し状態になっていたのです。

人を食う

すでに「非人小屋」のところに出てきましたが、天明の飢饉は、近世の飢饉のなかでも人食いの記述が目立って多

いように思われます。八戸藩の飢饉記録には名前や村名を挙げて、多くは噂、伝聞というようなかたちで紹介されています。それをどこまで信用してよいのかということがあります。

『飢喝聞書』は、「人喰候ものいまた無事にて、此頃は諸働に出候にも大丈夫に御座候、くわしく書留られ不被置候」と書いています。また『天明卯辰簗』も、閏正月の頃、「馬を喰ひ人を喰ひ候者、大略死絶候得共、爾今存命者も数多有之、又相果候人喰之者の親類一門も歴然たる事故、白地に其名面難記、此凶年に逢候者は、皆々存知事なれとも、後世の人誡とは申間敷歟、此時の在様中々書取る不能候」と書いています。これを見るかぎり、差し障りがあって名前をあからさまにはできないものの、人食いが少なからず存在し、それを周囲の人が知っているかのような書きぶりになっています。

従って、人食いの事実をむげに否定できないかとも思うのですが、それを何かことさらに異常なことでもあるかのように論ずる必要もないでしょう。そうした状況に追い込んでしまった理由や背景のほうを問うべきです。有史以来、「天下大飢饉」と記された大飢饉時には、人が人を食うということが当たり前のように出てきます。中国の飢饉などでもそうです。文献史料的には、人を食べるということが記されてこそ大飢饉と言えるのかもしれません。

疫病流行・田畑仕付けの困難

飢饉には疫病が付き物というのが一般的な飢饉の姿でしょう。『天明卯辰簗』によると、「餓死」（食べ物がなく飢えた状態）の者は天明三年の秋から翌年二月までに大体死に尽くしましたが、食べ物があって飢えなかった者も、翌年に入り傷寒、疫癘のため三月頃までに夥しく死亡しました（三月といっても、この年は新暦では四月下旬～五月中旬）。餓え死にするほどでなかったとしても、食べ物が悪く、病気への抵抗力が弱くなっていたからでしょう。傷寒というのは今で言うと、腸チフスに相当する病気で、高熱を発するのが特徴です。『飢喝聞書』は三月から四月にかけて疫病が流行したとしています。そうなりますと、田植えに向けて農事が忙しくなる時節と重なり、病人が出ると仕付けができず大変だったのです。

三月ともなれば木の芽、草の芽、なずな、みみな、といった草木のカテが採取できます。粥に入れて雑炊にしますが、飯料のない者はカテを取るために一日中山野を駆け歩きますので、こうした側面からも作付けがはかどらないことになります。いずれにしても、疫病流行が耕作に支障をきたし、多くの不仕付け地を生み出すことから、飢饉の翌年も減収することになります。

疫病対策の薬法としては、享保の飢饉時に幕府が触れ出した望月三英・丹羽正伯のものがよく知られていますが、天明の飢饉時にも再令され、天明四年六月に八戸藩でも領内に触れ出されています。そのことも付け加えておきましょう。

回復に向かう

その後の回復状況についても少し述べておきましょう。

○天明四年三月より気候直る。麦作よく四月末に早刈りする。三月には鰤、四月よりは油鰯、大鮪が取れ下直となる。藜《あかざ》、菜の葉、あざみを食べる。(『天明卯辰簗』)

○大麦至って実入りよし。五月初めに早稲を刈り、助命する者が多かった。麦畑の穂切刈、盗み刈が発生した(『天明凶歳録』）

麦秋と言う言葉がありますが、他の穀物より早く刈り取ることのできる大麦が、秋の収穫まで食いつなぐ役割を果たしていたのです。麦の実入りがよければ一安心でした。

夏になって、前述の江口屋取り組みの秋田からの買入米が大豆などに代替されて、ようやく着船しました。江戸からも麦種が下ってきました。それが農民の手元に渡ったのは七月下旬（新暦九月）になってからで、在々の百姓へ大豆五合、大麦五合ずつが支給されています。それでも、この「助米」ではじめて「凶年の夢」が覚めて、実入りの秋に取り掛ることができたと言っています（『天明凶歳録』）。領外で買い付けてもなかなか入ってこない緊急移入の難しさが窺われます。

七　家族・個人の身の上に起っていたこと

想像力を働かせる

『天明卯辰簗』は、世の中の有様を見るにおよそ人間界のこととはいえない、みなが餓鬼道のようになったことは不思議である。親としてその子の肉を食い、子として親を食い、あるいはその肉を食わなかった者もその心はみな餓鬼となっていた、と飢饉下の世相を表現しています。八戸藩だけでなく、北東北や太平洋側の地域はどこも似たような状況であったかと思います。

飢饉下の状況をリアルに認識していくためには、社会現象を俯瞰的にながめていくだけでは不十分であって、家族や個々人の身の上に何が起こっていたのか、最期の状況、死に追い込まれた事情に想像力を働かせることが不可欠ではないかと考えます。

三・一一東日本大震災から二年を過ぎたわけですけれども、津波や原発事故で犠牲になり、あるいは避難を余儀なくされた人々のことを置き去りにして、たいした反省もなく物事が進められているように思わざるを得ないところもあるのですが、それは被災の状況を深く見ようとしない、想像力の欠如も関わっているのではないかと推察します。そのようなことで、このような一節を儲けた次第です。

とはいえ、亡くなった人々は自らの死に至った状況を書き残すことはできません。従ってその状況に居合わせた人が見聞きしたことになるのですが、そうした悲惨な最期の様子を個別具体的にリアルに書き残している記録はそれほど多いわけではありません。しかも風聞、伝聞の類が多く、伝わっていく過程で脚色されたりして、真相からかけ離れていきます。時間が経過して行けばなお一層物語化し、饒舌になっていくようにも思われます。飢饉から数年後、高山彦九郎という人がこの地も歩き『北行日記』を書いているのですが、土地の人たちが飢饉についていろいろと饒舌に語っています。同じく人食いが語られてもリアリティが乏しいのです。

飢饉体験の中で書かれた記録で、最も多く個々の事例を書き留めているのが『天明卯辰簗』でしょうか。八戸城下で漢籍を教え、俳諧をよくした上野家文《うわのかぶん》という人の「飢饉見聞録」です。ただし、家文の原著書は伝わっておらず、「八戸住人」の松橋治三郎という人が、「児童の見安からん為俚語を以て抜書」したものです。従って、松橋の手も入っていると思われますが、天明四年九月に抜書きしていますので、少なくとも飢饉の最中にリアリティをもって人々に語られていた出来事ということになります。

『天明卯辰簗』にみる個別状況

それでは、生と死の境に投げ込まれた個々人の覚悟、選択がどのようなものであったのか見ていきましょう。十例ほど要約して挙げましたが、時間の関係で全部は取り上げられません。

①津軽の大家の例

秋田領大館の勘七なる者が商用で、天明四年正月、当所（八戸）にきたおりの津軽の体験談。勘七は昨冬、津軽領で小道具・大小・古手類を調えようと、一人旅は危ないので二人を召し連れ、自炊用の精米を背負わせて出かけた。鯵ヶ沢より半日道の家数四十軒ばかりの所にきたが、ことごとく死に絶え、あるいは自分家に火を懸けて焼け死んだもののようだった。酒屋・質屋でもやっていたような大家が一軒あり、その家に入って一宿を頼んで泊めてもらう。

亭主が言う。われらは農家で百二十～百三十石も手作りしていたが、当年は皆無の不作で、そのうえ貯え置いた籾・雑穀は当秋に江戸へ登せ米にするとして、すべて上（弘前藩）に取り上げられてしまった。器量のよい一人娘があり、家中より嫁にと申し入れられそれを断っていたが、その人物が役人としてきて、かねての意趣から厳しい取り立てにあった。また、脇の蔵には雑穀があったが、近所の名子・借家の者がそれを奪い取ろうと火をかけ焼き払った。その者らは飢え死に、あるいは乞食に出て行った。

我等も運つきて家内残らず将棋倒しのように死んでいき、死骸を井戸へ投げ入れ、あるいはそのままにしている。亭主は老母のためといって勘七持参の米を三升分けてもらう。勘七は金子を受け取らなかったが、翌日、召仕の一人がその金子に目がくらみ、亭主を殺してしまった。その召仕はやがて盗賊に殺された。因果応報のことと勘七は語っていた。

これは、弘前藩の事例ですが、大農家をも餓死に追い詰めていたという話です。娘を嫁にもらえない役人の意趣返し、金銭に目がくらんだ召仕の亭主殺しなどが付随することによって一つの物語となっています。大凶作にもかかわらず、江戸へ米を当秋に登せようと貯穀まで取り立てていたことが飢饉をひどいものにした根本の原因であると、ここから読み取ることができるでしょう。実際、弘前藩の飢饉には無理な廻米政策が深く関係していました。名子・借屋の者らの行為も食べ物を分けてくれない大家に対する反感があったものでしょう。

②夫の江戸奉公稼ぎで残された妻子の例

八戸城下上御徒町、浪人者の家族の場合。夫は江戸へ奉公稼ぎに出ている。妻（母）が留守し子ども四人の五人暮らし、一日限りの日雇仕事で生計を立てる。二人の女子は奉公に出ていたが、気随に我儘を振る舞い、時節がら暇を出される。我等方に来て嘆くので、懇意の先方に掛け合い、ふたたび奉公に出ることになり助命させた。母は幼年の子ども（二人）を養えず、日雇に行くとしても、子連れでは頼む人もなく、ともども餓死するほかないので、馬淵川《まべち》に連れて行って、橋より投げ入れた。

しかし、泣き悲しみ、狂気同前になり、もしや浅瀬に這い上がることもあろうかと大橋に行ってみると、すでに死骸を料理してしまったのか骨ばかりが残されていた。それから十日ばかりが過ぎ、その身もついに餓死した。これを見聞するに、「更にかやうの者を可助志しの人も非す、志しは有れとも手段のなきこそ浅まし」く思われ、胸が塞がった。

これは母と子どもの間に起きた子殺しの悲劇です。飢饉の時には日雇い、奉公ができなくなります。口減らしのために経営を縮小し解雇する例が多かったからです。奉公に出ていた娘二人は頼んで奉公を続けることができましたが、幼い子ども二人を抱える母は子連れで日雇いができず、子殺しに追い込まれてしまいました。子殺しは以下の事例にも見えますが、川や堤などに生きたまま投ずる例が多かったのです。

③伝馬役の務めを果す馬士の例（省略。馬士は子どもを堤に投げ込んだが、命が惜しくて死ねないと告白。追剥ぎ的な行為は後世に悪名を残すことになり、天道の憎しみが怖いとも語る）

④強欲な母姥（姑）の例（省略。息子夫婦や孫へ食べ物を与えない母姥の強欲さ。やむなく子どもを殺して食べたという嫁の立場の弱さと、それを人道に外れたとして殺害に及ぶ村人の制裁）

⑤殺人・人食いを訴えられた三軒の者の事例（省略、他の飢饉記録にも書きとめられ、領内に流布したショッキングな一例か）

⑥乞食になることを拒む親子三人の貧しい者の例

この凶年で生き延びる術計がなくなり、妻子に言う。我に頼みとする方があり、倅ばかりも助けてくれと願ったが、凶年は恐ろしいもので、日頃と違い、親類のよしみも懇意のよしみもなくなり、我らを大いに罵り恥ずかしめ、茶さえ出してくれなかった。まして他人はあてにならない。そこで覚悟を決めた。その方たちは存命し、わが亡き跡を弔い、一遍の念仏でも唱えてくれと。

妻は子どもに対して、我も世話してくれる親類もなく助かることができない。八戸の町に出て乞食でもして春まで生き延びるよう働くべしと教え諭す。子どもも、乞食をして生き延びる筋があるならば命は物種であるが、生き延びられるとは思われない。ならば見苦しい乞食・非人になって先祖の名を汚すくらいならば、親子三人一緒に死にたいと言う。
　翌日、売り残しの鍋などを八戸町に持って行って売り、食い物を調え、存分に食事をして梁に縄をかけて三人一緒に首を縊り自殺した。以前に恩義を深く受けていたにもかかわらず、この親子を助けなかった者は不仁のしかたである。名面はわざと書き漏らした。

親類、懇意の者が誰も手を差し伸べてくれず、全員が自殺に追い込まれていく家族の姿があります。乞食・非人になることへの拒否感、乞食に対する世間の冷たい目が読み取れますし、また、この家族を助けなかったのは「不仁」だとして、親類や懇意の関係者にきびしい目が注がれています。

⑦奥浄瑠璃語りの父子の例（省略。人からの施しを心苦しく思い、自ら餓死の道を選んだ「正直者」。思い切った死だとの周囲からの肯定的評価）
⑧奉公先から暇を出され母の元へ帰った娘の例（省略。母親を助ける手段なく、口減らしのため投身自殺。母親思いの娘に対して不了見・不孝という非難と、孝行の至りと捉える見方の対立）
⑨身投げを選んだ妻（母）の例（省略。夫が他稼ぎ、留守の妻が子どもを川に投げ込んだ後、念仏を唱えて供養、二日後身投げ。覚悟の自死）
⑩自らの死を荘厳した男の例
　苦米地村の長十郎は平生、ものの理を少し弁え、無理非道をしたことがない人物であった。この凶年に凌ぎようがなく、すでに餓死することを知り、仏壇を作って香花を飾り、食事を絶ち餓死した。飢渇に及んで、果てる身の仏壇を荘厳にしたことはゆかしき心掛けで、言語に述べがたいと、見聞する人は涙を流した。

極楽往生を願ってのことでしょう、自らの仏壇を飾り、食事を絶って死んだケースです。他からの救済をまったく求めず、人生を完結させようとする、そうした死に方です。

これらの事例は、固有名詞とともに語られていることが特徴です。死者を身近に知る者たちが見たり聞いたりして組み立てた、あるいはそうであったろうと再構成された非常死のいきさつということになります。村人同士で助け合うこともできない、奉公先からも親類からも見放された、まさに自助の境遇に押し込まれた人々の悲劇でした。ここには藩の公的救済（公助）ということが全く出てきません。ほとんど放棄状態であったことを示しています。『天明卯辰簗』は、「纔か十カ月の貯なく、斯餓死に及ふ事そや。その国に教なきに非すや」と、領主の責任を厳しく問うているわけです。

八戸出身の作家である三浦哲郎は『おろおろ草紙』（講談社、一九八二年）という作品を書いています。『天明卯辰簗』が素材となっており、小説の冒頭には⑤の話を持ってきています。作家が、郷里の飢饉を扱おうとした意図、ないし主題ですが、飢饉状況に投げ込まれた人々のさまざまな生き方、死に方を通して、人間の業ともいうべきあさましさ、おぞましさを見つめたかったのかと思います。『天明卯辰簗』は前述のように、たとえ人の肉を食わなかった者でも、その心は餓鬼になっていたと述べているのですが、人の心の領域にどのように入っていけるのか、歴史学とは違った作家の仕事というものなのかも知れません。

八　飢えが作り出される構図

有史以来の「大変」

『天明卯辰簗』の原著者である上野家文は、人生のなかで三度の飢饉、すなわち寛延の飢饉、宝暦の飢饉、天明の飢饉を体験しています。前述のように、寛延の飢饉は猪飢饉と呼ばれているものです。宝暦の飢饉は寛延以上の被害者を出し、前年まで五年続きの豊作にもかかわらず、わずか一年の凶作で七千人もの死者を出したことの理由を問うています。日照不足で作柄が心配でしたが、景気がよくなって利潤に目がくらみ、貯えておいた粟・稗を売り払ってしまったことを理由として挙げています。

天明の飢饉は宝暦の飢饉の体験が生かされず、それをはるかに上回る犠牲者を生み出してしまいました。家文先生は、天明三年（一七八三）の九月から翌年の五月までの、たった十ヶ月にも満たない期間に起きた、領民の死亡が「半国余」に及ぶ有史以来最大の「大変」、五十六億七千万歳後に出現する「弥勒の世」を思わせる大破滅、などと表現していました。

このようにエスカレートしてきた十八世紀の飢饉でしたが、飢饉を経験した人たちが、当時、飢饉の原因とか背景をどのように捉えていたのか、同時代人の認識に耳を傾けてみたいと思います。

天明の飢饉を迎えるまで

天明の飢饉がいきなりやってきたのではないというのが『天明卯辰簗』の見解でした。天明三年（一七八三）は天下未曾有の大凶作でしたが、十二年も前から作柄が揃わず、とりわけ安永七年（一七七八年）から天明二年までの五年間、世の中がよくなく、国中に雑穀の貯えがなくなり困窮に及んでいたとしています。

安永八年（一七七九年）は江戸地廻り、仙台領などが洪水によって田畑が大いに損じ、諸相場が高値となりました。そこで八戸領からも雑穀の販売も引き合うとして、さかんに江戸表へ積み登ぼせたそうです。以前ならば、世の中が心許なく見えた時には沖の口を留めて領外へ移出させなかったのですが、近年は「只金銭而已大切」と受けとめるようになってしまい、差し留めもありませんでした。江戸市場が高値になれば、それに合わせて今が儲ける絶好のチャンスとばかりに、手持ちの雑穀を売り手放してしまったのでした。このような構図は、後でまた述べますが、天明の飢饉にもあてはまることだったのです。

大凶年の徴候も昨年の冬から「顕然」としていたが、それに人々は気づいておらず、「天より示し知らしめ玉ふといへとも更に悟る事不能」と書いています。たとえば、例年十月、十一月ごろから布海苔、松藻などの海草が生ずるが、春になってもいつもの百分の一も生じませんでした。そして、春草の生えも悪く、苗代へ入れる肥やしになる青田の草も全然ありませんでした。さらに異常気象が続いても、人々は、昔は九月に天気がよくなり、十月に裸になって稲刈りをして大豊作になった時もあり、今年はその年によく似ていると、大凶作を気遣うことなく罵る者もいました。お金の世の中になってきていますから、天候が悪くてもいずれ回復するだろうと、楽観的にばかり考えたがる。そういう人間の性癖が働いているということでしょう。

天明の飢饉の構図

『天明日記』によりますと、不正直から起こり疑心を生じたのか、この春に至り麦作の草生大いに盛んになるや、「やれ売れ直段の能き内になと、て、何の見当たる事もなふ貯置処雑石ともに銭にして」しまったそうです。宝暦の飢饉や、安永八年と同様のことが起っていたわけです。前年の天明二年が全国的な不作でしたから、翌三年の春・夏に米・雑穀値段が上昇していたことが背景にありました。

弘前藩でも仙台藩でも、東北の藩はおしなべてそうなのですが、領民から取った年貢米を江戸や大坂へ廻漕してお金に換えて、江戸屋敷の大名生活や藩の支出に使っていました。ですから、値段の高い時に機敏に売って儲けようということになってしまいます。仙台藩は年貢米のほかにも農民から米を買いあげて江戸市場に大量に売り込んでいましたから、なおいっそうそうした傾向になります。八戸藩や盛岡藩ですと、畑作大豆が米と同様の換金作物となりました。領主の仕付けの強制もあって、大豆生産に駆り立てられますと、自給あるいは地域消費としての稗・粟の雑穀などの生産がおろそかになりがちです。東北地方の藩というのは、藩財政が苦しくなれば、江戸や大坂の大商人に借金を重ねますので、それを返すためにも食料生産地が消費大都市に従属していかざるをえませんでした。

これは藩ばかりではなく農民、民衆にもあてはまることでした。農民というのは食料を生産しますから死ななくてもよいと思いますけれども、実際に死んだのは農民たちで、江戸のような大消費地では外から流入した飢人は別にしてほとんど餓死していません。農民たちも同じ人間ですから衣食住の生活向上を願います。米や雑穀を売って消費財を買いたいと思います。それを奢りだとか、奢侈だとか言って、質素な生活に押しとどめておこうと権力者は考えますが、権力者自身がもっと奢侈を好みますから（そうではない明君も出てはきますが）、時代の趨勢は止められません。

たとえば、近江商人たちが衣類、反物を担いで村の中に手分けして入り込み、代金は次にきたときでよいとして置き売りしていきます。結局、借金です。こうして一面、消費生活が向上していくのですが、生産農民自身も貨幣経済、消費経済に深く巻き込まれていったということです。長年考えてきましたが、これが近世中後期の東北地方の飢饉の基本構図であろうと思います。

天明三年が大凶作年でしたので、飢饉になるかならないかは前年度生産の米・雑穀がどれだけその藩、地域に残っているかが鍵となります。しかし、すでに述べたように、大凶作とわかった時にはほとんどが領外へ売られてしまっていました。貯穀も取り崩されてありません。『天明卯辰簗』が指摘するように、十ヶ月にも満たない期間を乗り切れなかった理由はそのようなところにあったのです。

九　飢饉の記憶と伝承

記録（文字化）することの意味

『天明卯辰簗』に次のように記されています。

家文先生、彼に問い是に聞き、無量無尽にしてなかなか禿筆《ちびふで》の及ぶところでないと嘆じ、筆を投げた。予（八戸住人松橋治三郎）は家文師にこれを乞い受け、その中の目立ち、耳立ち、童蒙の耳にも入りやすいところのみを抜き取り、後々の心得にもなるならば幸甚と思って、わざと言葉をかざらず鄙語で書き記した。凶年に逢った人はこのようなこともあったかと思うであろうし、星霜を経て実事と思う人はいないであろうが、ここに記したことは心労難儀、餓死した者の苦患に比べれば、大海の一滴、九牛の一毛にすぎないことなのだ。…眼前に地獄の有様が現われた、どのような富貴自在の身であっても寿命は金銀では求められない、このような飢饉に地獄を見たことを「菩提の種」として、できるだけ善根功徳をなすべきであると教えてくれる。後人がこの書を見て師の教戒に従ってほしいと思い、抜書きした。

時間が経って世代が変わってきますと、記憶が風化し忘却されるものです。備えが疎かになり災害も繰り返されます。そこで、子どもでもわかるように文字化し、後世に伝えたいということでした。近世社会は、こうした災害体験が一件記録として多く書かれるようになった時代であろうかと思います。伝承から記録へと、記憶の方法が推移していることになります。もちろん伝承の役割が消えたというわけではありません。

『天明凶歳録』も、

故に古人の覚悟にも一年は豊作、一年は凶作、一年は中作と見て、豊作の年に倹約して、凶年の助けとすべきである。家を治めるには、入を量って出す事とし、奢を禁じ、倹約を守り、不時の物入りの備えをなすべきである。ことに、国は「北方へ開けたる国」なので、飢饉が入りやすい国だと語り伝えられている。ことさら覚悟しなくてはならない。凶年にあって後悔しても何の益もない。常々油断してはならない。

ということを言っています。著者の北田市右衛門という人物は、天明飢饉の時には勘定頭をやっています。藩の財政方に責任のある人物です。彼自身、飢饉に直面してどのように臨んだのか明らかでなく、餓死を招いた責任の一端は免れないといえますが、しかし、この記録を見てみますと、非常に冷静に飢饉のプロセスを見ております。さらに、儒学思想に依拠しながら、藩の自然条件をよく考え、藩の治め方を論じています。

従って、藩財政が市場経済に拠りかかっていることについて大分慎重で批判的な立場にあったのかとも見受けられます。しかも、農本思想の安藤昌益の門人の一人でもありましたから、農本的な考え方を大事にしていたかとも思います。その点は今後詰めてみる必要があるでしょう。八戸藩では、天明の飢饉後、囲稗の備荒貯蓄が始まっています。ですから、権力内部の中でも市場経済派と農本主義派というものがずうっと対立し続けるのです。今日とあまり変わりないのです。

飢饉供養塔を建てる

地域社会に飢饉被害を記憶させておくものとして飢饉供養塔があります。餓死者がたくさん出たところでは、三回忌とか七回忌、十三回忌のさいに土地の人たちによって建碑されました。津軽、南部、仙台には数多く見られます。ここでは現在八戸市新井田の対泉院門前の「餓死万霊供養塔」を紹介しておきましょう。

安永七年頃より自然と耕作がよろしからず、天明三年の大飢饉に至った。四月十一日の朝、雷鳴とともに東北風が吹き大雨になった。それ以来、八月晦日まで雨天が続き、夏中綿入れを重ね着するほど寒く、一円実入りなく青立ちとなった。人々は毎日鳥谷部嶽に登って蕨根を掘った。海草・山草、そして稲柄を粉にして食べた。

翌年になると疫病が大流行り、貧福ともに病死・餓死した。八戸町や在々では毎日出火、強盗があり言語道断であった。領内総人口約六万五千人のうち三万人余が死んだ。新井田他近隣では人口一四一八人のうち六九六人が死に、二七二軒のうち一三六軒が潰れた。この後は米穀など囲っておくべきである。

このように述べたあと、秋田米、地古米、粟、蕨打糟、昆布粉、大根などの飢饉時の相場が刻まれています。この

対泉院の飢饉供養塔

供養塔の横にある戒壇石にも、対泉院の寺領百姓が四七軒のうち二九軒が死に明き、三〇八人のうち二三二人が餓死・病死したとあって、飢饉の凄まじさを伝えています。これだけ飢饉の様相を簡潔明瞭に記した碑文はほかに類例を見ません。死者の数をはっきりと挙げているのは、その恐さをきちんと地元民に知らしめて災禍を繰り返さないようにとの思いからでしょう。穀物相場を掲げて、穀物の備えを説いているのは、まさに経済社会下の飢饉であることを示しています。

十　おわりに

最後に、歴史学の役目について考えてみます。歴史学というのは現状分析の学ではありません。現代史、同時代史は別にして、社会学とか経済学とかいったような現代の問題を直接扱う学問ではありません。歴史災害、すでに現実の体験として語られなくなった過去の災害を対象としているのです。口頭伝承者がいなくなった時代を主として扱いますので、残存する文字史料（資料）を用いて復元する学問研究です。そこには、災害に遭遇した人々が災害にどのように向き合い、それを乗り越え、繰り返さないための努力をしてきたのかということを明らかにしたい関心が内在しています。

江戸時代にはたくさんの文献史料が残されています。災害のような非日常的なことがらは日記、記録として書き残されます。日常の当たり前のことのほうがかえってわからないのです。事件や非常の記事を解読し、分析することによって忘れられた過去の記憶を蘇らせ、そこから何を学び取るべきかを現代社会へ伝える。それが、歴史学が担っている役割かと思います。従って、災害記録を読むという行為はおのずとあるのではなくて、現代の私たちの関心、問いかけがなければそれは始まらないと思います。

これまで、災害史研究というのは一部を除いて研究の主流ではありませんでした。阪神大震災によって少しは変化してきましたが、それでもあまり関心が高いとはいえませんでした。天明の飢饉だって、高校の日本史教科書での扱いはごくわずかにすぎません。そういう点で言いますと、東日本大震災が大きな転機になったと言えるのではないでしょうか。夥しい犠牲者・避難者を出し、復旧・復興もさまざまな困難を抱えている、そういう現実を受けとめることでようやく歴史災害の研究も本格化してきた、という印象を持っています。

〔参考文献〕

菊池勇夫『飢饉の社会史』（校倉書房、一九九四年）

同『飢饉から読む近世社会』（校倉書房、二〇〇三年）

新編青森県叢書刊行会編纂『新編青森県叢書』第三巻（歴史図書社、一九七三年）

八戸市立図書館市史編纂室編集『八戸南部史稿』（八戸の歴史双書）（八戸市、一九九九年）
八戸市史編纂委員会編集『新編八戸市史』通史編Ⅱ近世（八戸市、二〇一三年）

足尾銅山鉱毒事件
―田中正造没後百年―

菅井益郎

はじめに

ご紹介をいただいた菅井です。渡良瀬川の上流から利根川に合流するまでおよそ百キロメートルありますけど、大体四十キロメートルぐらいまでは渡良瀬川というのは渓谷を流れています。渡良瀬渓谷鉄道というのがあります。昔の国鉄足尾線ですが、それが廃止されて渓谷鉄道になっています。足尾から四十キロメートルほど先に大間々、桐生、太田、それからずうっと東に下って行きまして足利とか館林、その周辺を行きます。これは両毛地方といいます。上野《こうずけ》と下野《しもつけ》です。両方合わせて両毛です。「毛」というのは農産物が豊かという意味です。

中世・室町時代は新田義貞ですとか足利尊氏がいますが、あの先祖はここから出ています。渡良瀬川は恵みの川と言われていたのですが、その恵みの川が突如毒の川へ変じたということが足尾銅山鉱毒事件です。渡良瀬川は渓谷を経て下流の関東平野へ出た所から灌漑用水が何本も引かれています。先程のビデオの中でも太田頭首工というのがありましたけれども、その周辺から三本ぐらいの灌漑用水が流れています。利根川との間と山側を流れている。その灌漑用水を伝って鉱毒が、つまり重金属とか酸性化合物とか、あるいはいろんな毒物を含んだ土砂が流れ込んでいって、農産物の不作というか死滅原因となりました。それから、そういう物を食べたり、水を飲んだりしたために健康被害を起こす。ただ、健康被害についての記録は余り残ってないのですけれども、若干はあります。それが足尾銅山鉱毒事件です。もちろん元凶は古河鉱業の経営する足尾銅山です。

一　重要産業としての産銅業と足尾銅山

足尾銅山の急速な発展

足尾銅山というのは大体十六世紀の半ばぐらいに発見されたと言われています。記録では徳川幕府と日光山の所領の領主との関係で一六一〇年（慶長十五）に開山されたとされています。十七世紀後半には足尾千軒といわれるぐらい非常に栄えたのですが、十八世紀になりますと生産量がぐっと落ちまして、十八世紀の終わりぐらいになりますとほとんど銅は出ない状況でした。明治維新の頃は優秀な銅山や炭鉱というのは官収、政府に接収されたわけですね。明治維新政府が接収してそれを官営鉱山にしていくわけですけれども、その時にはもう銅はほとんどなかった。ですから、官営になって一旦は没収されますが、すぐに民間に手渡されて、官営鉱山にはなっていないですね。それで、どうにもならない山だと言われているのを古河市兵衛が目を付けて、買収して再開発したわけです。

古河市兵衛はその前は、明治維新政府の地方財政を預かっていた小野組の番頭をやっていた近江商人です。彼は小野組が破産した後、渋沢栄一とか相馬藩の家令の志賀直道の力を借りまして再開発をやるわけです。古河市兵衛が最初に手を付けた鉱山が越後の草倉鉱山です。偶然にも、この草倉鉱山がある所は、後に昭和電工が鹿瀬工場というのをつくって、新潟水俣病の原因になった所です。

アセトアルデヒドをつくる工場というのは水力電気を使うということと、石灰岩の山が近くにあるという条件がありますから、鹿瀬工場もその阿賀野川の水力電気をたっぷり使える場所でした。その近くに草倉鉱山というのがあるのです。そこで利益があがるのですね。今も遺跡が若干残っていますけれども、その利益を足尾の開発につぎ込んだ。それと、官営鉱山になっていた秋田県の院内銀山とか阿仁銅山に多額の政府資金が投入されていたのですが、それらを古河は政府からほとんど只同然で払い下げを受けたわけです。

官営鉱山は、三期に分けて払い下げられますが、第二期はほとんど只同然で払い下げられました。第三期になりますと、三井の三池炭鉱とか、黒字企業の払い下げになりますけれども、第二期の払い下げはほとんどは赤字企業です。西南戦争後のインフレを克服するために松方正義はデフレ政策を行いますが、松方デフレの過程で官営事業を政商たちに払い下げていくわけです。ドイツやアメリカから輸入された鉱山機械だけでなく、鉱山技師も含めて払い下げを受けた。古河はそれをみな足尾へ持ってくるのですね。古河市兵衛という人は本当に鉱山に関する勘の良い人なのかも知れません。

江戸時代に佐藤信淵という人がいました。佐藤は足尾にも行っています。『山相秘録』というのを著していますが、山の形とかそこに生えている植物とか、流れて来る川の水の色とか、それらを総合的に判断して、ここに金山があるとかここに銅山があるとかを見分けた。鉱山師と書く山師ですけれども、まあ、下手をして外れれば本当に山師になってしまう。外れてしまえば財産も何もすべてなくしてしまう。そういう意味では古河は当たったのですね。誰も相手にしないような足尾銅山をやって、数年後に一つの大鉱脈に当たる。横間歩という大きな鉱脈に当たるわけですね。一八八四年（明治十七）のことです。足尾銅山は一挙に生産を伸ばして愛媛県の住友の別子銅山を追い抜くのです。

住友の別子銅山も江戸時代から続いている銅山ですが、非常に安定的に操業していたわけで、ただ、あそこは明治維新政府に没収されなかった。それは、住友が幕府側と薩長側の両方にうまいこと軍資金を贈与していまして、薩長側が勝ちそうになると薩長側の人間を取り込みながら事業を経営して行くのです。それが広瀬宰平という人です。日本の経営史の中に残る人ですが、没収されずに住友の別子銅山だけは残るのです。他はみんな一旦官収されます。安定的に経営された銅山ですけれども、これを一気に追い抜いてしまった。

足尾は、阿仁や院内から新しい鉱山機械を入れて来たと同時に、古河市兵衛自身が次々とまた新しい技術を入れるのですね。生産第一主義でものを考えるということから、増産のための最たる技術を投入するなど。たとえば坑内電話だとか、日本最初の産業規模の水力発電を導入するとか。これはドイツから輸入したものです。当時、下野製麻会社にも水力発電所がありましたが、それは小さいものでした。十数年前に渡良瀬川の底からレンガ積みの水力発電所の跡が出てきました。今、足尾へ行くとそれを見ることが出来ます。

それから半年後に京都の蹴上《けあげ》の水力発電所が動きますね。京都疏水を利用して。それで京都の市電が動くわけです。それよりも早かったのですね。市電が実際に使われるようになるのはそのもっと後ですから、その意味では足尾銅山はもう動力として使っています。それから、日本最初の索道ですね。スキーのリフトみたいなやつ。あれで、日光の方から細尾峠を越えて資材を運ぶ。何せこの渡良瀬渓谷というのはものすごく急峻でありまして、交通不便の地でした。

私が最初に足尾に行ったのは一九七〇年、昭和四十五年ですが、まだ国鉄の時代でトロトロと行くのですが、二時間以上もかけてたった四十キロメートル上って行く。その代わり景色は抜群でした。その頃は道路も所々は未舗装でした。私の友人の車を借りて行きますと、ドロドロになってしまって。今はもちろん全線が舗装されています。一二二号線は足尾を抜けると、日光との間にトンネルがあります。日足トンネルといいます。ちょっと外れなきゃいけませんけれども、足尾銅山の近くを通って日光に抜けて行きますね。日光へ抜けますと、そこに古河鉱業の様々な工場があります。古河電工の工場群です。

足尾から日光へ抜けるのは早いですね。しかし桐生の方へ抜けるのは大変なのです。それで、どうしても大変だということで、当時は足尾銅山のために足尾線を作ったのです。何回か却下された末についに出来るわけです。逆に言うと、国鉄足尾線がなくなった時に足尾銅山もなくなる。一九七三年に銅山は閉山になりますが、その十数年前から足尾の採鉱がどんどん減っていきますので、輸入鉱石に頼るのです。それから、製品の銅は日光の方に送って、そこでもっと純度を高める。そして、製品にして出すわけですけど、副産物があるわけですね。何だと思いますか。製錬の時の毒です。一番問題なのは山を枯らす亜硫酸ガスですね。これが大量に出るわけです。銅は、一九七〇年当時三万から四万トン生産されていますけれども、その副産物として十万トンから十二万トンの濃硫酸が出来るわけです。これを足尾線のタンク車で川崎の方へ送って、化学工場の原料に使われるわけですけれども、国鉄が廃止されますと、十万トンからの濃硫酸をタンクローリーで運ぶなんてことは考えられませんね。ほとんど不可能です。つまり、その副産物というか廃棄物というか、これが始末に負えなくなって、結局足尾銅山では最終的に一九八九年（平成一）に製錬所を閉鎖して、古河鉱業という会社も名前を古河機械金属と変えるわけです。古河鉱業の子会社は、もともとは削岩機とか鉱山用機械などをつくっていました。ボーリング場の機械とかで有名ですがそれらがいっしょになって古河機械金属という会社になっていくのです。

足尾銅山は明治後半期に目覚ましく発展して、最大時は大正期に入りますけれども、年間で一万三千トンも生産をしています。政府は産銅業を輸出産業として保護してきたのです。大体一九二〇年ぐらいまで、日本の銅の輸出量というのは、総輸出額の五パーセントぐらいを占めていました。

国内総生産高のうちの輸出高は、国内生産銅の大体八割ぐらいですね。つまり、ほとんど海外市場に依存していた。銅は日本の外貨獲得産業、重要輸出品だったわけです。もちろん、生糸と絹織物が最大の輸出品で、合わせて四十％ぐらいあります。これでみますと銅の五パーセントは小さいように見えますが、現在の日本の総輸出額の五パーセントというと鉄鋼製品に相当します。最大はもちろん自動車関係ですけど、それでも二十二、三パーセントですから、五パーセントを占めるというのはかなりのものです。そういう意味では重要輸出品であったということです。

四代銅山の鉱毒、煙害事件

当時の鉱山業者として有名なのは藤田組、三菱、古河、住友、久原《くはら》です。久原というのは日立鉱山ですね。今の日立製作所の元になった所です。藤田組というのは、藤田観光として今も残っていますが、鉱山としては同和鉱業というかたちで今もやっています。

大体、日本の財閥の多くは炭鉱とか鉱山というのを主要な柱にしています。三井は流通から出て来て金融部門へ、さらに三池炭鉱を手に入れることによって財閥になるのですね。住友は元々産銅業で、別子銅山を経営していた。銅の製錬・加工をやって、そこから流通部門、金融部門へと拡大していくというかたちで大正期に財閥になるわけです。三菱は造船と海運から来るわけですけれども、これは高島炭鉱、端島炭鉱（軍艦島）とか、九州の優良炭鉱の払い下げを受けている。海運業には石炭が必要ですからね。軍需工業と結び付きながら三菱は成長して行く。商事部門は三菱商事、銀行部門は三菱銀行がありますね。古河はもちろん産銅業から出発するわけですが、商事部門は失敗した。古河商事は大連の取引で大失敗して一九二〇年（大正九）に破産しています。古河銀行も破産しています。第一銀行預かりとなって行くのですね。第一銀行との関係、これは渋沢栄一との関係でありますから、深い関係があるのですけれども。ですから、古河はいわゆる一流の総合財閥になり損ねた。

日立の久原房之助は後に政友会久原派を形成した人物です。戦後、財界人として最初にロシアとの交流を結んだのは彼です。戦前は右派でしたが、非常に産業感覚といいますか政治感覚の鋭い人ですね。久原の場合は日立鉱山を経営していましたが、公害が出ることを前提としていました。だから、公害が出た場合には補償をしたり、公害対策を行なったりしました。元々は藤田組が経営していた小坂鉱山、十和田湖のすぐ南にありますが、小坂の経営を担っていました。

小坂鉱山長だった久原房之助は、藤田組の内紛で小坂をやめた後、もうどうにもならなくなった、茨城県の赤沢鉱山を買収します。当時足尾鉱毒問題で激しい反対運動があった結果、政府は各地の鉱山に対して鉱毒予防工事命令を下しました。堆積場や中和工場、沈殿池をつくることを義務付けていたわけです。だから、足尾鉱毒反対運動の激しい運動がなかったら鉱毒予防工事命令などなかった。当時の赤沢鉱山というのは、鉱毒予防施設を造っている途中で、大体完成したところで資金切れになって売りに出された。久原は退職金で赤沢鉱山を買って、日立鉱山に仕立てた。その機械修理部門というのがモーターなどをつくっていくのです。日立のモートルもその一つです。モーターなどは日立鉱山用の機械の修理部品として最初はつくったもので、その修理部門が発展していって、独立して日立製作所になりました。

主要な産銅業者を見て行きますと、入っていないのは三井だけです。三井はしかし、イタイイタイ病を起こした神岡鉱山を経営していました。あそこは日本では非常に珍しい亜鉛の鉱山です。亜鉛とか鉛が出る鉱山です。あそこを三井が押さえた。後は北海道の炭鉱とか九州の炭鉱をたくさん押さえて行くわけです。炭鉱資本ですね。

足尾銅山は鉱毒や排泄物をどんどん流しながら生産を拡大していった。他の鉱山に比べても、古河の足尾銅山は最先端技術をたくさん入れているわけですね。その辺のことは、「産銅業の発展と鉱毒事件*1」という、私の書いた文章を後でご覧になっていただけたらいいと思います。

足尾銅山鉱毒事件というのは、百三十年ぐらいの歴史がありまして、二〇一三年の九月四日で田中正造が亡くなってちょうど百年になります。佐野の惣宗寺には田中正造の大きなお墓があります。惣宗寺というのは、田中正造の衆議院議員時代の活動拠点です。

足尾鉱毒と福島放射能公害

私が足尾銅山鉱毒事件の研究を始めたきっかけは、私の田舎の新潟県柏崎市に世界最大の原子力発電所建設計画が一九六九年九月に発表されたことでした。その前からもちろん原発建設の噂はありましたけれど。それ以来、私は原発問題をずっとやってきています。四十数年になります。今、福島の原発事故が起きて、それで真っ先にとんで行ったのが福島の現地です。私にとってはもう、自分のことのように思われたのでした。研究上は公害の歴史をやっているわけですが、その関係で水俣病の人々との付き合いもずっとあります。とにかく、東電福島第一原発の事故が起こったために、私はその二週間後には京大原子炉実験所の今中哲二さんたちと飯舘村に入りました。そして、放射能汚染の実態を測ってまいりました。その話は今日は割愛いたします。

足尾・水俣・福島という、その関連性についてお話を今までしてきましたので、ここで原発事故による放射能汚染に若干触れておきたいと思います。福島県の飯舘村は、三十キロメートル圏外なのですね。日本の法律でいうと、十キロメートル圏まで防災計画を立てればいいということになっているのですが、実際には避難区域は十キロ圏が二十キロ圏になり、そして三十キロ圏になりました。しかし、三十キロ圏から先は何も指示がなく放置されたのです。放置された人々が二ヶ月、三ヶ月経ってやっと避難を始めた。それゆえ初期の被ばくはものすごく大きくなったのです。ご存じの通り、放射性ヨウ素の半減期は八日ですから、三か月も経てば普通の測定器にかからない。それぐらい急速に減るのですね。急速に減るということは、エネルギーをそれだけ急速に出す、強力なエネルギーを出しながらしぼんで行くのですね。そういうふうに考えますと、初期の被ばくが大変なのですけど、その一番被ばくが大きかった時に飯舘の人々は、早く逃げた人もいましたが、大部分の人々は留まってしまった。何の指令もなかった。ということで、今、避難している人たちの聞き取り調査をやっています。

公害研究は被害者の側に立って

公害問題をやる場合は、自分の身にいつ降りかかって来るかもしれないと思わなければできません。水俣病も、何か遠くの辺境の地で起こっている事件だと思っていたら、本当に水俣病というのはわからないと思います。現地に行って現場を見る。そして、被害者の話を直接聞くということでないと公害というのはやっぱりわからないですね。特に、目に見えない公害はですね。重金属の汚染も目に見えないのですよ。測定器にかけていろいろわかってくる。放射能はもっとわからない。臭いも何もない。全く感じない。測定器を持ってないとだめだということで、私も測定器は持っています。とにかく、そういう所に行って、じゃあ何を見るのかといえば、それは被害者の話を聞きながら被害の実態を見るということです。被害者の話を聞かないとまたわからない。

新潟水俣病については、「冥土の会」というのを主宰している友人がいます。新潟水俣病の被害者を相手に「冥土の土産企画」という、そんな名前を付けているのですけれども、要するに被害者たちは差別され、いつも外へ出て行っても縮こまってしまう。新潟水俣病という病気に加えて、世間の冷たい目の中で縮こまってきている。そういう人たちを元気づけるというわけですね。冥土の土産にしようというので「冥土の土産企画」というのですけど、初めはこの名を聞くとぞっとしますよね。被害者の団体とか被害者の認定患者の団体に冥土の土産の企画を押しつけてくる。あいつは何者だというわけです。でも、その人たちが本当に、差別とかいうことを忘れて楽しめる企画をやろう。すごくいいと思いますね。

私も学生を連れて行くと、その冥土の土産企画をやっている旗野さんに案内してもらってまだ生き残っておられる未認定患者や認定患者の人たちと交流をするのです。一晩飲み明かしながら。大体、眠い奴から寝て行くのですけれど。

今年の五月四日、私は福島の原発事故について、新潟水俣病を支援する交流会で報告をしました。例年は大体六十歳以上の人が圧倒的に多いのですが、今年は全部で六、七十人ぐらい泊まり込んだ中に若い人が半分くらいいました。こんなことは初めてですね。こういう問題に取り組んでいて、若い人がどっと集まって来るということはない。原発問題でも、官邸前デモにも行きますが、集まる人々の多くは六十歳代以上ですね。

ところが、今年の新潟水俣病の企画は若い人がいっぱい集まって抜群でした。何でそんなに若い世代が集まったかといいますと、亡くなった佐藤真さんが監督した『阿賀に生きる』[*2]という映画がありますが、淡々と新潟水俣病の患者さんたちの日常生活をずうっと追っているのです。方言丸出しなので、新潟出身の人でないとなかなか分からないと思います。字幕がないとわかりません。あの生き方は何だ、というわけです。私は若者たちにどうして来たのと聞くと、あそこで生きている、有機水銀中毒で痛がったりしているのだけれども、川面へ出て川で魚を取って、馬鹿話をして、笑ったり泣いたりしながら生きている、何であういう生活を今の私たちは出来ないのだろうと、そういう若い学生たちの感性でしたね。二〇一二年、実は二十年前のフィルムを洗ってきれいになり、渋谷ユーロスペースで上映されたのですが、それを見た若者たちが新潟まで来たらしいのです。私も学生たちを新潟水俣病の現地へ連れて行ったり、機会があればやっぱり被害者の方と話をしたりしているのです。

鉱毒洪水の「合成被害」

本題の方に戻りますが、渡良瀬川は、渡良瀬遊水池から先は勾配がありませんので、利根川が大水になりますと、渡良瀬川の方に逆流して来るのです。これを逆流洪水と言っています。本来の治水のあり方は田中正造流に言いますと「治水・天然」ということです。当時吉田東伍という著名な民間の河川学者がいました。吉田東伍は偶然にも後の新潟水俣病の被害地の出身ですけれども、利根川、渡良瀬川は東京湾に向かって流れていたので、江戸川を開削して堤防を高くしたり、浚渫したりするというやり方が本来の治水のあり方だと言っています。それなのに敢えて江戸川への分流口の関宿に棒出しというのをつくって、江戸川に流れ込む水を少なくして利根川の本流を銚子方面に無理やり持って行ったというのです。このことは新潟大学工学部教授、元東大工学部で河川学をやっていた大熊孝さんの『利根川治水の変遷と水害』[*3]という本の中に詳しく出ていますけれども、要するに鉱毒事件があったために、東京方面に鉱毒被害が及ばないようにしたというのです。渡良瀬川に洪水が逆流してきますと鉱毒が沈殿しますから、さらに被害が大きくなるということですね。

「公害の原点」と言ったのは、東大自主講座で公害原論をやっていた宇井純さんです。公害の原点は水俣病だという人が最近増えています。水俣病と言ってもいいのですが、私は日本の歴史の中で見た場合には、明らかに足尾銅山鉱毒事件が公害の原点だと思います。現代の公害のあらゆる特徴が、すべて足尾銅山鉱毒事件に現れています。政府の対応の仕方、古河鉱業という加害企業の対応の仕方、被害者の運動のあり方などを見ればわかります。

それから、水俣病は化学工業の公害で、戦後高度経済成長期に起こった公害という意味では戦後の公害の原点だといえます。ですから、「公害の原点」というのは間違いではありませんが、日本の公害の原点は水俣病だと言って、足尾銅山の鉱毒事件を忘れて喋る人もいるのには困ります。戦後の日本の公害問題の裁判、訴訟の多くは鉱業法の規定に依拠しながら起こされて、勝っているわけです。例えばイタイイタイ病裁判。宮崎県土呂久のヒ素中毒事件の裁判。それらは鉱業法の規定に依拠しながら裁判を行っているわけで、その鉱業法の規定は、まさに戦前における鉱毒反対運動というものがその法律を整備させて行ったものです。

歴史の証人としての広大なハゲ山と遊水池

渡良瀬川源流地帯のハゲ山はおよそ三千ヘクタール。今は千三百から千五百ヘクタールと言われていますが、完全なハゲ山で岩盤が露出し、「山骨露出」した状態になっています。営林署の所長が百年も経てば戻るというけれども、馬鹿言っちゃいけない。百年で戻るわけがないのです。何とか木は生えるかもしれませんが、あそこの岩盤の上にあった五十センチメートルとか一メートルとか、それ以上であった土壌が全部流れたのです。土壌が一センチ溜まるのに百年はかかります。だから、百年どころか一万年以上はかからないとあの山は回復しません。ただ、見かけ上は今戻りつつある。下から土をケーブルや、特別な装置を使って上げているのです。そこに堰堤を築いて植林しているわけです。

旧谷中村があった下流の遊水池は約三千三百ヘクタールあります。一九七四年（昭和四十九）に「襤褸《らんる》の旗」という映画がつくられたのをご存じでしょうか。監督は宮本研で、主役は三国連太郎ですね。西田敏行などもメインキャストとして出ています。最近、上映会があちこちでなされています。この映画の製作を支援した人たちの中には、三里塚空港反対同盟の委員長だった戸村一作さんがいます。非常に敬虔なクリスチャンで、且つ闘争心の盛んな人でした。最初の映画の字幕のところには、その戸村一作さんの言葉が出てきます。

田中正造没後百年ということで、「襤褸の旗」への関心が高まっていますが、今見ると、四十年前に見たのと違う雰囲気になりますね。なぜかというと、東電の福島第一原発の事故が起きて、みんな目が覚めた。何か日本人は、経済主義だけで何となくまあまあでやって来たけれど、人が住めなくなっているのは一体何事だというわけですね。

鉱毒問題の治水問題へのすり替え

鉱毒被害というのは亜硫酸ガスとかヒ素とかをいっぱい出します。それから、下流の方には重金属と酸性の排水をタレ流したために被害が出た。ハゲ山になると洪水が出やすくなりますから、その洪水とともに山にたまった鉱毒が一気に押し流されて来る。ですから、大雨の時に鉱毒被害が広がる。洪水とともに被害が広がる。だから、鉱毒被害のことは鉱毒と洪水の「合成被害」と言えます。そのことを政府は後で利用するわけですね。もう、鉱毒反対運動に疲れた農民たちに対して治水対策を万全にやる、鉱毒・洪水対策とは絶対に言わないのです。鉱毒対策と言った途端に責任が生じるからです。鉱毒の「こ」の字も言わないで、治水対策をやってきた。利根川と渡良瀬川の治水対策に昭和初年まで、膨大な工事費用をかけるのですね。農民側も、治水が行われれば鉱毒被害も減るということは知っていました。田中正造亡き後は鉱毒反対運動を知る人がだんだん減っていきます。

殖産興業政策と公害の関係はご存じの通りだと思います。明治新政府は富国強兵のために殖産興業に力をいれ、官営工場などをつくります。特に繊維関係、綿織物や綿糸紡績業ですね。それから鉱山、炭鉱業も官営で行います。機械・鉄鋼類、兵器類を輸入して富国強兵をはかった。一九〇一年（明治三十四）には官営八幡製鉄所を造ります。しかしそれは五年間動かなかった。日露戦争の間は鉄を生産しなかった。日露戦争が終わってからようやく官営八幡製鉄所は動き出します。日本で重工業が始まるのは日露戦争後です。先ほども言いましたように、外貨を獲得したのは製糸業や産銅業でした。生糸・絹織物によって稼いだお金で工業化したということが戦前の日本の特徴です。

日清戦争が一八九四年（明治二十七）、九五年とありますが、その間偶然にも渡良瀬川の洪水はなかった。農民たちも田中正造も含めて、日清戦争に勝つことを念願していたのです。しかし、一八九六年（明治二十九）の七月と九月に全国で集中豪雨が発生した。また六月には三陸大津波まであり、自然災害が相次いで起こったのがこの年でした。津波では二万数千人の人が亡くなっている。吉村昭さんの『三陸海岸大津波』[*4]というドキュメンタリーに詳しく書かれています。一八九六年は大津波と集中豪雨に見舞われた。二年前の日本とよく似ています。それで、河川法というのが出来ます。

当時は、納める税金によって選挙権の資格が得られる制限選挙の時代です。直接国税、地租十五円以上納めなければ衆議院議員の選挙権が得られません。さらに、町村政治に参加する権利である公民権を得るためには二年以上市町村税を納め、年額二円以上の直接国税を別に納めなければならない。鉱毒被害地については、地租が軽減されるのですけれども、洪水になって、荒れ地になってしまったからとして軽減されると納税によって与えられていた選挙権が失われてしまう。他の水害地方では、単なる水害による被害だからといって、その年の、あるいは二年先まで地租が軽減された場合でも選挙権は継続したのに。鉱毒被害地では選挙権は奪われてしまった。これはものすごい差別ですね。そうやって被害地の農民たちを弾圧したわけですね。

鉱毒反対運動の概略と特質

鉱毒反対運動は、一八九〇年（明治二十三）の大洪水によって各地で起こります。今は足利市になっていますが、吾妻村では、議会が「鉱業停止」請願を決議しました。後で廃村になる谷中村も同じ年に「鉱業停止」請願を、栃木県知事宛てに出しています。日清戦争の間は、示談が進められたこともあって運動はいったん下火になります。しかし、農民側は一八九七年（明治三十）の大洪水の後、再結集するのですね。古河と県がすすめた示談工作による示談金の支払いなどによって農民側は分断されたのですが、もう一回再結集する。古河は二回の示談契約を行うのですが、第二回目の示談の時には、この示談金を受け取った以上は今後一切の苦情を申し立てないという条件が、契約書の最後に入っていました。農民たちは約束を守ろうとしますから、本当に被害が出て大変なのだけれども、古河にも県の役人にもそう言われれば動けなくなります。

田中正造は、そうした農民たちの状況を見ながら、政府に対して、当時の鉱業条例に基づいて我々は足尾銅山の鉱業の停止を要求するという戦略を打ち出します。もう一段高見に立って、政治的な視点を持って田中正造は「鉱業停止」運動を政府に対して行った。もう、示談とかそういう次元の話ではないのです。一八九七年から九八年にかけて、被害地の各地に宣伝して行くわけです。そして、一八九七年の三月になりますと、第一回は被害民の三千人ぐらい、その次は七、八千人が東京に向かって「押し出し」をかけた。「押し出し」というのは、大挙上京請願運動のことで、今で言うとデモ行進です。農民が草鞋履きに食料を背負って出掛ける。その二回の「押し出し」によって政府は追い詰められます。

世論は圧倒的に被害民に味方するわけです。その時の農商務大臣は榎本武揚です。幕臣であった榎本は友人たちに言われて被害地の視察に行くのです。当時の薩長藩閥政府の中では榎本は異色な存在でしたが、第一次鉱毒調査会を結成すると同時に彼は大臣を辞職するのですね。榎本はそれ以降、一切政治の場面には顔を出さなくなります。元々彼はオランダに留学した技術者で、その後は富士山頂の気象観測などをバックアップしたようです。榎本は鉱毒調査会をつくるのが精一杯だったのでしょう。無責任ともいえますが。

第一次鉱毒調査会は、一八九七年（明治三十）五月、古河に対して鉱毒予防工事を命令しました。翌年農民たちに対して地租を軽減するという案を出すのですが、古河側に対しては非常に甘かった。鉱毒予防工事を監督した東京鉱山監督署の署長の南挺三という人は、三年後には古河に天下っています。一九〇七年（明治四十）二月に足尾銅山では大暴動が起きます。坑夫組合（大日本労働至誠会足尾支部）の制止を振り切って坑夫たちがなだれ込んで、足尾の製錬施設が全部丸焼けになった。彼らはダイナマイトを使うのがうまいですからね、死人は一人も出なかった。怪我をしたのは足尾所長の南挺三でした。どこかの縁の下に隠れていて怪我をしたという。足尾暴動は高崎連隊が出動して鎮圧しました。同年六月には、別子銅山においても暴動が起きました。別子銅山の方は丸亀連隊が出動して鎮圧しました。一九〇七年前後というのは、大きな鉱山や工場で激しいストライキが次々起こった時なのですね。

川俣事件と田中正造の直訴

さて、今もお話ししましたように、結局、鉱毒予防工事は不完全なままに終わったのですが、完成したと認定されて、以後、一切の鉱毒は流れていないということにされた。それ以後、一八九八年（明治三十一）になりますと、九月に大洪水が発生します。そのことによってまた、溜まっていたものが流れ出て来ました。そもそも堆積場や沈澱池の容量が小さかったのです。それで、被害民は第三回目の押し出しをはかった。一八九九年、一九〇〇年と、被害農民たちは満を持して組織固めをやりなおして、一九〇〇年二月十三日の未明、老人決死隊、青年行動隊という、後に三里塚闘争でもそういう言葉が出てきますが、農民たちは隊を組んで、館林の雲龍寺から出て行った。館林警察署の前を通って、逮捕された人間を取り戻しながら進む。そして、利根川の川べりの川俣まで来た時に、待ち構えていた官憲二百人と激しく渡り合う。サーベルを抜いたり鉄砲を撃ったりはしませんけれども、台尻で殴るとかサーベルの鞘で殴りつけるとかした。農民は武器を持っていません。竹槍を持っているように書いているものもありますが、あれは間違いです。現場で数十人、事後も含めて百人ほどが逮捕されて、六十八人が起訴された。これが有名な川俣事件です。起訴された人が前橋の監獄に送られ、一年間予審に付された。一年間も活動家を失ったら鉱毒反対運動は駄目になります。

川俣事件は日本最初の公判闘争となります。農民側には著名な弁護士たちが名を連ねていた。政府としても、ここを潰さない限り日本の鉱業は守れないという決心でやってきます。田中正造は川俣事件の直後の議会で有名な「亡国質問」を行いますが、山県有朋首相は質問には答えなかった。田中正造は、現地の運動が弱っている時にどうやって突破するか策を練る。一年ほどして旧立憲改進党で正造と同僚議員だった島田三郎が社長を務める毎日新聞の編集長の木下半山と会う。島田三郎の毎日新聞は被害民側に立って報道し続けていました（今の毎日新聞は当時の東京日々新聞の後身なので異なります）。

木下半山と会った田中正造は、天皇への直訴の意志を固めた。この天皇直訴の意義については研究者によって評価は分かれていますけど、亡くなった東海林吉郎さんと私の見方は、田中正造という人は戦略家だということです。田中正造の生き方を見ていると、どうやって人々を組織するか、そこに彼はたいへん頭を使っている。次々と毎日のように誰かに手紙を出す。それから、自分の議会演説はほとんどビラにして出す。請願書もビラになって出て来る。田中正造は大衆路線を歩いた人なのだと思う。国粋主義的な人たちは天皇を尊敬して直訴したと評価しています。あるいは天皇の英断に期待して直訴したとの味方もあります。しかし私はどうも、田中正造という人を見る限りでは、よく考え抜いて、ここは天皇に直訴することによって世論をもう一回動かそうとした思うわけです。場合によってはおれは死ぬかもしれない、殺されるかもしれないという覚悟を持って直訴を決意した。それは木下に言われて気が付いたといわれていますが、もっと前から彼は考えていたのではないかと思われます。そして、その直訴文の執筆を幸徳秋水に頼んだわけです。幸徳は中江兆民の弟子で当時一代の名文家と言われており、木下との関係も近い。その頃はまだ社会民主主義者でアナーキストにはなっていません。

田中正造は本来文章がうまい。明治維新以降の今日まで、議会で一番たくさん質問書を書いているとともに、一番長い時間質問もしているといわれています。演説の草稿がいっぱい残っていますが、なぜ幸徳秋水に頼んだのか。彼にはその辺に秘策があったのかもしれません。彼は直訴前に、いくつかの新聞社にコピーを配ってあったのです。おれが万一やられたらこれを全部発表するということにしていた。田中正造は幸徳秋水の文章を見て、ちょっと直した方がいいと、直前にわざわざ直しました。私は直訴状の現物を見ました。東海林さんと書いた本では、現物から写真を撮って、『通史足尾鉱毒事件 一八七七―一九八四』[*5]に載せてあります。

というわけで、直訴は失敗するのですが、田中正造の思った通り世論は沸騰します。しかし私は思うのですが、世論というのは「熱しやすく冷めやすい」というべきか、今度の原発事故を見ていても、ああ、人々の抗議や行動が萎縮しなければいいなと思いながら私も毎回ではありませんが、金曜の官邸前デモに参加しています。仕事の都合もあるのでしょうが、どんどん減って来る。東京の世論というのはこんなものだなあと思えてなりません。田中正造が直訴をやった後、首都の世論は盛り上がったのですが、短期間に鎮静してしまった。支援者の多くが対露硬同志会といわれる、政府の弱腰をたたく側にいたこともあります。日露戦争やるべしというわけですが、そういう人たちが一斉に鉱毒反対運動の支援から抜けて行くわけです。当時のマスコミの新聞ですが、たとえば「萬朝報《よろずちょうほう》」の黒岩涙香も、売れなくなったら鉱毒問題を扱ってくれない。非戦論を唱えて売れなくなった。だから非戦論をやめて主戦論に転換していく。こうして、被害農民の支援運動は急速に萎んでいった。今の福島の原発反対運動のデモを見ていて、あの頃もそうだったのか、みなそう思いながらやっていたのかな。とつくづく感じています。そうであってはならない。われわれは持続しなければならない。持続しなければ、被害民側は弱いので負けてしまう。

結局、田中正造の直訴で鉱毒世論は盛り上がったけれども、日露戦争の過程で運動は萎んで行って、被害地の地元は取り残されていった。政府は治水問題ということを鼓吹しながら被害民側を分断して行くわけです。川俣事件の裁判の方はいつしか消えてしまう。一九〇四年の段階で実は消えてしまうのです。どういう消え方をするかというと、大審院から宮城控訴院に差し戻しになった時に、宮城控訴院では最初の地裁の予審の起訴状を書いた検事の署名が自署でなかったという理由で起訴がなかったという判決をしたのです。事件はうやむやの内に消えてしまう。有罪でも無罪でもない。但し残ったのは、農民の活動家たちが一年間以上監獄に留め置かれたということです。これは政府が行なった反対運動の分断策だと思います。もう農民側は疲れてきっていました。また、一九〇三年（明治三十六）は洪水があって、汚染されていない赤城山東面の土砂が渡良瀬川に大量に流れ込み、鉱毒被害地の表面を覆った。それで、ある程度生産が回復したという。また農民たちは、鉱毒汚染された表土をはぎ取って各地に毒塚をつくり、農業生産を回復する努力を続けました。現在福島で大規模に行なわれている放射能汚染土壌の除去活動と似ています。

しかし鉱毒は灌漑用水を通じて流れ込むので水の管理によってそれ以上の汚染は防ぐことが出来ますが、福島では山や森に降り積もった膨大な放射能によってまた農地は汚染されてしまいます。私が最初に福島県の飯舘に入った時、ここはもしかすると足尾鉱毒の被害地と同じように至る所に毒塚ができるのかなと思ったのです。それは三月二十九日、事故が起きて二週間ぐらいの時です。しかし鉱毒被害地の場合は、灌漑用水を通じて鉱毒が流れてきますから、水路を浚渫したり、用水を止めたりして鉱毒の流入を防いだ。また、鉱毒土砂を土捨場へ運んで毒塚をつくった。でも飯舘では表土をはいで毒塚をつくったぐらいでは駄目だろうと思いました。というのは、放射能被害地の場合は、周りの森が全面的に放射能で汚染されているからです。ちなみにセシウム一三七の半減期は三十年です。

三百年経ったら千分の一になりますけど、風が吹けば飛んでくるし、雨が降れば流れ込む。鉱毒事件の時の毒塚とはやはり違っていました。何度も福島の汚染地帯に入って放射能測定をしていますが、もう放っておくしかないと思います。

北川辺の闘い

埼玉県の一番北側に北埼玉郡に利島、川辺という二つの村があります。その後合併して北川辺町となり、今は加須市に合併していますが、明治政府はその地域も含めて当初七千二百ヘクタールを遊水池、貯水池にする計画を立てました。利根川からの逆流洪水があるので、まず渡良瀬川の洪水をここにいったん溜め、その間に利根川からの洪水を先に下流に流そうというわけです。利根川の洪水が流れた後で、ここに溜めておいた渡良瀬川水系の洪水を次に流す。そのために造られたのが現在の渡良瀬遊水池で、その中心にあったのが谷中村でした。谷中村は大体千二百ヘクタールで、四百五十戸、二千五百人が住んでいました。近世の初めぐらいからある村ですね。洪水がよく起こる所ですが、それゆえ農作物が豊かに育つのです。それが、鉱毒が流れて来るようになってから農産物が取れなくなった。

田中正造ははじめ北川辺のほうに支援運動に入ります。正造についていった青年が黒澤酉蔵という人で、まだ十七歳の専門学校生でした。東京の演説会の会場で田中正造の演説を聞いて感激した彼は、学校をやめて田中正造に付いて行ったのです。北河辺の人たちは、逮捕者を出しながらも、ここに瀦水池をつくるなら「我等納税と徴兵の二大義務を負わず」という強力な反対運動を行なった結果、ついに瀦水池予定地をはずれました。

黒澤酉蔵は四年間田中正造のカバン持ちをやった。田中正造は、黒澤にまだ若いから東京へ行って勉強するようにすすめたが、彼は北海道へ渡って、札幌で牛一頭を借り、借りた牛の乳を搾って毎朝定時に得意先に届ける。彼は後に雪印乳業を創るわけですね。酪農学園大学の創立者でもあります。黒澤は、健やかな土、健やかな民を育てる「健土健民」という思想をもって北海道の酪農を育てた。雪印乳業をやめてからも北河辺に来て酪農の指導をずっとやるのですね。今、田中正造全集が二十巻出ていますけれども、黒澤は編纂顧問として尽力した。晩年まで彼は田中正造の思想を忘れずにいたという。彼は自分を田中正造と一体化して、自分の利益を一切忘れて北河辺の人々のために闘ったのです。今、酪農学園大学には記念講堂があります。黒澤酉蔵のように大企業の経営者になって、亡くなるまで被害地のために尽くしたという人はあまりいないと思います。

北河辺には、田中正造の六つのお墓の一つがあって、田中正造のおかげで北河辺の村は残ったというので、今は加須市の北河辺支所が主催して毎年お祭りをやっております。北川辺西小学校の校庭の端に没後百年に際して立派な墓所に建て替えられました。田中正造の墓は、生まれた佐野市小中と惣宗寺、闘いの拠点であった群馬県の雲龍寺、それから北河辺、藤岡（現栃木市）の田中霊祠、それから足利の壽徳寺にあります。

明治以降、神になった民衆の指導者は田中正造だけですね。江戸時代には、百姓一揆の指導者などで神になった人が各地います。特に江戸の前期にはたくさんいます。田中正造は殺されなかったのですが神に祀られた。田中正造を神、義人に祀り上げた人たちがいるのです。私は田中正造全集の月報にその経過を書きました。[*6]

谷中村の抹殺と棄民化政策

一九〇七年（明治四十）、谷中村に残った人々に対して土地収用法が掛けられてしまいます。土地収用法をかけたのは当時の内務大臣の原敬でした。原敬という人は、当時の政友会の大ボスですね。首相は西園寺公望です。社会主義とか労働運動に対しては割りと温和に対応したけれども、鉱毒問題に対する対応はきびしかった。原敬という人物は陸奥宗光の秘書官だったのですが、陸奥の次男が古河家へ養子になっているのですが、その養子が二代目社長になる時に、原敬が、ちょっと体が弱く心配だというので副社長として入り込んだ。そして桂から西園寺に政権が代わった時に、原は西園寺内閣の内務大臣になった。

その西園寺という人物は京都の徳大寺家の次男で、西園寺家に養子に行っています。徳大寺家の六男は、住友家に養子に行って住友吉左衛門となっている。つまり住友家の社長の住友吉左衛門と西園寺公望首相は実の兄弟です。それで住友家から三、四人の秘書官が西園寺内閣に派遣されていました。当然ながら西園寺内閣は鉱毒問題や鉱山の煙害問題については無策だったのです。荒畑寒村は『谷中村滅亡史』（一九〇七年八月、出版直後に発禁）の中で「陸奥が種蒔きゃ原が刈り取る」と書いています。陸奥は、一八九二年（明治二十五）当時は農商務大臣で、田中正造が激しく追及する。それに対して答えないで、後で答弁書を出して、古河はよくやっている、示談契約もしているし、粉鉱採聚器を輸入して試験をしている、と言って逃げたのでした。その後、陸奥は外務大臣になって日清戦争を始めるわけです。だから、その時点で陸奥が農商務大臣として、鉱業条例に基づいて規制をかければもうちょっと被害は少なくてすんだはずです。陸奥と古河は義兄弟の関係だったのです。その陸奥の子分の原が内務大臣になった。それで土地収用法にサインをした。こういうわけです。荒畑寒村という人は二十歳であれだけの文章を書くのですからものすごく優秀ですね。高校も大学も行ってないわけですから。なかなかの名文です（岩波文庫に復刻）。

結局谷中村は、最後は強制破壊にあって散り散りにされる。その四年後、一九一一年（明治四十四）頃に多くの鉱毒被害者たちが各地に移住して行くわけですね。その中で最も遠くに移住した人たちは、網走の近くのサロマベツ原野へ行きました。昨年私も行ってきました。ちょうど福島の原発事故が起こった十日後に佐呂間に移住した人たちの子孫が開拓百年を祝ったのです。また那須野に行った人たちもたくさんいます。谷中村だけでなく、渡良瀬川沿岸の鉱毒・洪水被害地からたくさんの人たちが移住して行った。茨城県古河《こが》町の人たちは谷中から移住した人々を非常に暖かく迎え入れてくれたと言われていますが、一方では「谷中上がり」といって差別もされたといいます。当時の古河町の町長は、谷中村の強制破壊に参加した人夫は、旅費をやるからお前たちみんな古河から出て行けと言ったそうですが、古河の町長はなかなか見識があったと思いますね。強制破壊の人夫になるなということですね。

二　鉱毒問題の再燃

源五郎沢堆積場の決壊と鉱毒根絶期成同盟会の活動

さて、利根川、渡良瀬川の改修により被害民は分断され、鉱毒事件は抹殺されていきます。でも、被害が出ればやっぱりそれぞれの所から抗議が出ますが、かつてのような大運動にはもうなりませんでした。大正時代になりますと、選鉱法が浮遊選鉱法に変わり、鉱毒分は水に溶けやすくなりまして、それがどんどん流れて行く。鉱毒流下事件というのが何回も起きているのですが、そのたびに中流の農民たちも足尾の現地調査にいっています。古河鉱業側は石灰をやったりしてごまかすのですが、結局戦前は、大きな運動は出来なかったのですね。

しかし、太平洋戦争に日本が敗れますと、足尾銅山では朝鮮人や中国人の強制連行された労働者が決起します。坑夫たちも労働運動に立ち上がりました。とくに中国人は激しい闘争をしました。それから、鉱毒被害地の農民たちも、激しい運動にはなりませんでしたが、鉱毒根絶期成同盟会をつくって交渉を始めます。しかし、その運動が大きくなったのは、実は一九五八年（昭和三十三）の五月に源五郎沢という鉱滓堆積場が決壊して毛里田村（現太田市）などを中心に田植え前の田に大被害が出たからでした。源五郎沢堆積場は実は今回の三・一一の地震でもまた激しく崩れました。古河側は慌てて崩れた鉱泥をフレコンパックに詰めました。四千個分です。その現場から泥を取って来まして、たまプラーザキャンパスの実験室で測定しましたら、鉛が何と五十ＰＰＭ、あまり正確な値じゃありませんが、出ました。今まで鉛が出たという報告はあまりないのですが、群馬県のデータでも鉛が大量に出ているのです。今までは、カドミウムとかヒ素とか出ているのですけれども、鉛があれほど大量に出たことはないのです。古河は二週間かけてフレパック詰めをやって原堆積場に持って行きましたけれども、足尾の山元は、原発事故が終息していないのと同じように、収まっていないのです。もし、今も使っている簀子橋堆積場が決壊しますと足尾町の中心部は全滅です。それだけじゃありません。渡良瀬川も利根川も全滅するでしょう。東京の下町の半分は金町浄水場から水道を取っていますから、金町浄水場がやられますと、東京都と千葉県側は取水できなくなってしまう。

足尾は銅山で絶えず坑内水が大量に出ていますが、それは重金属が溶け込んだ酸性水で、そのまま流せませんから、沈殿池の手前に中和工場を建てて、絶えず石灰を投入しています。石灰を投入すると真っ赤な水に変わる。それを沈殿池で沈殿させると赤茶色の泥になります。その泥を山の上の簀子橋堆積場へ上げているわけです。ですからそれが決壊したら、中に重金属を含んだ泥が流れ出す。十四ある堆積場の小さい方から五番目の源五郎沢が決壊しただけでとんだ大騒ぎになるわけですから、想像するだけで恐ろしいですね。

一九五八年（昭和三十三）の時には下流の六千ヘクタールが田植え不能になった。ついに農協を中心に立ちあがって、農民千人が組織された。それを鉱毒根絶毛里田期成同盟会といいます（現在は渡良瀬川鉱毒根絶太田期成同盟会）。同盟会は、自民党から旧社会党、共産党の支持者まで農民を広く組織しています。汚染に対して徹底的に立ち向かうという態度が大事だと思います。同盟会は足尾の鉱毒垂れ流しを常に下流でチェックすると重要な役割を担っているわけです。行政側のチェックというのは甘いですから、住民側が声をあげないと動きません。群馬県側は、被害だけ受けているのにやはり甘いのです。同盟会に言われて初めて群馬県も動くという状況がある以上、同盟会の存在意義はきわめて大きいといえます。

一九七一年（昭和四十六）にイタイイタイ病の原因となったカドミウム汚染米が発見され、大きな問題となりました。

最初に発見されたのは秋田県平鹿群の増田町など成瀬川の下流地域ですが、上流にあった吉乃鉱山から流出したものでした。これを契機に各地の鉱山の下流域の米を調査すると、ほとんどどの鉱山でもカドミウムが出ている。案の定、足尾銅山の下流、桐生や太田周辺の田んぼがカドミウムで汚染されていたことがわかりました。太田地域だけで三百六十ヘクタール、神通川流域の二千ヘクタールに比べれば少ないのですが、農民にとっては死活問題でした。秋田の成瀬川流域は千ヘクタールあります。日本で二番目に大きな鉱毒被害地はあの周辺なのです。政府は土地改良を行なうということにしました。

太田市の毛里田地区などは農用地土壌汚染防止法に基づいておよそ三百六十ヘクタールの土地改良が行われました（公害防除特別土地改良事業）。これがまた問題があって、普通、土壌の銅の含有率というと数ＰＰＭなのですが、二十ＰＰＭを超えると被害が出始めるといわれています。実際に被害が確認されるのはもうちょっと高いかも知れません。麦などは早く出るのです。米ですと二十五とか三十になれば被害が出始めます。ところが、百二十五ＰＰＭ以上という基準で汚染田の区分線が引かれたのです。

今の福島の放射能汚染地帯を見ても同じです。チェルノブイリ原発事故後の被害のウクライナやベラルーシの基準では年間で一ミリシーベルト以上の所は避難の権利がある。五ミリシーベルト以上の所は強制避難となっています。一～五ミリシーベルト以下の所は住んでもいいけど、健康に注意しなければいけない。日本の今の基準は何ですか。政府が作った基準は、二十ＰＰＭ以上の所は居住は控えなさい。五十以上の所は居住困難地域です。ところが二十ミリシーベルトまでは住んでもいいという。馬鹿言っちゃいけません。五ミリシーベルトでも高すぎます。法律で定められた二十倍じゃないですか。チェルノブイリの被害地は全部一ミリシーベルトが基準になっています。一ミリシーベルトを超える所を避難の権利があり、政府は財政援助をしなきゃいけないということになっている。日本は五ミリくらいをどうも目指しているようです。とてつもなく高い水準を基準としているわけです。

だから、銅の汚染の被害地を百二十五ＰＰＭで切るとは何事だ、と。被害地は徹底的に抗戦したのですけれども、押し切られてしまいましたが、百二十五以上の所は、一応政府と古河が土地改良をやるということになったのです。その費用負担は古河が五十一パーセント、政府が四十九パーセント。何で政府が出さねばならないのかということですが、戦時中に国策で増産したのだから政府にも責任があるという理由です。土地改良後も汚染が蓄積され、百二十五を越えたところでまたやるということになっています。これが、イタイイタイ病の場合は、玄米でカドミウムが一ＰＰＭ以上の田が土地改良の対象となり、三井の負担割合が三十八パーセントです。後は全部政府が出している。本当は汚染者負担原則から行きますと、加害企業が全部出さなきゃいけないのです。

鉱毒事件の歴史的遺産を守る

最後に渡良瀬遊水池のことですけれども、これは第三の自然といってもいいのですが、国土省が何度も掘り返しては堤防を造り直すようなことばかりやっているのですね。渡良瀬遊水池は四百五十ヘクタール、深さ五メートルの人工湖です。底も全部コンクリートが張ってある。だから水が死んでしまうのです。水が浄化されない。コンクリートをはいで浄化用に葦を植えればいいのですが、わざわざ別の所に葦の浄化装置を百億円もかけてつくっている。何のためにやるか。つまり国土省は、お金を使うためにやっている。国民の税金を無駄遣いするためにやっているわけです。

とにかく、これ以上いじらせないということで、環境保護団体は二十数年前から、ラムサール条約の登録湿地にせよと運動してきました。自然を残すためにはどうしても国際条約の登録地にする必要があるというわけです。二〇一二年二十数年の運動の成果があって、ラムサール条約の湿地に登録された。今度は国も、国有地だからといっても勝手にはできなくなった。

田中正造の生家について、一言付け加えておきますと、今の生家は完全な偽物です。田中正造が有名になり出した途端に佐野市は何を勘違いしたのか、全部取り壊して新築してしまいました。普通、文化財はそのままそっくり保存するか、部分的に部材を取り換えることぐらいしかやってはいけない。私たちも文化庁に交渉に何度か行きましたが、場所をちょっとでも、一メートルでも動かしたら文化財としては指定できないと言われました。そのことを行政に何度も言っても全く理解しようとしない。瓦屋根だった母屋の方は銅板葺きにされてしまいました。田中正造は銅山に反対した人でしょう。何で銅板葺きなのか。そのほうが見映えもよく長持ちするからというのです。文化財をわかっていない人たちがやるからどうしようもありません。本当にわかっていた人は栃木県の文化財保護委員をやめました。

今、福島の原発事故を見ていますと、足尾銅山鉱毒事件の経緯を見るような気がやっぱりしますね。北海道の佐呂間に移住した子孫の人たちは百年経って、やっと普通に生きられるようになりましたという碑を建てた。同じような碑は、那須野にもあります。一番遠くの移住先がサロマベツ原野ですが、今は佐呂間町の栃木集落という名前になっています。栃木神社もあります。日光山多聞寺というお寺もあります。残っている鉱毒被害地にゆかりの人々は四戸しかなく、あとはみな四国とか九州から来た人たちなのですけれども、ちゃんと栃木橋とか栃木神社とか栃木集落という名前を残している。それは、栃木から来た鉱毒被害民たちが開拓した村だからというのです。三十年ぐらい前には、栃木という名前はやめようという話が出たけれど、やっぱり残そうということになって残したのだそうです。その鉱毒被害民の子孫たちが昨日から田中正造没後百年の催しに参加するために栃木に来ているのです。移住した大部分の人たちはあちこちに散りましたし、栃木に帰った人たちも、帰るために四回も帰郷運動をやっています。四回目の帰郷請願が実を結び、一九七二年（昭和四十七）にようやく栃木に帰って来た。しかし帰ったけれど、自分たちの土地や谷中村はもうないわけです。それで、近隣の雇用促進住宅とかにみなさんが入ったのです。

水俣病事件と御用学者

それから水俣条約（水銀に関する水俣条約）に関する国際会議が昨日まで三日間行われていますが、水俣病の被害者の中には、強く「水俣条約」ではないのではないかと主張する人たちがいます。というのは、水俣では被害が続いているからです。二〇〇九年（平成二十一）に水俣病特措法というのが出来ました。民主党政権の時に出来たのですが、その特措法に基づいて、新たに水俣病の申請をする人は、昨年七月に申請が締め切られましたが、新たな申請者数は数万人に上っています。水俣病事件はまだ終わっていないのです。

一九五六年（昭和三十一）に最初に水俣病が公式に発見されました。しかし、その前から被害は出ているわけです。その二年後ぐらいには熊本大学医学部の水俣病研究班の人がチッソの工場排水が原因ではないかと報告し、一九五九年（昭和三十四）には有機水銀説を出したのですが、その結論を根底から覆したのは東京の御用学者たちでした。その代表は清浦雷作という東工大教授です。一九七〇年（昭和四十五）に『公害への挑戦』などという本まで出している人です。自分が一番公害問題の権威だと言っている人がまあひどいですね。熊本大学のような「駅弁大学」の連中にそんなことが分かるはずがないというのです。亡くなる直前には、朝日新聞の夕刊の記事に載っていたのですが、記者が取材した時、「私は死ぬまで、日本の化学工業界のために尽くして来た」と言っているのです。[*7] もう確信犯ですね。つまり彼は、被害の原因がわかったにもかかわらず、敢えて化学工業界を守るために嘘をつき続け、そして、熊本大学医学部の教授たちをコケにして来た。その中には、原田正純さんももちろん入っているわけですね。

熊本大学医学部の水俣病研究班の報告を受けて、当時の厚生省食品衛生局は、水俣湾の魚の食用禁止を命ずる直前までいったのですが、取り消された。それは、裏で当時の通産省と御用学者たちが組んで食品衛生局を潰しにかかったからです。その時食用禁止していれば、被害はそんなに大きくならなかった。

チッソ水俣工場（日本窒素肥料株式会社＝日窒→後に「新日窒」、「チッソ」と改称）のアセトアルデヒド生産開始が一九五八年（昭和七）ですね。第二次世界大戦後、朝鮮チッソ、これはチッソの本社工場より大きいのですが、これが接収されたためチッソは水俣工場でアセトアルデヒドの生産量を急増させます。一九五〇年（昭和二十五）頃から急激に伸びて行くわけですが、その頃から水俣病の被害者たちが増えて行くのです。

アセトアルデヒドというのはどういうものかというと、日本には石炭は豊富にありますね。それから水力発電も豊富にあります。石灰岩もたくさんあります。カーバイド工業は石灰岩と石炭と水力電気という国産の資源を利用した化学工業です。普通化学工業といえば、石油化学とか石炭化学を言いますが、チッソは独自の技術で化学工業をやったわけです。石灰岩と石炭を電気炉に入れて焼きますと、カルシウムカーバイドというのができます。これに水をかけますと、アセチレンガスが出て来る。そのアセチレンガスを硫酸水銀の溶液の中に吹き込みますと、硫酸水銀が触媒となってそこからアセトアルデヒドができる。そのアセトアルデヒドを元にして酢酸をつくり、酢酸ビニールなどを合成していくのです。石油を使わないでやれる化学工業というわけです。その一番すぐれた技術を持っていたのがチッソだったのです。昭和電工も同じ方法で、新潟県の阿賀野川上流の鹿瀬で始めるわけです。そのうちに、石油化学工業が盛んになって来ると、このカーバイドを使った化学工業はコスト的にも引きあわなくなります。そして、水俣病の発生によって決定的に駄目になって、チッソも石油化学に移行していきます。

公害と行政の責任

原田正純さんの『水俣が映す世界』によると、一九五六年（昭和三十一）に水俣病が確認され、排水が原因だとわかってからもアセトアルデヒドの生産が増えています。一九五九年（昭和三十四）は月間三千七百トンも生産しています。この時、何十トンもの水銀が垂れ流されていました。そこで生産を止めていればその後の被害者は出ないわけですし、新潟水俣病も出なかったと考えられます。ところが政府は、経済の高度成長にとって大事なものだとして止めなかった。政府が公式に水俣病を公害病として認めたのが一九六八年（昭和四十三）。だから、十年も遅れてようやく認めたのです。どれだけの被害者が出たことか。明らかに規制すべき行政当局には不作為の責任がある。それをごまかす手伝いをしたのが御用学者でした。

足尾鉱毒事件の時に、田中正造は、「大学廃すべし。腐敗の淵藪たり」（一九〇三年六月二十六日の日記『全集』十－四三二）書いています。大学こそ問題である。それはチッソ水俣病事件、昭和電工の水俣病事件、足尾銅山鉱毒事件、今度の東電福島第一原発の事故を見ていてもわかります。旧国立大学の著名な学者たちがいかにでたらめを言い放っているか。東電福島第一原発の事故後の発言を見ればわかります。東大や京大ではまともなのは小出裕章さんや今中哲二さんなどみな助教ですね。宇井純さんも東大にいるときは助手でした。まともに問題点を突いた人の身分は助手でしかないのです。

いやらしいことに、一九六八年（昭和四十三）十月に、政府は公害病として認定します。その時チッソの工場も、昭和電工鹿瀬工場もすでにアセトアルデヒドの工程は全部解体されて、証拠はありません。つまり、証拠を無くしてから実は公害病と認めた。そのために被害者たちが裁判に訴えても証拠保全ができない。本当に、官と企業と御用学者が一体化している。被害民たちは、裁判の立証でたいへん苦しんだのですね。ただ、チッソの中でも少数派の労働組合の人たちは協力してくれた。

とにかく、分かっていて止めないというところに問題がある。福島の原発事故が起こったというのに、政府も電力会社も原発の再稼働に突き進んでいる。再び原発事故が起これば日本は壊滅する恐れがある。それはわれわれが四十数年前から議論をして来たことですが、もう対応できないということです。全電源喪失事故や冷却材喪失事故は、当初から想定されてきた過酷事故の原因であったのに、対策がとられていなかった。緊急炉心冷却装置を何系統も付けてあるから大丈夫だといってきたのです。一九七〇年代の中頃ですが、アメリカでは小さな炉心を造って実験してみたらうまくいかなかったので、いろんな安全装置を付けて行ったのですが、しかし日本はほとんど何もしませんでした。アメリカでとられた安全対策も日本ではしていなかったということです。

四大公害訴訟

新潟水俣病は四大公害訴訟の最初です。続いてイタイイタイ病訴訟、四日市ゼンソクの訴訟があって、熊本の水俣病第一次訴訟がある。熊本の第一次訴訟は一九六九年（昭和四十四）提訴で、一九七三年（昭和四十八）三月に結審している。いずれも原告である被害民側が勝つわけですけれども、その後、被害民に対する補償金と損害賠償金の支払いがどんどん増えて行くために、政府はチッソが潰れることを心配した。そして、被害民の申請認定を棄却して行ったのです。その結果、たくさんの人々が宙に浮いてしまい、訴訟を起こした。当たり前ですね。認めなきゃならない人を全部棄却したわけですから。一九九五年（平成七）、村山政権は被害民の側が政府に対する訴訟を下ろすことを条件に和解しました。政府は一律一人二百六十万円の補償金を出すとともに医療費などの患者負担をなくすことにした、新潟水俣病の被害者たちも、結局はこれ以上裁判をやっても勝てないと、熊本の原告団と行動をともにしました。その時それまで新潟水俣病の弁護団長であった坂東克彦さんは、もう少しで勝訴だというのになぜみんな下りるのだ、それなら私は原告団長を辞めると言って、原告団長を下りたのです。新潟水俣病訴訟を一番よく知っている人でした。

ところが、熊本から関西に転居していた人たちが、国が責任を認めないのには我慢できない、政府の責任を追及すると控訴しました。水俣病関西訴訟といいますが、最高裁は二〇〇四年（平成十八）の十月十五日、原告勝訴の判決を下しました。それは大阪高裁の判決内容を踏襲したものでした。ところが、環境省は何といったか。最高裁が決めたからといって従う必要はないというのです。この国は三権分立ですから、最高裁が判決を出したら行政はそれに従わなければならないはずなのに、従わない。明治以降の日本はこのようにつねに行政優位で来たのです。

二〇一三年も実は、亡くなった溝口チエさんの子どもが受け継いだ訴訟で、最高裁は溝口さん勝訴の判決を出しました。ところが、環境省は相変わらず自分たちの態度を改めようとしないのですね。新潟県知事はその判決を支持し、熊本県知事も自宅まで謝りに行って、認めると言ったのですが、国だけは絶対に認めないのです。この国の行政は、最高裁の判決など屁の河童です。
考えてみますと、原発関係の行政訴訟は、全国で五十三、四件起こされたのですが、過去二回だけ原告が勝訴しましたが、最高裁ですべて敗訴しました。勝訴したのは、高速増殖炉の「もんじゅ」裁判における名古屋高裁金沢支部の判決（二〇〇三年一月）と、志賀原発二号機差止裁判での金沢地裁判決（二〇〇六年三月）の二回です。東電福島第一原発の事故が起こっているのに裁判官たちに反省はないのか。裁判官たちは、住民側に訴える権利（原告適格）はないとか、過酷事故は起きないと判断してきたことに責任があるはずです。住民が主張した通りの、あるいはそれ以上の問題が起きてしまったのですから。しかし「もんじゅ」裁判で勝訴判決を書いた名古屋高裁金沢支部の裁判長の井戸謙一さん（現在は弁護士として脱原発訴訟にかかわる）は、明確に原発推進行政を批判する判決を書いています。

付記・二〇一四年五月の大飯原発三、四号機の運転差止請求裁判で、福井地裁は原告勝訴の判決をしました。それは東電福島第一原発事故を踏まえて、人格権が経済コストに優先するのは当然だとする画期的な判決でした。三・一一以降、ようやく司法にもこれまでと異なる動きが出てきています。

公害とジャーナリズムの役割

水俣病に関しての映画はたくさんあります。見ているだけでも感情移入してしまうようなところがあるのですけれども、でもどうしてそういう被害が起きているのに、政治家たちは見て見ぬふりが出来たのかなと思います。政治家の中にも一生懸命やった人は何人かいますが、中央の政治家は駄目なのですね。どうせ地方で起きた事件だから、大勢には影響がないと考えているのでしょう。足尾銅山鉱毒事件も地方で起きた。しかし、足尾は注目されたのです。それは首都圏に近かったがために新聞などが取り上げてくれる。一方別子銅山では、数千人から一万人もの人々が何回も大八車に鍋釜を積んで、住友の新居浜分店前広場に押し寄せるような激しい煙害反対運動が行われた。しかし愛媛新報とか南海日日など地元紙には載っているのですけれど、東京の新聞にはほとんど出ていません。

今、福島の原発事故について東京で一番報道しているのは東京新聞ですが、他紙はやっぱり少ないですね。記事の内容はともかく、福島民報や福島民友などの地元紙にはよく出ていますし、青森の六カ所村の再処理工場の問題も地元紙以外はほとんど報道していません。私は新潟出身ですから、柏崎刈羽原発で何が起きているかを知るために姉から新聞の切抜きを送ってもらっていますが、新潟日報は原発関連の記事をよく掲載しており、それを読むと大体の状況はわかります。しかし柏崎原発は東京電力の原発なのに東京ではほとんど報道されません。

鉱毒問題も、公害が大きな社会問題になったときも、中央のマスコミは地方のニュースはほんのごく一部しかとりあげない。だから、東京では被害実態を知らないで過ごせるし、痛みも感じない。本当は東京に元凶があるのかもしれません。すべて消費するのは東京とか大阪ですから、消費者は、生産している地域の人々がどんなに苦しんでも、ごく一部しか伝わってこない。そのため都会の消費者は、地方の出来事や生産現場で起こっていることを、自ら主体的に知ろうとしない限り、実態を知ることができないと思います。

実は公害というのは、そういう意味では情報が非常に重要なのですね。私どももいろいろやってきましたけど、水俣病の支援などにも行きましたけれども、いかにテレビの記者たち、あるいは新聞の記者たちを味方につけるか。全く分かっていない記者たちには、一から教えなくてはいけない。原発の危険性や問題についても私たちはずいぶん教えてきました。亡くなった宇井純さんがよく言っていたように、公害問題はたえず現場に行って、そして現場感覚を身につけながら勉強するということです。これしかないと思います。

「デンキ開ケテ、世見暗夜となれり」

私は福島の原発事故が起こった時、真っ先に頭に思い浮かんだ言葉が、田中正造の「デンキ開ケテ、世見暗夜となれり」という日記の一節でした。これほどピッタリとこの原発事故の状況を表している言葉はないと思ったのです。東京新聞から執筆依頼があったとき、その思いをこめて書きました。[*8] これは田中正造が倒れる直前の日記です。倒れたのは八月二日です。引用しておきます。

物質上、人工人為の進歩のみを以てせバ社会は暗黒なり。デンキ開ケテ、世見暗夜となれり。然れども物質の進歩を怖るゝ勿れ。此進歩より更ニ数歩すゝめたる天然及無形の精神的の発達をすゝめバ、所謂文質彬々知徳兼備なり。日本の文明、今や質あり文なし、知あり徳なきに苦むなり。悔改めざれバ亡びん。今已に亡びツ、あり。否已ニ亡びたり。

一九一三年（大正二）七月二十一日の日記[*9]

この日記を書いた十日後に彼は病に倒れ、一ヶ月後に亡くなりました。「デンキ開ケテ」というのは、日露戦争後、日本はようやく本格的な電化の時代を迎える。各都市の一部の家庭と裕福な家には電灯が一灯ぐらい灯くようになってくる。工場も、水力や蒸気機関から電気に変わって来る時代です。大正期に入りますと、長距離送電が出来るようになり、遠くで作った水力発電所の電気を東京まで送電できるようになる。東京電燈（現東京電力）は、福島の猪苗代とか山梨から水力電気を引いて来て、東京の電灯がつく。当時は大規模な電気は水力です。水主火従の時代に入るわけです。一九六〇年（昭和三十五）頃までは水力の時代で、高度成長期以降は火主水従になります。日露戦争というのはまさにそういう転機をもたらした。電気といったらまさに文明だったのです。

その時代に、文明が問題だと言い放ったのが田中正造です。つまり、技術の進歩だけが先に行っている。技術の進歩をコントロールするモラルがない。欠落と言いましょうか、そういう人間の考え方・組織・管理能力、そういうものがないまま技術だけを進めてはならんぞと彼は言っているのですね。何ということを、まさに現代の原発事故を見た時に、私はこの言葉の凄さを感じました。田中正造は別に気張って言っているわけじゃないのです。彼には、長い足尾銅山との闘いがあるのですね。最初に言ったように、足尾銅山は世界最新の技術を次々と導入して生産の効率を上げて生産を増大させていった。それが山をハゲ山に変え、下流の鉱毒被害を拡大し、激化させた。田中正造にはその思いが強くあったと思います。

まさにその通りといいましょうか、文明を象徴する電気、安全な電気があって、世の中が明るくなります。しかし、そうではないだろう。そうではない側面を見ているのかということです。でも百年後田中正造の言った通りになってしまった。三・一一東日本大震災とともに東電福島原発事故という決定的なことが起こったわけです。電気は原子力でつくるというのは嘘でした。人々を幸せにするというのも嘘でした、ということがわからなければ駄目だと思います。

むすびにかえて

今も、福島では原発事故による放射能汚染から避難している十数万人の人々が不便な暮らしを強いられている。病気、病死がたいへん増えている。二年半ですよ。四畳半と六畳の仮設住宅に押し籠められてどうなると思いますか。遊びにも行けない、畑もできない。年寄りはとくに避難先での生活に順応できない。病んでいる人がたいへん多い。そういう事態を誰が招いたのか。原発を推進してきた科学者たちの一部からは反省文が出ました。でも本当に反省しているのかなと、私は思います。原子力を進めてきた人たちは本当に反省してほしいですね。やっぱり「質ありて文なし知ありて徳なし」という社会は駄目だと思います。技術だけ進めばいいという考え方を取ったら間違いだと思います。

ドイツがなぜ原発をやめたのか。ドイツで脱原発を決定した委員会（安全なエネルギー供給に関する倫理委員会）には、宗教者や哲学者、社会科学や自然科学の研究者、産業界などから幅広い分野の人たちが入っていました。まさに倫理的側面からも原発依存社会の問題点を検討したのでした。[*10] ところが日本ではエネルギー関係の政府の委員会の委員はほとんどすべてが、いわゆる「原子力村」と言われる人たちで占められています。一人か二人、市民団体や消費者団体の人がいるだけです。

三・一一以降の日本が教えているのは社会はもう一度モラルを取り戻さなければいけないということではないでしょうか。

〔参考文献〕

1 経営史学会編『日本経営史の基礎知識』（有斐閣 二〇〇四年、一〇月）一〇二頁。
2 二〇一二年一一月、渋谷のユーロスペースで上映。オリジナル作品は一九九二年製作。
3 大熊孝『利根川治水の変遷と水害』（東京大学出版会、一九八一年）。
4 吉村昭『三陸海岸大津波』（文春文庫、二〇〇四年）。
5 東海林吉郎・菅井益郎『通史足尾鉱毒事件 一八七七―一九八四』（新曜社、一九八四年・新装版、世織書房、二〇一四年）。
6 「『義民祠』に祀られた田中正造」（『田中正造全集』第一〇巻、月報九、一九七八年七月）。
7 『朝日新聞』一九九八年九月二日。
8 『東京新聞』二〇一一年七月二七日。
9 『田中正造全集』第十三巻五三二頁。
10 熊谷徹『脱原発を決めたドイツの挑戦 再生可能エネルギー大国への道』（角川新書、二〇一二年）などを参照。

（※なお本稿は、七十枚ほどのパワーポイントを用いて講義したものであるが、写真や図表はすべて省いてあることをお断りしておきたい。）

災害のフォークロアから学ぶ

浅間山噴火と被害記憶……………花部英雄

自然災害とフォークロア……………齋藤君子

浅間山噴火と被害記憶

花部英雄

一　はじめに

わたしの話は、江戸の天明期に起った浅間山大噴火の災害を話題にします。この噴火の経緯を概略しながら、そのうち山の北側の群馬県にある嬬恋村鎌原集落を直撃した土石くずれによる被害に触れます。といって、大噴火の実態を分析するのではなく、災害にあった地域が現在どのようにその災害を伝えているのかについて問題にします。いわば「被害の記憶」をどのようにして伝承しているのか、ということへの関心であります。過去の悲惨な災害や事件を、昔話や伝説あるいは民俗に託して伝えていることが見られるが、二百年以上も前に鎌原地区で起こった凄絶な被害を、現在どのような受け入れ継承しているのかを見ていこうとするものです。

二　「天明の浅間焼け」と鎌原村の被害

火山の噴火を古くから「山焼《やまやけ》」と呼んでいます。平安時代の藤原宗忠の『中右記』の天仁元年（一一〇八）七月二十一日の日記に、当時起った浅間山噴火を、「猛火山嶺を焼き、其煙天に属し、石礫国に満つ」とあります。山の内部が焼け爆発して煙を噴出し、土石灰を地上に降り注ぐと記しています。この時の噴火は、約七百年後の天明三年（一七八三）に匹敵するとされます。浅間山は、その間にもその後も噴火活動を頻繁に起こしており、最近では二〇〇四年にも噴火を起こしたことが記憶に新しいが、現在も噴煙を上げている活火山であります。

ところで、天明三年の「浅間焼け」は四月八日の噴火から始まり五月末にも大きな噴火を起し、六月中旬以降には毎日ように噴火を繰り返し、ついに七月七日に大噴火が起ります。当時、浅間山の西側の信州洗馬《せば》（塩尻市）に滞在していた菅江真澄は、噴火に遭遇した時のことを次のように日記（『菅江真澄全集』第一巻）に留めています。

二日　……夕ぐれちかう、ものの音いたくひゞきたりけるに、ふみよみたるもとゞめて人々かうがへ、又かんだちかといへば、さなん空のけしきともなし。近きとなりの板しきに、臼や引きてんとしてやみぬ。又とひ来る人のいはく、今の音聞きしか又なりぬ。こはさきつ日より、浅間が岳いたくやけあがる音なりと、今通りし旅人に聞しなどいへり。

（……夕方近くに、大きな物音が響きわたり、読書を止めて推し量るが、雷かと思うがそうした空の様子でもない。近くの板敷きで挽いていた石臼を止める。訪ね来る人が、今の音を聞いたか、また鳴った。これは昨夜から、浅間山が噴煙を起こしている音だと、今しがたここを通って行った旅人に聞いたのだという。）

これは七月二日の日記であるが、それから一週間も経たない記事によると、

八日　夜半より、れいの音ひゞくに起出てその方をのぞめば、きのふよりもまさり、はたへの山を越えて、五月斗の雲のいや高ふ湧出るがごとく、画かくとも筆の及ぶものかはと、人ごとにになうめでて見やれど、そのほとりには小石、おほ岩を、はるけきみそらにとばし風につれて四方にふらしむるにうたれ、やは、ほねものこりなうくだかれ、あるは埋れ、にげ出る人々のいのちうせたるは、いくそばくとも、はかりしられざるなど、よりくる人は、此のことのみぞいひあへる。

（……夜中より、いつもの音が鳴り響くので起き出してその方を見ると、昨日よりも大きな二重の山並みを越えて入道雲の高々と湧き上がるように出て、絵に描くに及ぶまいと、人ごとに賞でるのを耳にしつつ見るが、辺りに小石や大岩、はるか遠くに飛ばし、風に吹かれて四方に飛び散るのに打たれて、家の屋骨はすっかり砕かれ、あるいは埋もれ、逃げ回る人々が亡くなるのはどのくらいの数であろうか、計り知れないなどと、来る人々は、この話だけでもちきりである。）

噴火の振動や噴煙は体感しつつも、事故の実態は人の噂による情報に頼るしかないが、しかしその噴火の甚大さは五十キロも離れた地においても生々しく伝わってきます。この時の噴煙による火山塵が成層圏に達し、太陽熱を遮ることにより、殊に東北地方の天明の大飢饉を引き起こす原因にもなっていったとも言われます。

さて、七月七日の深夜から続いていた噴火は、翌八日の昼近くになり、大きな噴火が土石なだれを引き起こし、これが鎌原村を直撃することになり、村はやがて五～六メートルの堆積物に埋没してしまいました。当時、嬬恋村大笹の無量院にいた住職がこの被害に遭遇し、それを記録した「浅間大変覚書」（『浅間山天明噴火史料集成Ⅱ』）によると、次のように記されています。

八日昼四ツ半時分少鳴音静なり。直に熱湯一度に、水勢百丈余り山より湧出し、原（六里ヶ原）一面に押出し、谷々川々押払ひ、神社・仏閣・民家・草木何によらずたった一押しにおっぱらい、其跡は真黒に成。川筋（吾妻川沿岸）村々七拾五ヶ村人馬不残流失。此水早き事一時に百余里おし出し、其日の晩方長支（銚子）にまで流出るといふ。

噴火によって押し出された高温泥流の凄まじい様子が描かれています。鎌原村を襲った泥流は吾妻川から利根川を流下し銚子にまで至り、その沿岸地域の被害を拡大していったのです。また吾妻郡に在住する大武山義珍の書いたものとされる「浅間焼出大変記」（『浅間山天明噴火史料集成Ⅱ』）によると、

同八日朝より間もなく鳴神の如く、みな草木迄大風吹来る如くにゆれわたり、神仏の石の塔ゆりくだき、人々心持悪しく念仏諸仏神に祈誓し所に、四ツ半時分、信州木曽御岳、戸隠山の辺より浅間山へ光り物飛び入りと見へしより、鎌原村を始めとして川北大前村より川附村々押通り候事。第壱番の水崎《先》にくろ鬼と見得し物大地をうごかし、

家の囲ひ、森其外何百年共なく年をへたる老木みな押しくじき、砂つなみ土を掃立、しんどふ雷電し、第弐の泥火石百丈余高く打あげ、青竜くれなゐの舌をまき、両眼日月のごとし。一時斗闇の夜にして火石の光り、いかづち百万のひびき、天地崩る〻ごとく、火烟のほのふそらをつきぬくばかり。田畑高面の場所不残ただ一面の泥海の如し。

光り物やくろ鬼、青竜といった怪奇現象を表現する語を用いての臨場感あふれる描写といえるが、この記録によると二波に亘って押し寄せたことがわかります。第一波の熱風水に続き、土石の泥流が流下していきます。この土石なだれに埋没した鎌原村は、記録によると人口五百七十人前後のうち四百七十七人の犠牲者を出し、生存者九十三人と記されています。三ヶ月間の不安の日々の最後に、凄まじい結末が待っていたのであります。

三　災害の記憶と継承─村、行政の関わり

天明三年の大噴火により壊滅的な被害を受けた鎌原村ではあったが、人口比を見る限り、現在の鎌原地区は人口二千人を少し切る程度で、噴火前の人口の三倍近くになっています。地震で埋没したイタリアのポンペイに人々が戻らなかったということに比べれば、みごとな復活を遂げたといってよいでしょう。

全人口が一万人を少し超える嬬恋村は、地の利を生かしたキャベツなどの高原野菜を中心とした農業や、豊かな自然を生かした温泉やスキー、トレッキングなど観光客誘致を柱に据えた村づくりを推進しています。それに加えて、歴史的な大噴火を観光資源として生かしている面もあり、鎌原地区にはそうした名所、施設が集中しています。

嬬恋郷土資料館

そうした所を瞥見《べっけん》しながら、悲惨な災害の記憶がどのような形で現在に継承されているのかの手がかりにして見たい。村が観光のため噴火を前面に出しているものに、溶岩が地表に露出した「鬼押出し園」や、樹木が溶岩を押し止めた際、その根が朽ちて井の穴のようになった「溶岩樹木の型群落」などがあります。こうした自然遺跡は噴火そのものをリアルに示す姿そのものであるが、人工的施設の形のものとしては「嬬恋郷土資料館」や「鎌原観音堂」「聖観音菩薩像」が上げられます。「鎌原観音堂」は後で触れることにして、ここでは嬬恋郷土資料館や聖観音菩薩像について述べます。

　嬬恋郷土資料館は昭和五十八年にオープンしたもので、今年三十周年を迎える白亜のしゃれた建物で、これまでに百万を超える入場者数を記録したといいます。一階には「天明三年浅間山大噴火」を伝える発掘・遺品資料の展示や立体的模型図やパネル、映像コーナーを設けて生々しく噴火を伝える工夫が施されています。他にも資料館では「友の会だより」を発行し、噴火以外にも地域の歴史や自然、民俗などの研修会など、郷土に関する知識を広く深く広報するための事業も行っています。

　この嬬恋郷土資料館から東に坂を下りたところに鎌原観音堂があり、そのすぐ下にきれいに整地された一画に「聖観世音菩薩像」が建っています。すぐ近くに昭和五十七年八月五日の日付による「天明三年二百回忌供養観音像」の建立由来碑があります。二百年前の大噴火の惨禍を忘れず供養に勤め、また発掘調査にともなう成果をも記念し、山霊の怒りを鎮め、永久に平和を願うといった趣旨の内容が、「天明浅間押二百年記念事業実行委員会」名で標されています。噴火被害の二百回忌記念としての事業でありましょう。

聖観世音菩薩像が二百年忌の昭和五十七年の建立だとすれば、これに続く翌年にオープンした嬬恋郷土資料館も、二百年の節目に合わせたものと考えてよいであろうと思われます。地域の歴史文化のシンボルとして、村の内外に向けた事業としての性格を持っています。実はこれに合わせた出版物が萩原進著の「天明三年浅間山噴火史」（五十年七月三十日、観音堂奉仕会）から刊行されています。巻頭の「著者のことば」にそうした内容が記されていることからも推察がつきます。聖観音像や資料館の建設は多額の資金を伴う事業であり、村が主体となって行われたものです。行政が主導して村の歴史を刻むための記念事業として、対外的な発信を強く表に出したものといえましょう。行政の事業ではないが、文化十二（一八一五）年に「浅間焼け三十三回供養塔」が、鎌原観音堂下に建っています。篤志家の善意になるものとして、四百六十四名の犠牲者の戒名が刻まれているが、建立時期は民俗でいう年忌明けに相当します。

四　地域と民俗の伝承

大噴火の災害の記憶を風化させないために、公的な立場から行われる施策などとは別に、次には地域住民が主体的に取り組んでいる例をみていきたい。現在の鎌原地区で行われている地域的な活動には、鎌原観音堂で行われている奉仕会の活動と、集落で行われる「廻り念仏」があります。

鎌原観音堂

（一）鎌原観音堂の奉仕活動

鎌原観音堂は集落の西の高台にあったために被災をまぬがれました。昭和五十四年に観音堂下の発掘調査が行われ、その結果、現在ある十五段の下に三十五段の階段が埋っていた事実が明らかになりました。その十三段目のところに並ぶように二体の女性のミイラが発見されました。観音堂に避難しようとして土石くずれに遭い、命運尽きたとして報道されて有名になったものです。

このことが機縁になり、観音堂を訪れる参拝者が増えたため、昭和五十四年に観音堂奉仕会が結成され、観音堂の脇に萱葺の建物の中で、茶の摂待などが始まったといいます。奉仕会は現在、会長（1名）、副会長（1）、会計（1）、幹事（数名）の役員と、会員合わせて五十人程がおり、十二組に分かれ、毎日三、四名が詰めています。会員は六十五歳以上のお年寄りから構成され、自主的活動のボランティアであり、ここに来ない日は畑や田圃に出て仕事をしている人もいるといいます。参拝客に尋ねられれば観音堂の案内や噴火被害などの説明の他、お茶を勧めたり、お守り札や土産物品を売ったりしています。鎌原観音堂は県指定の文化財なので修理等は県が行うが、日常的なお堂の管理、運営は奉仕会が担当し、賽銭や販売品の売り上げの管理、使用も会が自主的に行っています。村からの直接的な援助はないが、ここに集まりコミュニティーをはかりながら、遠い昔に起こった先祖の悲劇を忘れず供養に勤め、未来に引き継ぐ役割を果たしています。また、地域住民の活動として、この奉仕会活動以前から行っているものに「廻り念仏」というのがあります。

(二) 廻り念仏

廻り念仏はいつから始まったのかはっきりしないが、お年寄りの方たちに伺うと、子ども時分からあったといいます。一《ひと》月交替で、前の当番の家から回ってくる掛軸等の入った箱を新しい当番の家で受け取り、念仏供養が終わったら次の当番の家へ渡し、集落内を順々に巡って行くシステムであります。念仏供養は月に二回、七日と十六日に行うのが原則であるが、事情で前後にずれたりすることもあるといいます。また、農繁期で忙しい七月八月は休みで、六月は一回だけといいます。

当番の家では受け取った箱を床の間に大事に保管し、毎日お茶を上げたりして丁重に扱い、念仏供養の日には中に収めてある弘法大師・十三仏、犠牲者の名前を記した死亡帳の掛軸を掛け、その前で供養を行います。参加者はお婆さんたちで、午後一時ごろから始まり、途中休憩を入れて三時過ぎまで、御詠歌や念仏、般若心経などを誦み上げます。当番の家では煮物やテンプラ、漬物などを用意し振舞うのがしきたりといいます。

鎌原地区は戸数三百六十一あるが、ペンション経営等で集落から離れたところにも家があり、旧来の集落にはそんなに戸数は多くなく、また廻り念仏に参加しない家もあり、現在五、六十軒ぐらいで行っていると言い、三年に一度当番が回ってくるといいます。念仏供養の日に各家から一人出てくるという原則が守られていた頃は、五十人も集まったというが、だんだん少なくなってきているのが現状で、二年ほど前から村の「多目的ホール」を利用して行うようになったが、一回に十五人程度になったと常連メンバーは嘆いています。

常連メンバーの一人は、明治初年作の「浅間山噴火大和讃」を毎回詠うが、今も胸が詰まってきて声が出なくなるといいます。夜になると地下から死者の霊の泣き声が聞こえてくるのを、上野寛永寺の僧侶がたくさん来て、供養のための読経によって鎮まったという内容が御詠歌に記されていて、犠牲者の苦しみを我がことのように受け止めるのでしょう。その犠牲者が今も土の下にあると思うと供養を止めるわけにはいかないのだといいます。

五　家族と家の伝承

歴史的な災害の被害記憶の問題に対して、村や行政による公的な取り組みがあり、また地域住民による自主的な社会的活動があるとすれば、次には家族や家におけるアプローチについても考えてみる必要があります。予測できない災害事故は、多くは個人や家族に直面して悲劇がクローズアップされ話題にもなるからです。

そこで、アットランダムに集落であった人や観音堂で奉仕していた方、家を訪ねて聞いた数人からの聞き取りの結果を言うと、一人を除いて他は家族から明確に聞いたことがないという答えでした。唯一聞いたと答えたAさん（80歳）の場合は、祖父から噴火で亡くなった先祖の後に、他所から親類が入籍して家系は続き、代々名主の家柄である太郎左衛門（仮称）という名を襲名して自分（A）が五代目太郎左衛門になると話してくれたといいます。ただ、災害から少なくとも七、八代になる計算なので、本人も半信半疑だと話していました。太郎左衛門という名は災害前の記録にはあるが、それが現在の何姓で、どの家を指すのか、明確な証拠があるわけでもなく、Aさんの姓であるという保証もありません。後づけで今の姓と太郎左衛門とを結び付けたと考えられなくもなく難しい判断です。

ただ、こうした検証や聞き取りには困難が伴うのと同時に、ここにもう一つデリケートな問題があったのです。というのは浅間山噴火後の鎌原村の復興に当たって、次のような問題がありました。先に紹介した「浅間山噴火大和讃」の歌詞に、こんな一節があります。

七日七夜のその間　呑まず食わずに泣きあかす
南無や大悲の観世音　助け給えと一心に
念じ上げたる甲斐ありて　結ぶ縁もつき果てず
隣村有志の情けにて　妻なき人の妻となり
主なき人の主となり　細き煙を営《(ママ)》なみて

生き残った九十三人の中で、夫、妻を亡くした男女が夫婦となり、村の再建に立ち上がったというのです。俄かに信じがたいようではあるが、これはフィクションではなかったのです。大噴火の被害を受けて幕府は勘定吟味役の根岸九郎左衛門鎮衛《やすもり》を、復興の陣頭指揮に当てるために現地に遣わします。その根岸が、後年その時のことを『耳袋』という随筆に記しています。前述の内容にかかわる部分について引用します。

斯る大変に逢ては生残りし九十三人は誠に骨肉の一族と思ふべしとて、右小屋に親族の納諾をなさしめける。追々御普請出来上りて尚又三人の者より酒肴など送り、九十三人の内夫を失ひし女へは女房を流されし男を取合わせ子を失ひし老人へは親のなきものを養はせ、残らず一類を取合せける。

大和讃はこの記事を受けて作られたものでしょう。村の復興に向け、幕府と隣村の村役とが相談して、人工的（?）に夫婦、親子を構成したというのです。現在の人権意識からすると信じがたいことになるが、後に勘定奉行まで勤めた根岸鎮衛が虚偽を書くとは考えられないので、信用すべきであろう。といってもなお疑問は残るが、親の決めた結婚に従順に従っていた時代が近年まで常識であったということを考えれば、まして非常時にどのように生きるかを考えた時の苦衷の策として実施したのでありましょう。事実、黒岩長左衛門の『浅間山焼荒一件』（浅間山天明噴火史料集成Ⅱ）によると、天明三年十月二十四日に七組、十二月二十三日に三組が結婚を行い、祝儀が贈られたという記録もあります。当人同士というより周りの力が強く働いて成立した結婚と見るのが自然でしょう。

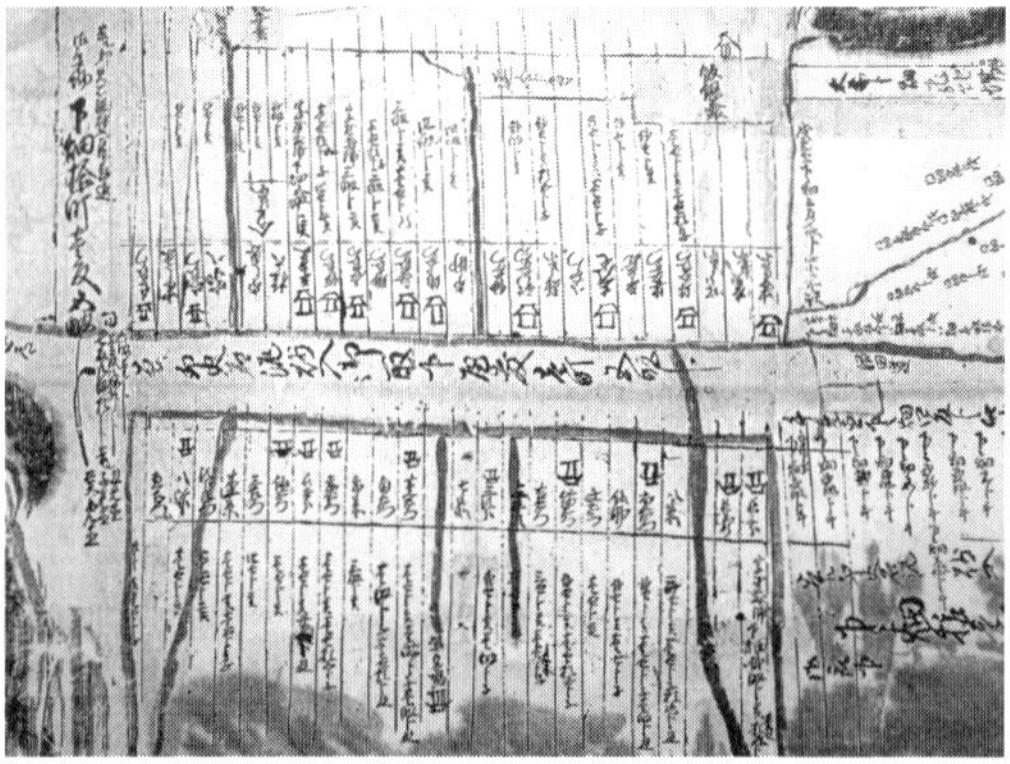

文化十年鎌原村復興絵図

ところで、嬬恋郷土資料館に「鎌原村復興絵図」という一枚の絵図が保管されています。被災後三十年経った文化十年（一八一三）に代官所に提出されたものとされるが、それを見ると当時の住宅の再建状況がわかります。中央の道の両脇に屋敷の所有者の名前が書かれ、その名前の前に新築を表わす符号が描かれています。その時点で構造され住んでいることを示すものでしょうが、四十六屋敷中二十軒に符号があります。符号のない所の多くは、縁故者がいないことを意味するのでありましょうか。

この絵図に現在の住宅地図を重ね合わせれば、天明三年時点の先祖が現在の何家に相当するのか、ある程度の予測がつきそうであるが、家の伝承ではそうしたことを伝えている様子がないようです。そのような事情は積極的に伝える意味がないからでしょうか。

以上のことを踏まえ翻って考えるに、被災後に誰と誰が結婚し、その結果今の自分の家があると、次世代に軽々しく伝えられるものであるだろうか。家は存続のために不可欠なことは伝えるとして、一般に恥部や不都合な事情まで後世に顕在させる働きをするとは、常識的には考えられません。被害記憶以外にも家や家族の否定的な事実まで次の世代へとすべて伝えると考えるほうに無理があります。隠したい事実は胸に秘めたまま生涯を閉じるのが人情というものでありましょう。悲惨な被害記憶を子孫に残す方が尋常とはいえません。

天明三年の碑銘のある墓石

こうした一般論に立つなら、伝えてこなかったとする方が蓋然性が高いといえるのではないでしょうか。それでは家や家族は、被害者を忘れるだけで供養しないのだと言い切ってしまってよいものなのかという疑問が残ります。村や行政、あるいは地域住民の供養活動に関わり、それに埋没するだけで家は被害の記憶を伝えないのかという問題でもあります。一家族を親子、孫を含めた単位と考えれば、家の継続において家族は一過性のものなので、次々と代替わりして行く家は何も供養しないものなのだろうかという問題について、次に考えてみます。

実はAさんの家で、先祖の位牌を見せてもらったら、被害者の位牌がありました。七枚ある位牌のうち、明治十二年に遡るのが六枚で、そこから飛んで天明三年の位牌になります。その位牌札は新しく、明治十二年以後に書かれたものだろうとAさんも話していました。つまり、被災後、百年ごろ経ってから作られたものであり、A家は亡くなった先祖の供養の意思を明確に表わしていたのです。

こうした先祖供養と関係すると思われるのに墓石があります。集落の共同墓地を見ると、墓石に天明三年七月八日の日付のあるものが数基ありました。その中には他の年号も刻まれた墓石があり、文化二年、文化四年の年号のあるものと、安政と思われる年号のものが二基ありました。おそらく墓石を建てた年を刻んだものと思われます。これらは末裔が災害で亡くなった先祖の供養のために建てたもので、戒名が一名あるもの二名あるものもあり、それぞれの家族事情が推察されます。これらはAさんの家の位牌同様、被害者の遺族の家が供養のために造ったと察せられます。つまり、家という血統の中で子孫が供養の意志を示したものといえます。

六　おわりに

自然災害で大きな被害をこうむった先祖の記憶を、現在にどのように伝えているのかという関心から、天明三年の浅間山噴火における鎌原地区の事例を見てきました。実は以前に、同じような問題意識で別の地域を調べたことがあります。宝暦元年（一七五一）に高田大地震が発生した時、新潟県西頸城郡名立町小泊の裏山が大崩落し、土石が集落を襲いかかり一瞬にして人や家屋を呑み込み、死者四百二十八人を出すという大惨事を起こした「名立崩れ」です。それから二百五十年後の現在、被害の跡地に暮らす家々を訪ねて、被害のことを家庭で伝えているのかどうか聞いて歩いたが、崩落による被害は知っているが、親やあるいは祖父母等から、この家の話として聞いたことはないといいます。被害の事実は町史等の書物や寺で五十年周期に行われる慰霊祭、また供養碑などによって知ってはいるが、家庭で話題になったものではないようです。

災害後、この地に最初に家を構えた人から現在まで血筋が続いているであろうことを前提に、教訓を込めて親から子へ悲惨な災害を伝えているのではないかという想定のもとに行った聞き取りであったが、そうではなかったのです。想定そのものに無理があったのかもしれません。現在、被害地に住んでいる人にとっては、被害者と何らかの関係があることは観念的に理解できても具体的なことは何も知りません。居住者の多くが亡くなった後、どのように集落が形成されてきたのかの知識もないから、いわば他人事のような印象でしかないのだろうと思います。悲惨な被害の記憶は親から子へ伝える内容のものではないのだろうと思いました。

しかし、「被害記憶」は家族における日常性の中では伝えられないものではあるが、それを先祖供養という特別の儀礼の時や場において見られることを鎌原の事例で確認できました。ただそれは、少例の特定の家の場合であるかもしれません。多くは地域の活動や民俗的行事に溶け込ませて、被害記憶を忘却しないように務めています。また行政は施設や公的行事など、地域を越えた記念的な施策事業として行っていることを確認してきました。

ところで、わたしの関心は「伝承とは何か」という問題から発しています。伝承の核となる個人レベルの伝承の問題として、災害記憶を取り上げることを意図してきたが、その問題意識からすると、被害記憶は個人としては耐えられない忘却するものとしてしか存在しないという結論になります。前に向って生きていく人間にとって否定的記憶は拒否されるべきもので、それを代替するために地域社会の習俗的な制度や行事などの儀礼化システムに転換するのが賢明な方法といえるかもしれません。伝承を過信することなくその確かな役割を追究することが肝要であると思われます。

〔参考文献〕

『萱江真澄全集』第一巻（未来社、一九七一年）

萩原進『浅間山天明噴火史料集成Ⅱ　記録編（一）』（群馬県文化事業振興会、一九八六年）

萩原進『天明三年浅間山噴火史』（鎌原観音堂奉仕会、一九八二年）

根岸鎮衛『耳嚢（上）』（岩波文庫、一九九一年）

井上公夫『噴火の土砂洪水災害　天明の浅間焼けと鎌原土石なだれ』（古今書院、二〇〇九年）

花部英雄「伝説の生成と被害記憶」（『國學院雜誌』一一〇―五、二〇〇九年）

自然災害とフォークロア

齋藤君子

一　はじめに

私は三・一一以来、人類は大きな自然災害をどのように語り継いできたかということに関心を持ち、専門とするロシア語の文献を当たり直してきました。地震のあと大津波が発生し、家や船が押し流される、あの強烈な映像がテレビ画面に繰り返し映し出されるのを見ていて、「もしかして、あの話はこのことだったのか！」と思いました。「あの話」とは、熊とトドが定期的に戦いを繰り返しているという、ニヴフの伝説です。ニヴフというのは北海道の北の島サハリンに住む民族です。

昔、ある人が森で道に迷います。何日もさ迷い歩くうち、山の中にある村に賓客として招かれた夢を見ます。そこは山の人（熊）の住んでいる集落です。熊がこう言います。「われわれ山の人はときがくると、海の悪霊たちと戦う。山の人が勝てば海の人を殺し、海の人が勝てば山の人を殺す掟だが、いつも負けるのはわれわれの方だ」。

戦いの時が訪れると、山の主は熊の毛皮をまとい、この猟師を背に乗せて海岸へ下ります。すると沖から巨大なトドが泳いできて、陸に駆け上がってきます。これを見た猟師は、「これはトドだ。おれたちの獲物だ。怖がることはない」と言って槍でトドを突き殺し、火を焚いてトドの肉を焼き、熊に食べさせようとします。熊は最初は食べることを拒んでいますが、食べてみるとうまいとわかります。山の主は助けてもらったお礼に自分の妹を猟師の妻にやり、猟師が一生獲物に恵まれることを保証します。

ニヴフは熊のことを「山の人」と呼びます。「山の人」が棲んでいるのは山の中、と言っても山中という意味ではなく、山の内側、洞穴のようなところです。そこに集落を作って住んでいるのです。そこでは熊は人間と同じ姿をし、人間と同じ生活を送っています。人間界に出てくるときだけ、熊の皮を羽織って熊の姿になるのです。ニヴフはそんなふうに考えているのです。そして、山と海は定期的に争いを繰り返してきたと言います。ところがどういうわけか、負けるのはいつも熊のほうと聞き、猟師は熊に加勢することにします。熊の背中に乗って海岸へ下り、トドを見て、「これはおれたちの獲物だ。怖がることはない」と言って槍で突き殺し、焼いて食べてしまいます。山の主は猟師に助けてもらったお礼に自分の妹を嫁にやります。その結果、この猟師は一生獲物に恵まれたというわけです。

この話に登場するトドは私たちが北海道の海辺で見かける、ふつうのトドではありません。ニヴフによると、昔はトドは海に一頭だけだったと言います。非常に大きな怪物だったのですが、人間に殺されて切り刻まれ、今のように数多くの小さなトドになったというわけです。ですから、今のトドを想像してはいけません。とてつもなく大きな怪物が定期的に海から陸へ駆け上がってきて山と戦いを繰り広げている光景を想像してみてください。

これに似た伝説は北海道のアイヌにもあります。サハリンの西の間宮海峡を挟んだ大陸側にはナーナイやウリチといったツングース系の民族が住んでいますが、彼らの間でもこれに似た伝説が語られています。陸と海が対立関係にあるのですが、陸の動物はどの民族でも熊で、海の動物は今の話のようにトドのこともあれば、シャチやナマズのこともあります。アムール河の下流域では巨大なナマズです。

こういう伝説があることは以前から知っていたのですが、三・一一の津波の映像を見て、「あれは津波のことだったのだ！」と感じました。そんなこともあって、災害に関する話を調べてみることにしたのです。気付いたことをここで少しお話しさせていただきます。

二　風を殺す語りの機能

チュクチャの語り収め

最初に注意を払っておきたいのは物語そのものではなく、物語をするという行為が担っていた機能についてです。チュクチャという民族には昔話を語り収める様式にたいへん興味深いのがあります。チュクチャという民族はシベリアの北東の先端にアジア・エスキモーと隣り合わせて住んでいます。この民族には海で鯨漁をしているグループと、ツンドラでトナカイ飼育をしているグループがあります。

W・ボゴラスという学者が一九一〇年にChukchee Mythologyという本を刊行しています。この本には二一話の昔話が収められているのですが、その内の四話で語り手は語り終えて「これでおしまい（Finished！）」と言ったあと、「わたしは風を殺した（I have killed the wind！）」、「風が鎮まりますように（Let the wind cease！）」、あるいは「風は殺された

（The wind has been killed.）」などと言っているのです。物語の内容とは直接的な関係はありません。

この四話はどれも魔物退治の昔話です。ある話では、冒頭で風が吹いて困った事態が起き、主人公が旅に出ていきます。道中、さまざまな冒険をしますが、最後に魔物を倒し、「めでたしめでたし」となります。こんな具合に話を要約してしまうと、たいへんわかり易いのですが、シベリアの昔話はいろいろなエピソードが現代の私たちの考える論理とは違った形で結びついていて、まるで夢の中の出来事のように展開していきます。支離滅裂と言うと失礼ですが、奇想天外な展開をしますので、要約するのは簡単ではありません。それをあえて一言で要約するとすれば、この四話は魔物退治の話と言っていいでしょう。語り手は魔物を退治したあと、「私は風を殺した！」と高らかに宣言するのです。

彼らは海のハンターです。海で鯨やアザラシや魚を獲って生きてきました。海が氷に閉ざされる冬は海に出ることはできません。海の開いている季節に猟をするのですが、非常な危険を伴います。氷がまだ完全に融けず動いているような状態の時に氷の上でアザラシを獲ることもあります。そんなとき急に寒気が緩んで乗っていた氷が沖へ流されてしまうこともあります。濃い霧に包まれることも多く、海で事故に遭遇する危険がひじょうに高いのです。彼らは海で波に呑まれた人や海に落ちた人を助けることは絶対にしません。「海の主にさらわれた人を助けようとしても助けられない」「それがその人の運命だったのだ」などと考えたのです。そんなわけですから、猟師たちは悪い風をひじょうに恐れ、魔物を退治する昔話を語って風が鎮まるのを待ちました。そうせざるを得なかったのです。そんな習俗の中からこうした語りが生まれたのでしょう。ここでは昔話を語ることが単なる娯楽ではなかったのです。風待ちをするときの、風を鎮める呪文のような語りだったと思うのです。

一九一〇年に編まれたこの資料集にはこのような語り収めの言葉が見られますが、その後編纂された資料集にはまったく見当たりません。こうした古い語り方がその後途絶えてしまったのか、理由はわかりません。いずれにしても、この資料集の記録はたいへん貴重です。

アルタイの語り収め

しかし、こういう語り収め方はチュクチャ民族だけのものではありません。これに近い語り収めの言葉を持った昔話が他にないわけではありません。南シベリアのチュルク系民族には類似の語り収めがあります。精霊を鎮める機能を持った語り収めです。

例えばアルタイ民族です。これはモンゴルの北西に位置するアルタイ山脈に住む民族ですが、昔話を語り終えると「チョーオク!」、あるいは「チョルチョーオク!」と叫びます。チョーオクは「なだめる」という意味です。「水中に沈める」という意味もあるそうです。チョルは「精霊」です。昔話を語ったあとにこの文句を口にするのは、語りの中で大活躍した物語の主人公や精霊を鎮めようとするものだと理解されています。そういう機能を持った語り収めです。

やはり中央アジアの民族ですが、夏に叙事詩を語ってはいけないというタブーがあります。このタブーはシベリアでは珍しくないのですが、中央アジアではその理由がおもしろいのです。このタブーを破った結果、どうなったかを語る物語があります。

夏はドラゴンが目覚める季節です。冬は冬眠しているわけですね。このドラゴンが目覚めているときに叙事詩を語ると大気が乱れ、暴風や落雷が発生すると言われています。だから叙事詩を語っていいのはドラゴンが冬眠している冬の間だけです。

あるときのこと、ひとりの語り手がラマ教の高僧に叙事詩の語りを強要されます。夏だったにもかかわらず、ラマ教の高僧が叙事詩を語れと要求したのです。やむなく語りはじめるとたちまち黒雲が発生し、雷鳴がとどろき、高僧の立派な雄馬が雷に打たれて死んだそうです。語り手自身が自分の実体験として、そう証言しているのです。

モンゴル系のカルムィク民族の叙事詩には、荒ぶる自然を鎮める主人公が登場します。年老いた漁師が海で災難に遭遇し死の淵にあったとき、英雄叙事詩、ジャンガルといいますが、その中のいくつかの節を思い出して語りました。すると、この叙事詩に登場する主人公たちが助けにやって来たというのです。おもしろい話ですね。

彼らの考えでは、物語の主人公たちは人間の目には見えなくても生きていて、語りの場にいるのです。いろいろな民族の語り手たちがそう言っています。物語の主人公たちは実際に語りの場にいるのだというのです。目には見えなくても語りの場にいて、敵と戦いを繰り広げるのです。語り手というのはその様子を実況中継しているようなものなのです。だから、あんなに長い物語でもすらすらと語れるのです。物語をすべて暗記して語っているのではなく、語り手の目の前で今まさに展開されている出来事を実況中継しているのです。そういう語り手が海で生命の危機に直面し、叙事詩の一節を口にすると、たちまち主人公たちが助けにきてくれたと言うのです。「水の流れを鎮め、地下界の勢力を倒し、家に帰る道を指し示してくれた」のです。カルムィクの語り手は、悪の勢力に対抗できる力を持った勇士たちの働きに期待し、英雄叙事詩を語るのです。

三　自然災害と関係する叙事詩

次に、物語の内容が自然災害と関係する話を取り上げましょう。最初に紹介するのはナーナイの「北風の主」というニングマンです。ニングマンというのは民衆の用語です。ナーナイの人たちは英雄叙事詩と昔話を区別せず、両者ともにニングマンと呼び習わしてきました。ですから、ニングマンというだけではそれが昔話なのか英雄叙事詩なのか、わかりません。両者を区別するには、どのような語り方をしているのか、知る必要があります。ところが資料集には話の筋は書かれていても、語りのスタイル、文体にはほとんど言及されていないのがふつうです。

ここで取り上げる「北風の主」という話は、語り手が冒頭で次のような前置きをしたあと、語りはじめています。

地上界、天界、水界のすべてに主がいる。丘、断崖、川、湖、海のすべてに主がいると伝説は言う。だから昔はたくさんのタブーがあった。昔は北風が吹き荒れると、ニングマンを語ったものだ。今でもたまには語る。ニングマンを語るのは風を鎮め、風の主を殺すためだ。かつてはシャマンが語ったが、今では覚えている人はだれでも語るようになった。このニングマンを語るのは夜だけだ。そんなニングマンがいくつかある。わたしが覚えているのはその中のひとつだけだ。覚えてはいても、以前語られていたようには語れない。あのころは語りながらうたったものさ。

この語り手がニングマンと言っているのは英雄叙事詩だとわかります。英雄叙事詩というのは地の部分は散文ですが、台詞の部分は歌います。ですから、「語りながら歌った」のは英雄叙事詩です。ところがこの語り手は、「覚えてはいても、以前語られていたようには語れない」と断ったうえで、全文を昔話のように散文体で語っています。

北風の主（ナーナイ民族）

北から強い風が吹いてきた。この風のせいで人々は難儀した。風が吹き、雨が降り、網を仕掛けることもできなかった。そこで、ひとりの婆さんがみんなを助けようと思いたち、両の手に箒を一本ずつ持って、それをまるで翼のように振り回し、天に上がった。箒を振り回して黒雲を追い払いはじめた。婆さんが箒を振り回すと、空が少し明るくなった。婆さんが下りると風が少し止み、空がわずかに明るくなった。婆さんはもう一度上昇して箒で黒雲を払うと、くたびれて地上に下りた。空はさらに明るくなり、風もずいぶん弱まった。婆さんは一休みすると、また天に上って黒雲を掃き清めた。それから北風の主がいる断崖に降り立ち、北風が吹き出す穴を石で塞いだ。すると風が止んだ。

わたしたちのところでは北風の主は断崖に住んでいる。アムール河下流には高い断崖があって、北風の主はそこに住んでいるのさ。

この場合、「すると風が止んだ」までが物語で、「わたしたちのところでは北風の主は断崖に住んでいる。アムール河下流には高い断崖があって、北風の主はそこに住んでいるのさ」は語り手による解説です。この語り手は、ニングマンを語るのは風を鎮めるためだと言っています。物語の内容はというと、お婆さんが強風のときに箒を持って天に舞い上がり、黒雲を追い払ったというものです。私はこの話の類話を他に知りませんが、おもしろい話です。

この話が記録されたのは一九七四年です。アムール河下流域ではアムール河の流れに逆らって北風が吹きます。アムール河というのはモンゴル高原から流れだし、ロシアと中国の境界に沿って東へ流れ、ハバーロフスクで北に向きを変え、サハリンとの境にある間宮海峡へ流れ込む大河です。ナーナイの住む地域では北へ向かって流れていますので、北風はアムールの流れに逆らって吹きます。ですから、北風は漁師たちにとってやっかいな風です。彼らはアムール河で魚を獲って暮らしてきた人たちですから。

雄犬のメルゲン（ナーナイ民族）

もう一つ、ナーナイの話をします。「雄犬のメルゲン」という題名の、風を退治する話です。メルゲンというのはニングマンに登場する男性の主人公のことです。若くて凛々しく、勇ましい若者です。多くの場合、メルゲンが旅に出て魔物と戦って退治し、その国に囚われていた美しい娘さんを助け出し、故郷に連れ帰るという話です。そのメルゲンがこの話では雄犬なのです。

これは余談ですが、ナーナイの昔話にきれいな娘さんと醜い蛙女の話があります。この二人の女性が二人兄弟の若者と結婚する話なのですが、絵本を見るとそこに描かれているのは二人の娘と二人の若者です。蛙はどこにも描かれていません。蛙女とは言っても人間の娘とまったく変わりません。ヨーロッパの蛙の女房の場合は、最初は蛙の姿で登場し、夜になると美しい王女に変身します。蛙は王女の仮の姿にすぎず、最後には本来の姿に戻ります。ところが、このナーナイの話では、蛙と呼ばれていながら人間の姿をしています。絵本を見ると、蛙女はふつうの娘なのです。

話は逸れましたが、この雄犬の場合も最初から人間のようですが、結末に妻になった女性が犬の毛皮をねずみの穴に突っ込む場面があります。ところどころに犬を思わせるような動作も見られます。あるナーナイの語り手は、「主人公が動物の名前で呼ばれているのは渾名のようなもの」だと言っています。ですから、この雄犬も「犬っぽい人間」といったところでしょう。粗筋を紹介しましょう。

雄犬が皮袋を作り、それを引きずりながら川岸を歩き、一軒の家にやってくる。そこには爺婆と娘（プジン）が住んでいる。雄犬が求婚するが、爺に断られる。犬が皮袋に水を汲んで爺に浴びせると、爺は水浸しになるが、婆と娘がいるところは乾いている。犬が再び水を汲んできて爺に掛けると、爺は腰まで水に浸かる。三度め爺に水を掛けると、爺の首まで水がくるので、やむなく「娘をやる」と叫ぶ。するとたちまち水が引く。

朝、雄犬が皮袋を引っぱって別の川へ行くと、風が吹き荒れている。川を渡ると急な崖がそびえていて、崖の麓は風が吹いていない。大きな洞穴の中に入ると、爺と婆が鍛冶のふいごを漕いで炉に風を送っている。犬は皮袋に水を汲んで爺と婆に掛け、石を投げて殺す。ふいごを破ってその中に石を入れ、上に重石をのせる。川岸へ行くと、川面は穏やかになっている。雄犬は舟に乗り、花嫁のところへ行く。

川上へ行くと、爺と婆が水浴びをしている。銛を投げると、爺と婆の姿が消える。彼等は大きなハクレンと鯉になっている。犬はその魚を捕って先へ進み、水浴びをしている子どもたちを銛で突いて舟に引き上げると、それは小魚だ。舟を岸に引き上げて魚を料理する。雄犬は魚料理をたいらげ、娘の場所に丸まって寝る。

犬が娘を連れて家に帰ると、必要なものは何でもある。

あるとき娘が、「わたしはだれと暮らしているのかわからない」と言って自分の運命を嘆く。その晩、娘が目を覚ますと家の中が明るく、犬がメルゲンになっている。娘は犬の毛皮を家の隅のクマネズミの穴に突っ込む。

こうして娘とメルゲンは仲睦まじく暮らす。ふたりがごちそうをたくさん作って両親のところへ行くと、爺も婆も喜ぶ。おしまい。

鍛冶のふいごを漕いで炉に風を送っている爺と婆は風の神のようです。主人公が風の神を退治し、遠い国から花嫁を連れ帰り、幸せに暮らしたという話です。話の筋だけを見るとなんだかわけのわからない話で、どうしてこんな話が伝承されてきたのか不思議ですが、この話には風を鎮める力があると考えられてきたのでしょう。だから今日まで生き残ってきたのではないでしょうか。

動物が皮を捨てて立派な若者に変身し、めでたしめでたしとなる話は世界中にあります。日本の「田螺息子」もそうですし、ヨーロッパの「蛙の王子」もそうです。日本の「田螺息子」が風を退治する話だという証拠はありませんが、その可能性がまったくないとは言えません。シベリアの伝承は古い時代に口承文芸が社会の中で果たしていた役割をわたしたちに教えてくれる、貴重な資料です。

四　自然災害と関連する昔話

主人公が北風を退治する英雄叙事詩を紹介してきましたが、今度は昔話に移りましょう。ハンテという民族に伝わる昔話に、北風のところへ娘を嫁にやって穏やかな天候をもたらしたという話があります。ハンテはヨーロッパ・ロシアとシベリアを隔てるウラル山脈の東側に住んでいる民族です。

北風に嫁いだ娘（ハンテ民族）

美しい森の中に娘を三人持つ男が住んでいる。この男はいつも扉を閉ざした家の中にいる。男はあまりに寒いので、上の娘を北風のところへ行かせる。上の娘は父親のいいつけを守らず、北風の命じた仕事もしないので、北風が怒って首をはねてしまう。家で待っていた父親はますます凍える。そこで今度は中の娘を行かせるが、同じ結果になる。次に下の娘を行かせると、この娘は父親のいいつけをしっかり守り、北風が課した仕事もきちんとやりとげる。こうして下の娘は北風に認められ、北風の妻になる。すると父親のいるところが暖かくなる。

「いつも扉を閉ざした家の中にいる」という冒頭の表現は天神トルムの不動性を示唆するものです。それと同時に、世界秩序のゆるぎなさを象徴する表現でもあります。天神は閉ざされた家の中にじっとしていて、あまり動かないものらしいです。三人の娘を次々に風の神のところへ送る、この父親は天に鎮座する神さまだったのです。

父親は娘を送り出すとき、娘にいくつかタブーを課します。「凍った湖があるから、その湖を渡るまではコートの紐を結ぶな」、「靴紐を結ぶな」といったタブーです。ところが外に一歩出るやいなや、とてつもなく寒いので上の二人は「冗談じゃないわ」とばかり、コートの紐も靴紐もしっかり結んでしまいます。北風のところに来ると、北風が隣の爺婆のところへ料理を届けるよう命じますが、娘が料理を持って表に出ると、隣の家などどこにも見えません。遥かに遠いようです。今度もまた、「冗談じゃないわ」とばかり料理を投げ捨てて戻り、「届けた」と嘘をつきます。だめな娘ですね。それで北風が怒って娘の首をはねてしまいます。家で待っていた父親は暖かくなるどころか、ますます寒くなるので、「ああ、これは失敗したな」と思うわけです。そこで一番下の娘を送り出します。下の娘は寒風の吹きすさぶなか、父親の言うことを守って紐を結ばずに行きます。北風に命じられた仕事もきちんとやり遂げます。すると北風が喜んで娘を嫁にします。すると、父親の家の中はひじょうに暖かくなったというわけです。

シベリアの話を見ていると、猛威をふるう自然現象を鎮めるには、荒ぶる神を退治するか、あるいはこの話のように、娘を嫁にやって懐柔するのがいいようです。そう考えると、日本の「蛇聟」や「猿聟」にも通ずるように思えます。娘が三人いて、上の二人は親の言うことを聞きません。一番下の娘が親の言うことを聞き、猿や蛇のところへ嫁いで行きます。そこまでは同じです。ところが日本のヒロインは親の言いつけ通りにするのではなく、自分の智恵で蛇や猿を退治してしまいます。しかし、日本の「蛇聟」も「猿聟」も、蛇や猿に山の神的な性質、あるいは水の神的な性質が認められることはよく知られています。ですから、これらの昔話もかつては荒ぶる神を鎮める機能を持っていたのかもしれません。

北風に娘を嫁がせる昔話は他の民族にもあります。ケトという民族には「暖かい話」と呼ばれる昔話があります。奇妙な名前の昔話ですが、私はこれを「暖かい陽気にしてくれる昔話」と理解しています。こんな話です。

「暖かい話」（ケト民族）

寒さが厳しいので漁に出られず、人びとが飢えに苦しんでいるので、ひとりのお爺さんが女シャマンのところに使いを送って占ってもらい、暖気の神ウーセシが老人の娘と結婚したがっていることを知る。ところが、この老人の隣にケルベサムという邪悪な女が住んでいて、自分の娘を暖気の神ウーセシのところへ送り込む。ところがこの娘はウーセシの言いつけを守らず、死んでしまう。それが偽の花嫁だと知ったウーセシはひどく腹を立て、すさまじい寒気を送って人間たちをますます凍えさせる。老人が自分の娘、つまり本当の花嫁を送るとウーセシが喜び、地上は暖かくなる。

「この話は寒さが厳しい時に語られた」と語り手自身が証言しています。この昔話を語っていいのは夏に生まれた人だけで、寒い時に生まれた人は語ってはいけないと言われているのですが、この語り手は夏生まれでした。ですから、語り終えたあと、「神様、どうか私がこの昔話を語ったことで、私を罰しないでください」と言って許しを求めています。この語り手はタブーを破ってしまったのですが、神の許しを求めているということは半分はタブーを信じていたのかもしれません。語ってしまってから怖くなったのかもしれませんね。昔話に対する信仰の火が消えかかっていたときの語り手だったのでしょう。

ヨーロッパの「大蛇退治」

魔物退治の話と、娘を嫁にやる話をしましたが、ここで少しシベリアを離れてヨーロッパの昔話を見ることにしましょう。ヨーロッパの昔話の中でこれに相当する話がないか、東スラヴの昔話インデックスで探してみました。すると、こんな話がありました。「大蛇退治」の昔話です。「大蛇退治」はヨーロッパの代表的な魔法昔話ですが、東スラヴでは大蛇に奪われた天体を取り返す話として語られているものがあります。「イワン・ポピャロフ」、すなわち「灰まみれのイワン」という話です。

「灰まみれのイワン」（ロシア民族）

三人兄弟の末っ子のイワンはいつも灰にまみれている。イワンが住んでいる国は大蛇が昼を盗んでいってしまい、夜ばかりの国だった。イワンは一五プードの樫の棍棒を親からもらい、二人の兄と共に大蛇退治の旅に出る。ずんずん行くと、森の中にヤガー婆さんの小屋がある。イワンは自分の袖を掛け、二人の兄弟に「この袖から血が流れたら、助けに来てくれ」と言い残し、橋の下へ行く。すると三頭の大蛇が現れる。イワンが樫の棍棒を振り回して大蛇の頭を三つとも落として退治すると、今度は六頭の大蛇が現れる。これも難なく退治すると、次は一二頭の大蛇が出現する。これと戦って大蛇の頭を九つまで切り落とすが、そこで力尽きてしまう。イワンが頭上を飛ぶワタリガラスに兄たちに伝えてくれるように頼む。兄たちが助けに来て、残った三つの頭を切り落として大蛇を退治すると、国中が明るくなり、昼が戻ってくる。

目的を達成して帰路に就く。途中でイワンは自分が掛けた袖を忘れてきたことに気付いて自分だけ引き返し、橋の下で大蛇の妻と娘たちがイワンたちをやっつける相談をしているのを立ち聞きする。イワンは兄たちのところへ戻って旅を続け、もうすぐ自分たちの国だというところまで来る。そこに枕が並んでいるのを見た兄たちは、「ここで一休みしていこう」と言う。イワンが枕を棍棒で叩くと、血が流れ出る。さらに先へ進むと、今度は黄金のリンゴの木があり、黄金のリンゴの実がなっている。兄たちがその黄金の実を食べようとすると、イワンがリンゴを叩く。するとリンゴから血が流れだす。先に進むと湖がある。兄たちが「水を飲もう」と言うと、イワンが水を叩く。するとまたも血が出てくる。こうしてイワンが大蛇の娘たちを退治すると、大蛇の妻が飛んできてイワンと戦う。クズィマとデミヤンという鍛冶屋が現れてイワンを助ける。こうしてイワンは大蛇の妻も退治する。

ここに出てくるヤガー婆さんの小屋というのは、主人公の住む国と、摩訶不思議な国との境に立っています。大蛇が棲んでいる橋の下もこの世とあの世の境界です。スラヴ人はこの世とあの世は川で隔てられていると考えていたのです。

「大蛇退治」の昔話はヨーロッパ全体に流布しているポピュラーな話ですが、このロシアの話は大蛇が太陽を盗むところからはじまり、大蛇の一族が退治されて「めでたしめでたし」となります。夜ばかりだった国に昼が戻り、人びとはどんなに喜んだことでしょう。

次に取り上げる「夕べ・真夜中・朝焼け」という昔話では、大蛇が竜巻になっています。筋全体は「大蛇退治」と似ていて、これも天体と結び付いていています。〈夕べ〉〈真夜中〉〈朝焼け〉というのは三人兄弟の名前です。三人は同じ日に生まれた三つ子です。長男は夕べ、二男は真夜中、三男は早朝に生まれたので、そう名付けられました。

「夕べ・真夜中・朝焼け」（ロシア民族）

ある王国に三人の王女がいて、王様はこの三人の王女を風にも日光にも当たらないよう、地下に閉じ込めて育てる。王女たちは本を読み、外界にはすばらしい世界があることを知り、父王に頼んで庭園に出してもらう。このとき突然竜巻が吹き、三人の王女をさらっていく。「三人の王女を探し出せ」というおふれが出る。貧しい未亡人の三人の息子、〈夕べ〉と〈真夜中〉と〈朝焼け〉が出発する。森の小屋に着き、下の二人が狩りに出る。小屋に残った長男が料理をしていると、小屋の主である、背丈が指の爪ほどしかなく、顎鬚が肘尺ほどある爺が現れ、長男を半死半生の目にあわせる。次の日は二男が小屋に残るが、長男同様ひどい目に遭う。三日目は三男が残り、爺の長い顎鬚を柱に縛り付ける。爺は逃げるが顎鬚が残り、血痕が点々としたたっている。血痕を辿っていくと、深い穴が口を開けている場所に出る。縄を編んで下ろし、三男が地下に下りる。銅の宮殿があり、末の王女がいる。嵐が吹いて三頭の大蛇が現れるので、三つの頭を切り落として退治する。銀の宮殿に行くと、中の王女がいる。そこに現れる六頭の大蛇を退治する。金の宮殿に行くと、上の王女がいる。今度は九頭の大蛇が現れるので、これも退治する。上の王女は赤い布を振って金の王国を卵の中に収め、その卵を持って妹たちのところへ行く。（三度の繰り返し―省略）みんなで国に帰り、三人の王女がそれぞれ野原に卵をころがすと、三つの王国が出現する。父王は喜び、三人兄弟を三人の王女と結婚させ、三男の〈朝焼け〉を自分の後継ぎにする。

ロシアのこの王様は自分の娘たちを風にも日光にも当てず、たいせつにたいせつに守り育ててきたにもかかわらず、突然襲いかかった竜巻に娘たちを奪われてしまいます。大蛇と戦って王女たちを救出したのは、〈夕べ〉〈真夜中〉〈朝焼け〉の三人兄弟です。荒ぶる自然を天体と結びつきのある若者たちが鎮めたという、たいへん象徴的な物語です。ヨーロッパの「大蛇退治」とシベリア先住民族の「魔物退治」は根っこでつながっていたのです。

五　まとめ

猛威をふるう自然現象を鎮める機能を持った説話の主要なテーマとしては、勇敢な若者による「魔物退治」と、自然現象を司る精霊に娘を嫁がせる「異類婚姻譚」があります。それ以外に、精霊の好物をプレゼントすることによって、さらわれた親族を取り戻す話や、人間が自然界の掟を破ったために自然災害が起きたと説明する話もあります。厳しい自然環境の中で生きてきたシベリアの民族にとって強風や津波を鎮め、天候を回復させることが語りの重要な使命であったことは確かな事実です。このことは現在の口承文芸にも明確な名残をとどめています。一方、ヨーロッパや日本の昔話の場合、それほど明確ではありませんが、たとえわずかな痕跡でも探ってみる必要があるのではないでしょうか。

〔参考文献〕

齋藤君子『シベリア　神話の旅』三弥井書店、二〇一一年

齋藤君子「自然災害とフォークロア」『なろうど』六五号、ロシア・フォークロア談話会、二〇一二年

説話・伝説から学ぶ

災害を語る民間説話の世界

松本孝三

一　はじめに

今年の講座のテーマは「災害、事故に学ぶ」ということで、これまで比較的リアルな災害の実態が語られて来たのではないかと推察いたします。私自身十八年前に大阪で阪神淡路大震災を体験しており、今また、二年八ヶ月前には日本中を震撼させた東日本大震災が起こって、人生観が変わってしまう程の大きな衝撃を受けました。それについて思うことは多々あるのですが、教訓としては、自らの生き方として震災をきちんと記憶することと、災害に対する準備・心構えを一時も疎かにはできないということです。その意味で、最近のメディアの報道姿勢や各種の出版物は、震災から何を学ぶべきかという意味で、ようやくその方向性を示すようになって来たのではないかと思っています。

災害には地震、津波、河川の氾濫、山崩れなどが考えられます。東日本大震災と巨大津波はもちろんですが、同年（平成二十三年）の秋に起こった紀伊半島南部の土砂災害や、先月（平成二十五年十月）の伊豆大島での土石流などは、いずれも台風による豪雨のために甚大な被害と犠牲者をもたらしました。日本列島は文字通り災害列島でもあるのです。

ところで、本日のテーマはこれまでと少し異なり、「説話、伝説に表れた災害」ということで、それらが伝承の世界でどのように語られ、そして語り継がれて来たのかといったことを主眼に考えてみたいと思います。

二　災害伝承研究の視点—災害をどう捉えるか—

記録とモノガタリ

私たちが災害を伝えて行く意識には大きく二つの方向性があると思います。一つは、起こった出来事を克明に記録して具体的にその事実を受け止め、教訓として生かしていくという姿勢です。海沿いの地域を歩くと、かつての災害を後世に伝えるための碑文などを見ることができます。しかしながら、長い年月の間に忘れ去られてしまったものもあるかも知れません。今一つは、その出来事を民間説話（伝説）として語り継いでいくという方向です。その根底には、自然災害というものが人間社会の営みと不可分に深く関わっていると認識する思想があると思います。そして、そこから「モノガタリ」が生まれ、説話として語り継がれてくるというわけです。私たち人間の営みのことごとくが実は大自然を相手にしたものでありました。そして、その大半がいわゆる経済活動としての「開発」であるといえ、これはいわば、大自然と真っ向から対立する人間存在の宿命とも言えるものなのです。

災害伝承研究の視点

それでは、私たちは災害伝承というものをどのような視点から捉えようとして来たのでしょうか。従来の研究の中からいくつか代表的なものを紹介してみましょう。なお、傍線はすべて引用者によります。

福田晃氏は「民話とは何か」（『日本の民話を学ぶ人のために』）の中で、伝説を聖者・英雄の行為にもとづくものと定義し、その伝承を支えるものは「生活共同体を包む小自然の起源・崩壊を恐れる思想であり、その根底には身近な小自然の変異を畏怖する心がある」と述べています。つまり、伝説を伝承するということは、その根本思想として、自分たちの共同体の聖なる起源を語り、それを取り巻く自然の崩壊を恐れ、変異を畏怖する心があるというのです。そこには、共同体というものの存立の背後に、その存亡を語る壮大な文化叙事伝承が想定されているように思います。

次に大村和男氏は「開発と災害の民俗」（『講座日本の民俗学』4、環境の民俗）の中で、「開発と災害の民俗は、伝説というものを史層を掘るとっかかりとして、地域の「民俗的歴史」を構築していく、中心に位置するテーマなのである」とし、「地域には、過酷な自然と対峙した、生々しいせめぎあいの労苦が沈殿しているのである」と述べています。これはいわば、開発と災害の民俗的歴史を辿る方法として、過酷な自然と向き合い、営々と自らの生活の場を形作ってきた人間の営みを、伝説の中から捉えようとする姿勢だと言えるでしょう。笹本正治氏はそのことを別の角度から、「歴史の中の日本人にとって自然開発は、単純に経済効率などによってだけ追い求められるべきものではなく、特別なルールがあり、神との協調の上になされるべきであるという思想が根強くあったのではないだろうか。特にそうした意識は、中世の人々に強かったようである」（『蛇抜《じゃぬけ》・異人《いじん》・木霊《こだま》―歴史災害と伝承―』）と捉えています。それは、自然開発というものが人間の一方的な営為としてではなく、大自然の神との協調の上に、いかにそれと折り合いをつける努力を積み重ねて来たかということでもあります。

さて、花部英雄氏は災害伝承を伝える意識としてより強く「物語化」ということを考えているようです。「伝説の生成と被害記憶」（『國學院雑誌』第一一〇巻第五号）に次のような指摘がありますので少し引用してみましょう。

信じられない山の崩落という大惨事に対して、地震が原因であることは理解できても、なぜにこの地に起こる必然があったのか。現象の向こう側にある理由、すなわちそれに答えるべき「物語」の説明が必要とされているのである。（中略）現象を情報として一義的に説明するのは世間話であるが、伝説は情報の裏側に踏み込んで、物語的メッセージを含めて説明するものといえる。

これは一言で言えば、突如起こった大惨事に対して、それが一体、なぜ今ここで起きる必然性があったのかその理由が分からない。そんな時、そのことを説明すべき「答え」としての物語的メッセージ（伝説）が要求されて来るというのです。これは重要な指摘であろうと思われます。このように、私たちはとんでもない困難な事象に直面した時、情報や記憶のための記録を残そうとする一方で、そこに、「なぜ」に対する本質的な答えを求めるための伝承を作り出してきたというわけです。

三　四国〈高知県〉で聞いた災害伝承

四国の高知県は昔から災害の多い土地柄です。四、五十年ほど前までは毎年のように台風が襲来していました。また、河川の氾濫がありました。雨量が多く山間での洪水や山崩れもよくあったとのこと。これは四国山地の地形や気候、太平洋の潮位の差の大きいことにもその原因であるでしょう。それから、喫緊の問題として南海トラフの動きが指摘されるように、これまでにも大きな地震が頻繁に発生しているのです。

港柱様《みなとはしらさま》の伝説―親子の恨みを語る―

私は今年（平成二十五年）の九月、久しぶりに四万十川流域を歩いてみました。その河口から流域に沿って四万十市があります。以前は河口に近い方が中村市、山間部は幡多郡西土佐村でしたが、平成十七年の合併により四万十市が誕生しました。その旧中村市の四万十川河口左岸に下田《しもだ》という、昔から船運で栄えた大きな町があります。そこに「港柱様《みなとはしらさま》の伝説」という災害伝承が伝えられていました。まず、『中村市史』の民俗編（中村市史編纂委員会、昭和五十九年）からその概要を紹介しましょう。

港柱《みなとはしら》さんは娘を連れて下田へ魚の行商に行って暮しを立てていた。ある日のこと、下田で小豆がなくなり、港柱さんに疑いがかけられた。村人は娘に「お前の家ではどんな御飯をくいよりゃあ」と聞くと、「赤い御飯を食べよる」と答えたので、とうとう盗人にされてしまった。しかし、それはタイ米のことであった。港柱さんは悔しくてたまらず、娘に奇麗な着物を着せて浜へ出掛け、二人で御馳走を食べた後、海へ飛び込んで死のうとする。母は「お前に恨みがあればお母さんの仇を取ってくれ」と言ってまず娘を海へ突き落とす。すると鮫が現われ、大きな口で娘を食べてしまった。港柱さんが「もう一度顔を見せてくれ」と泣き叫ぶと、鮫が娘を銜《くわ》えて腰から上を波の上に上げた。それに続いて港柱さんも海に飛び込み、二人の姿は見えなくなった。その後、下田は大津波にさらわれ、現在の下田は二度目にできた町だという。

これは、小豆盗みの疑いを掛けられた行商の親子が、悔しさのあまり海へ飛び込んで死に、その恨みのために大津波が襲って下田の町が全滅したというのです。これはいわゆる共同体の滅亡（終末）伝承といえるもので、今日の町の繁栄は、一旦は滅びた町の再生した姿だと言っているのです。ここではなぜか鮫が伝承に絡んでいます。そして、娘を着飾らせ、浜で御馳走を食べる母子の姿からは、海の神への供犠の様相さえ感じさせます。

同様の話を今回、西南四国歴史文化研究会の岡照美さん（下田在住）からもお聞きしました。こちらは鮫は出てきませんが、やはり魚の行商の母娘が小豆盗みの嫌疑をかけられ、下田の港の口へ身を投げます。すると、その瞬間に大波が来て松林が根こそぎにやられた。そのため下田の人々は、親子の祟りを恐れて「みなとはしらさん」を建てて祀ったというのです。その場所は下田のちょうど対岸にある初崎《はつざき》という所で、親子はそこから行商に来ていたといいます。四万十川が太平洋に流れ出る河口の右岸に当たる地点で、初崎は現在も漁港です。この話は、恨みを含んで死んだ親子の荒ぶる魂が大津波を引き起こし、それを鎮めるべく「みなとはしら」という神社を建立したというふうに伝えているのです。

これにはもう一つ類話がありました。「水戸柱《みなとはしら》にまつわる話」（威能勉。『文芸なかむら』第十一号〈平成十八年〉）です。内容は、今の四万十市間崎《まさき》に貧しい武士の父子がいたが、隣の百姓家の小豆や米が度々盗まれるので疑われる。百姓が子どもに尋ねると赤い飯を食べたと答える。それは炊くと赤く変色する悪い米のことで、武士は怒って海に舟を漕ぎ出し、泣き叫ぶ子を水戸柱《みなとはしら》さんの前にある岩から海中に投げ込む。暫くして子どもは浮かび上がり、これからはお父さんを楽に暮らせるようにしてやると言って再び海中に没した。父親が海を眺めていると、今度は太い鱶の背中に乗って浮かび上がり、その姿には後光が射していたという。この子は後に水戸柱神社に祀られたというものです。

間崎は初崎の近くの集落です。こちらは武士の父子であり、鮫が鱶に変わっていて若干異なるようですが、大筋では同じと言えますし、鮫のことを昔から鱶とも言っているようです。ただし、ここでは親子の恨みによる災害の部分は語られず、むしろ、子どもが死んで水戸柱神社に祀られ、それによってもたらされるであろう豊饒の約束のほうが強調されています。鱶の背に乗った子どもに後光が射していたということからもそれが窺え、ここでもやはり鱶が大きな役割を果たしているのです。そこからは、むごい死を遂げた子どもの霊を祀ることも然ることながら、その子自体が鱶の祭神であるような印象さえ受けます。

水戸柱神《みなとはしらのかみ》の信仰―鱶を祀ること―

そのことを考える上で恰好の記述が高知県の民俗学者である高木啓夫《けいお》氏の『土佐の祭り』(高知市民図書館、昭和五十七年)の中にありました。その部分を引用してみましょう。

四万十川河口の下田地区の対岸に〝水戸柱〟と呼ぶ小社があり、航行安全の守護神として篤いものがある。水門神とも湊柱とも書き記されることがあり、今でも下田浦の機帆船の船主、荷主の祀る神社である。

とあって、まずこの神社が航行安全の守護神として、下田の船主や荷主たちの祀る神社であると言っているのです。河口の神・港の神については、すでに『古事記』上巻に、イザナキ・イザナミから生まれた男女一対の神に速秋津彦《はやあきつひこ》神と速秋津姫《はやあきつひめ》神の二柱の神があり、「水戸神《みなとのかみ》」と呼ばれていたとあるので、古代より港の守り神として知られた存在だったのでしょう。さらに高木氏は、江戸時代の文献である『土佐海続編鈔』からの引用として、その使い神が鱶であり、鱶が港に入って来ても近寄らず威儀を正して敬拝し、また、鱶を湊柱と言って、神体であるから決して食べないと記しています。この地においては長く「水戸《みなと》 柱《はしら》 神《のかみ》」と鱶の信仰伝承が保たれて来たということができます。つまり、大自然たる海を象徴する鱶の大いなる力を御神体として祀ることで、海に生きる人々は航行の安全と港の繁栄、漁の豊かさを願ってきたということなのでしょう。

右の資料には、続けて次のような伝承が示されていました。安永六年（一七七七）のこと、四万十川上流の西土佐村岩間の川舟が下田港に下って来た時、折しも一頭の鱶が港に入り込んだ。何も知らない岩間の者がこれを水棹で叩くと、海中鳴動し、波高く風雨起こり、鱶は川を遡って、逃げ帰る岩間の者たちを襲ったというのです。これは鱶の祟りと四万十川の大洪水を表現したものでしょう。ここにも鱶と災害の密接な関係が示されています。それはいわば、鱶を畏怖し、その偉大なる力を大洪水と結び付けて語ったということであろうと思われます。その意味で先程の「湊柱様の伝説」の場合も、祭神としての鮫（鱶）の大いなる力を、激しい恨みを含んで死んだ人間の怒りとして語り、その祟りの物凄さを災害伝承の物語として象徴的に語っているというふうに考えられます。だからこそ、厳重に祭祀することが要求されているとも言えるわけです。神は本来的に荒ぶる存在なのです。

蛇釜《じゃがま》の伝説―悪徳商人の娘の宿命―

ところで、この港柱様にまつわって、旧幡多郡の山間の地に、実に不思議な伝承がありました。『長見の民俗―島根県浜田市長見地区―、十和《とおわ》の民俗―高知県幡多郡十和村―』（大谷女子大学民俗研究会編、昭和四十五年）の『十和の民俗』のほうに「蛇釜《じゃがま》」と題して報告されているものです。内容を略述しておきます。

高知の計屋《はかりや》は、物を売る時は小さい桝を、買う時は大きい桝を使い分けてあくどい商売をしていたが、その罪でなぜか娘が蛇に変じた。初めは誰にも分からなかったが、娘が友達と宿屋に泊った時、友達が娘の寝ている部屋を覗くと、蛇体になって鼾をかいていた。翌朝は娘に戻っていたが、それから友達と娘は付き合わなくなった。そしてその後、娘は四万十川下流のみなとはしら神社の蛇になったという。その蛇が四万十川を上って、十和村小野にある、蛇釜と呼ばれる岩場の淵に住み着き、始終四万十川を出入りしていた。蛇は蛇釜でも祀られ、雨が降らない時は百姓たちが雨乞いをしたという。

これは、悪徳商人の親のせいで娘が蛇体に変身したという話で、その蛇体が四万十川河口の港《みなと》柱《はしら》神社の神として祀られ、山間の旧幡多郡十和《とおわ》村（現、高岡郡四万十町十和）の蛇釜と呼ばれる淵の間を往き来していたというふうに伝えており、距離にして三十キロメートルを超える壮大な伝説です。そこはまた、往時四万十川の豊かな水量を利用した水運の盛んな地域であり、木材や炭や和紙などが運搬され、人の往来も頻繁であったようです。つまりこの伝説によれば、港柱神社の祭神として、鮫（鱶）のほかに蛇体までが加わったことになるわけです。これは恐らく、幾種類かの伝承が重層して伝わってきた結果であろうと思われます。

さて、右の「蛇釜」の話自体には災害伝承が語られていませんが、実はこのような悪徳商人の娘が蛇体に変身したという話が高知県には数多くあり、それらの多くが災害伝承と結び付けられているのです。その内一例だけ示すことにします。『高知県高岡郡梼原町昔話集』（大谷女子大学説話文学研究会編、昭和五十六年）に「竜神伝説」と題して掲げられているものです。

四万川《しまがわ》の竜王様は高知市の升形の生まれだが、親が二重秤・二重升を使って非道な商売をしていた。その報いか、娘があまりにも水を欲しがるので家を出て、宮野々という所で一泊する。その時娘は、蒸桶《むしこが》を池の中へ入れて泊まらせてくれと言い、「一週間その蓋を開けるなよ」と言う。しかし、宿の者が五日目にこっそり開けて見ると、鱗が小判になりかけており、それを見たためにその家は絶えた。蛇体になった娘は、最初の池が枯れたので、次に中の川にある大きな池に入った。ところがその後、刀鍛冶がその蛇体を退治しようと金肌や槌を池の中へ入れると、水面がゴワンゴワンと沸き、蛇体は「四万川と中の川を野にする」と告げる。ただし、竜王大権現として祀ればしないと言う。この竜王は漁の神・雨の神・福の神ともされ、特に漁師の信仰が篤いということである。

これもやはり、二重升で儲ける悪徳商人の娘が親の罪業の報いで蛇体に変身するというものですが、娘の変身の際の禁忌を破った家がまず没落します。さらに、その蛇体を退治しようと刀鍛冶が金肌と槌を池に入れると池の水が沸き、蛇体は四万川と中の川を野にすると言っているのです。これは明らかに洪水を暗示しており、竜王大権現として祀らなければ恐らく大洪水が引き起こされ、村々を全滅させていたことでしょう。そこには災害の予告と祭祀の要求が語られていると言えます。その中でも特に漁師の信仰が篤いというのは、先程の港柱《みなとはしらのかみ》神の伝承との関連を感じさせますし、ここでもやはり、悪徳商人の親の罪を一身に背負った娘の恨みを、荒ぶる大自然の蛇（竜）の姿として象徴的に描き、その祟りの凄さを大洪水の物語として語ろうとしていたものと考えることができます。

金気流しが引き起こす災害―鍛冶屋と開発伝承―

ところで、山中の池や沼、淵などに棲む主を金気《かなけ》の物を流し込んで殺す、あるいは追い払うといった行為のために引き起こされる災害伝承は四国地方に数多くあります。それらは大洪水、山崩れなどによる共同体の終末や家の滅亡といったかたちで語られる場合が大半です。そこには必然的に鉱山開発といったことが絡んでくると言えるでしょう。宮崎駿監督の「もののけ姫」の世界ですね。これは、いわば大自然の神々と人間との対決です。ですからそこには鉱産物と関わる鍛冶屋が登場しますし、山伏や猟師や杣《そま》師や炭焼きなども出てきます。彼らは開発の先兵として山に入り、大自然と真っ向から向き合った人たちでありま す。いわば自然破壊の担い手でもあり、そのために重大な災害にも直面することになったわけです。

私たちが幡多郡西土佐村で三十数年前に聞いた「鍛治ヶ野」という伝説があります。『高知・西土佐村昔話集』(立命館大学説話文学研究会編、昭和五十八年)に報告したものです。簡単に内容を紹介してみましょう。

ある猟師が何十貫もある大きな猪を取って蛇淵《じゃぶち》の脇に置き、人を呼びに行っている間に淵の大蛇が猪を呑み込んでいる。怒った猟師は鍛冶屋から畚《もっこ》二つ分の鉄屑《かなくず》を貰って来て蛇淵に撒いた。すると淵の水が激しく沸き上がり、雷鳴が轟いて雨も激しく降り出し、山崩れが起こって猟師の村もみな流されて野になってしまった。それで、鍛冶屋が野にしたようなものだというのでそこを鍛冶ヶ野と呼ぶようになったという。

これもやはり、村の滅亡(終末)を語る伝説であり、大蛇と対決するのは猟師と鍛冶屋です。そして、そのことが「鍛冶ヶ野」という地名由来伝承にもなっているのです。池や沼や淵には主《ぬし》がいると信じられ、それは蛇や竜と考えられてきました。蛇や竜は鉄気《かなけ》を大変嫌うといわれます。鉱山開発は、その自然界を象徴する主《ぬし》たる山の神との対立であったと言えるでしょう。人間が、自らの目的のためにひたすら山野を開発することが自然界の神を怒らせることになり、その怒りの表出が山崩れ・洪水・豪雨・地震などの自然災害ということになるわけです。その背景には、人間社会の築き上げてきた鉄(金属)文化と自然との、「開発」という絶間ないせめぎ合いの歴史があったと言えるでしょう。

しかしながら、一方でそのような山間の場所には今日、雨乞い習俗が多く残されています。強《したた》かな人智は、山の神の荒ぶる力を恐れながらも、それらを祭祀することで巧みに人間に利する存在に転化させようと努めて来たのです。

その他にも、例えば魚取りの毒流しによってもたらされる災害伝承なども多く聞かれますが、これは人間の傲慢さのなせるわざと言えます。

白鳳地震の伝承―黒田郷海没の物語―

さて、次に大地震によって陸地が海没したという伝承を紹介しましょう。桂井和雄氏の『土佐の伝説』第二巻（土佐民俗叢書、昭和二十九年）から引用します。これも相当長いので、要約して概略を記すことにします。

天武天皇の十三年（六八五）、白鳳の大地震で陸続きであった黒田郷が海中に没したと伝えられている。その当時、黒田郷の漁師村に美しい娘がいた。村の掟で他村の者との結婚を厳しく禁じられ、親の決めた許婚者がいたが、娘は対岸の志和《しわ》郷の漁師の若者に想いを寄せていた。ある時二人は村から脱け出すことを決意するが、約束をした日の晩は大嵐で、それでも小舟を出そうとする娘を許嫁の男が村へ連れ戻してしまった。志和の海岸で娘を待っていた若者は、いつまでも来ない娘の心を疑い、断崖から身を投げ、そのことを知った娘も海に身を投じた。数日後、二人の死体が志和の海岸に打ち上げられ、浦人の哀れを誘った。それが白鳳十三年の年で、やがて大地震が襲い、黒田郷は瞬時に海底に沈んでしまったという。

白鳳の地震に関してはもう一つ別の言い伝えがある。黒田郷がまだ陸続きだった頃、浦戸の海岸に、乳呑児を抱え妻に先立たれた漁師がいた。ある晩、気品のある婦人が現われ、赤子のために美しい玉を一つくれた。それを口元に当てると赤子は泣きやみ、乳を呑むように吸い付いたので無事育てることが出来た。それを聞いた近所の悪者が玉を奪って逃げる。泣き叫ぶ赤子を抱えて漁師が途方に暮れていると、先の婦人が現われ、自分は黒田郷の沖に棲む竜神で、これから玉を取り戻すので、北の方の浦戸へ逃げるようにと告げて姿を消す。漁師が山を越えて北へと逃げ、今の高知港の入口にある浦戸まで来た時、天地も引っくり返るほどの大地震が起こって黒田郷は一瞬のうちに海底へ沈んでしまった。それが白鳳十三年の地震であるという。

白鳳という年号はなく、天武天皇治世の白鳳時代を指すものと思われます。それは、このたびの東日本大震災でも話題になった貞観《じょうがん》大地震より二百年も前の出来事で、今から千三百年以上昔に実際にあった大地震のようです。『日本書紀』第二十九「天武天皇　下　十三年」の条に次のように記されています。

壬辰《みづのえたつのひ》（注＝十月十四日）に、人定《ゐのとき》に逮《いた》りて、大きに地震《なゐふ》る。国挙《くにこぞ》りて男女《おのこめのこ》叫《さけ》び唱《よば》ひて、不知東西《まど》ひぬ。則《すなはち》ち山崩《やまくづ》れ河涌《かはわ》く。諸国《くにぐに》の郡《こほり》の官舎《つかさやかず》、及《およ》び百姓《おほみたから》の倉屋《くら》、寺塔神社《てらやしろ》、破壊《やぶ》れし類《たぐひ》、勝《あげ》て数《かぞ》ふべからず。是《これ》に由《よ》りて、人民《おほみたから》及び六畜《むくさのけもの》、多《さは》に死傷《そこな》はる。時《とき》に伊予湯泉《いよのゆ》、殁《うも》れて出《い》でず。土左国《とさのくに》の田苑《たはたけ》五十余万頃《いそよろづしろあまり》、殁《うも》れて海《うみ》と為《な》る。古老《おいひと》の曰はく、「是《かく》の如《ごと》く地動《なゐふ》ること、未《いま》だ曽《むかし》より有《あ》らず」といふ。（中略）庚戌《かのえいぬのひ》（注＝十一月三日）に、土左国《とさのくにの》司《みこともち》言《まう》さく、「大潮《おほしほ》高《たか》く騰《あが》りて、海水《うなつみ》飄蕩《ただよ》ふ。是《これ》に由《よ》りて、調《みつき》運《はこ》ぶ船《ふね》、多《さは》に放《はな》れ失《う》せぬ」とまうす。（以下略）

これを見ると、十月十四日の夜に大地震が起こり、山が崩れ、川が氾濫して、土佐国の多くの人々や畜類、それに田畑一千町歩ほどが海に没したと伝えています。土地の古老は、こんな大地震はこれまでに経験がないと言い、後日、土佐国司の報告によると、大潮に襲われ、海水がいつまでも引かなかったとあります。大潮とは津波のことなのでしょう。かつての黒田郷は広く豊かな土地で、穀物などもよく収穫できたと伝えられていました。時代が下って、江戸時代の多くの地誌類にも黒田郷海没のことが記されており、江戸時代末期の土佐藩の地誌『皆山集』（松野尾章行編）の第八章「津波」の項でも『日本書紀』の右の記述を引いており、さらに、幡多郡御坊畑村庄屋の先祖の書き残したという文書を引いて黒田郷海没の状況が簡略に記されています。

さて、『日本書紀』に記されていたということも大変貴重な記録ですが、千数百年前に実際にあったという大地震について、後世の人々がどのように伝えて来たのかということがここでの問題です。右の『土佐の伝説』には前段と後段で異なる二種の伝承が示されていました。前半の伝説は、結婚を許されない若い男女が海に身を投げて死に、その二人の怨念が大地震を引き起こし、娘の住んでいた黒田郷という地域が海没したというふうに伝えています。それに対し、後半のものでは、赤子を育てるための玉を奪われた黒田郷の竜神の怒りを、昔話の「蛇女房」によって伝えていると言えるのです。そこには、水を支配する存在としての竜の姿があります。このように、いつの時代からか、一つは男女の悲恋の物語として、いま一つは親子の恩愛を見守る竜神の物語として、未曾有の大地震の記憶を語り伝えて来たと言えるわけです。

海没の予兆・予告—いたずら者の過ち—

その他にも、大災害が起こることを前もって知らされたり、予兆があるのにそれを無視した結果、島が海中に没したり、山崩れが起きたり、津波が襲って村が全滅したという、いわゆる共同体の終末を語るものがあります。先程の『中村市史』民俗編には「名鹿《なしし》沖の小島」という話が掲載されていました。名鹿とは、初崎漁港から少し東南の方向にある地名で、名鹿の浜で知られています。その沖にあったとされる小島にまつわる話です。

昔、島にお地蔵様が祭られていて、島民はその目が赤くなると恐ろしいことが起こり、島に居られなくなると言い伝えていた。ある日、一人のいたずら者が地蔵様の目を赤く塗ってしまい、それを見た島の人々は皆逃げ出した。いたずら者だけは逃げ出す人々を笑って島に留まったが、その後大地震が起こって島は埋没してしまった。いたずら者は死に、島はそれから暫く浮いたり沈んだりしていたが遂に見えなくなった。

ここでは地蔵の目が赤く変わることが変事の予兆とされているわけです。同様の話としては、豊後水道を挟んだ大分県の別府湾にあったとされる瓜生島《うりゅう》が、慶長元年（一五九六）、島の神像が赤く塗られたため、一夜のうちに津波で海中に没したという伝説が知られています。このような話はわが国の古典である『今昔物語集』（巻十―三六）や『宇治拾遺物語』（巻二―一二）などにもすでに書き留められており、早くから知られていたもののようです。また、金《キム》賛《チャン》會《ホエ》氏の最近の報告から、韓国にはこういった話が多く伝承されていることもわかってきました（「韓国の洪水説話―沈んだ島伝説を中心に―」『昔話―研究と資料―』第四十二号。日本昔話学会編、平成二十六年）。そのほとんどが大洪水によるものだということです。そこには海を介した伝承の広がりが感じられます。

さて、ここまでは高知県の災害伝承を中心に見て来ましたが、やはりその根源には、現実に起こった災害体験の記憶の積み重ねがあるように思います。それが一方では記録として、他方では、例えば恨みを語る物語、あるいは人間の傲慢さを語るもの、あるいは開発の名のもとに自然と対峙する物語、さらには大自然の神の怒りの物語として、いくつかのバリエーションをもって語られて来たということであろうと思われます。

四　北陸地方に伝わる災害伝承

中野の地滑り──盗人の恨み──

私は北陸地方においてもこうした災害伝承について少し調べてみましたが、不思議なことに、ここでも四国の高知県で見て来たものとほぼ同様のタイプの伝承がありました。

その中の一つをまず『山古志村史　民俗編』（昭和五十八年）の中から紹介しましょう。新潟県の古志《こし》郡山古志《やまこし》村（現、長岡市）というと錦鯉と闘牛で有名ですが、平成十六年の新潟県中越大地震はまだ私たちの記憶に新しいところです。そこには昔から「中野の地滑り」という話が知られていました。次に梗概を示します。

昔、蓬端で盗みを働いた男が親と一緒に中野まで逃げて来た。ある家に匿ってもらったが、役人が来ると突き出された。村人は穴を掘り、男の頭に鍋を被せて生き埋めにした。男は「鍋だけは被せないでくれ」と頼んだが村人は聞き入れなかった。鍋を被せると生まれ替わることができないのだという。男は埋められる時、「一生この村を祟ってやる」と言って死んだ。そのため、中野には地震や地滑りが多いのだという。それを昔の人は盗人の恨みだと言って、盗人を匿った家は絶えてしまった。

これは、頼って行った村人に裏切られ、無惨にも穴に生き埋めにされた盗人の激しい恨みが地震を招き、また頻繁に地滑りを起こしたと伝えており、これもやはり、家の滅亡・村の終末を物語る伝説になっています。この場合は、親と一緒に逃げて来たというのですから、生きるためにやむを得ずやった盗みなのでしょう。それなのに惨たらしい殺され方をしたわけです。同じ地域での常光徹氏の報告（『昔話伝説研究』十三号、昭和六十二年）では、妻子をも殺された男は、「この村を呪って泥の海にしてやる」と言い残して死んで行きます。その恨みたるや、私たちの想像を絶するものがあります。

ところで、頭に鍋を被せるというのはちょっと奇異な感じがします。そこには魂の再生を妨げるといった民俗があるのかも知れませんが、私はここにも鉄の文化伝承が潜んでいるのではないかと考えています。つまり、金気《かなけ》の物を竜蛇の棲む池に流し込むのと同様の意味で、そのことによって壮絶な死を遂げた男の激しい怒りを表現し、その呪《のろ》いによって人間社会に大自然の猛威を知らしめる物語だったのではないかと思うのです。

波多野ヨスミ媼の昔話―災害の予告・予兆―

新潟県の例をもう少し示します。昔話の優れた語り手として知られた新発田市の波多野ヨスミ媼が語った膨大な昔話が『波多野ヨスミ女昔話集』（佐久間惇一編、昭和六十三年）にまとめられていますが、その中に「おり峠の大蛇」と「年寄り婆さと津波」という話があります。まず、「おり峠の大蛇」の話の梗概を示します。

若い夫婦がいて、夫の獲ったウワバミを漬物にする。嬶《かか》に、三年漬けるまで待てと言うのを、夫の留守中に食べると美味いのでつい一杯食べてしまう。嬶は激しく喉が渇き、小川の水を飲み乾しても足らず、大川の水を飲むうちに大蛇になったので山の沼に入る。山の中で琵琶を弾いている座頭の語りを聞くと、山で千年海で千年修行を積み、千人の人身御供を取らねば竜の位を貰えないというので、ある娘の家に白羽の矢を立てる。そこの家の旦那は、母親の病気を治すために身売りをした娘を自分の娘の身替りにする。大蛇が身替りの娘の入っている棺の蓋を開けると、娘は大蛇に法華経八巻を読誦し拝ませる。すると大蛇の八本の角がみな落ち、大蛇は神と祀られた。ところがその大蛇が、海と山で千年の修行をするため、座頭に「俺は近いうちに、この関谷八カ村を泥の海にして、そうして、それがら海へ出ようと思うて」と告げ、そのことを人に言わなければ眼が見えるようにしてやると約束する。しかし、座頭は村へ帰り、そのことを村人に知らせると息が絶えた。村人たちが木の杭を山にいっぱい打ち込んでおくと、大蛇は七日七晩唸って死んだ。おかげで災害を防ぐことができ、村人たちは座頭のお蔭だと祠を建てて祀った。その後、村に生まれてくる娘の脇の下には蛇の鱗が二枚ずつ付くようになったという。

この話にはいくつかの種類の伝説の要素や語り物からの影響も感じられ、何百話も語れる語り手の特徴の一端が窺えるようですが、要は禁を犯して蛇の肉を食べた女が大蛇に変身し、その大蛇の執念が関谷八郷を泥の海にするといった内容です。ここでは、それが座頭に予告されたために村人の知るところとなり、村の滅亡を未然に防げたわけで、そこには座頭の持ち歩いた語りの伝承が介在しているようにも思われます。この話は井上鋭夫《としお》氏の『山の民・川の民―日本中世の生活と信仰―』（平凡社、昭和五十六年）にも、「大里峠の伝説」として記載があり、「大蔵神社縁起」からの引用のようですが、それでは蛇喰の忠蔵という木樵の妻お里の話としており、関谷八郷を災害から救ったのは蔵ノ市という琵琶法師だったと伝えています。また、同書巻末の田中圭一氏の「解題　井上鋭夫氏の足跡」によれば、蛇退治のために杭を作ったのが鍛冶屋村で、伝承の背後に金属に関係を持つものがあるらしいとあります。

もう一つの「年寄り婆さと津波」は、先程の高知県の「名鹿沖《なしし》の小島」と同様の話で、山の上に、血が付くと津波が来るという石塔があり、毎日一人の婆さんが無事を確かめにやって来る。その訳を聞いたいたずら者が兎の血を塗ったために、本当に夜中に津波が襲い、村は流されてしまった。婆さの言うことを信じて山に逃げた人々は助かったが、笑っていた者は波にさらわれたという。そこで昔の衆は、「年寄りのようこどど《（言うことと）》、親の意見どナスビの花は、千に一つの無駄もねえ」と言っていたということで、おしまいは昔話らしく教訓で締め括られています。

この話で興味深いのは古典との関わりです。婆さんが毎日石塔を確認に山へ登って来ることや、その理由を村の若者が尋ねること、それを聞いた若者たちがいたずら心で石塔に血を付け、慌てる婆を笑い者にしようと企み、結果として大津波が襲来すること。そして、末尾の教訓までが『今昔物語集』巻十―三十六「嫗日毎に卒塔婆に血の付くを見る語」と非常によく似ているということです。そこには「しかれば、年老いたらむ人のいはむことをば、信ずべきなり」と記されています。同じ話が『宇治拾遺物語』（巻二―一二）にもあることは先にも述べましたが、その文末は「あさましき事なりかし」で終わっています。これらの説話の舞台は震旦（中国）ですが、越後の民間説話とのあまりの類似には驚くばかりです。

千軒伝承の語る終末

次に富山県のものを紹介しておきましょう。『越中郷土研究』第五巻第二号（昭和十六年）に掲載された細田善太郎氏による報告で、富山県東部の旧下新川郡飯野村（現、同郡入善町）に伝わる「龍宮のお椀」と題する伝説で、その前半部が災害伝承になっています。その昔、海沿いに園家千軒・大島千軒・村椿千軒という大きな町があり、この町はやがて都になると人々はその立派さを誇っていた。ところが、思いがけず大津波が襲って海辺の町を一呑みにしてしまい、大島千軒は海中に没し、村椿千軒は泥田になったというもの。後半部はその海辺の砂丘を舞台にした「椀貸し伝説」になっていて、「龍宮のお椀」という題名はそちらを元に付けられたようです。

これは恐らく、その昔、日本海における海運業で富を築いたと伝えられた町が、その富に誇り驕慢になった結果、津波のために悉く滅亡したことを伝えたものと思われます。日本各地にある「○○千軒」伝承には、必ずと言っていいほどかつて栄えた地域の繁栄と洪水などによる滅亡が語られているようです。天罰が下ったということなのかも知れません。右と同様の話は、私たちが昭和五十三年に入善町で調査をした時にも聞いています。そして、その地域一帯は、黒部川が毎年のように氾濫を繰り返した所でもあったようで、土地の人はそのことを、「今日の地面は私の地面ではない」という、ちょっと意味の掴みにくい言い方で表現していました。大河の大氾濫でしょっちゅう川筋が変わるために、せっかく耕した田畑も水害でいつ何時《なんどき》失うか分からないといった状況を言い表わしたものだったので しょう。ここもまた、常に現実の災害と背中合わせに暮らしてきた土地柄だったのです。そうした記憶がこういう繁栄と没落といった伝承を語り継いで来たものと考えられます。

蛇の子が水を呼ぶ―南島の「もの言う魚」に似た話―

石川県にも災害伝承が多いのですが、『輪島の民話』（輪島市教育委員会編、平成十六年）に「山の上の荒五郎《あらごろう》」というちょっと珍しい話があります。

むかしむかし。山の上に、五郎次郎《ごろうじろう》という、それはそれは豪けつな男がおったと。村の者たちは、五郎次郎と呼ばんで、荒五郎《あらごろう》と呼んでいたとい。ある日、荒五郎が池へ行って魚釣《つ》りをしていたら、蛇《へび》の子を釣《つ》り上げたとい。それやて、家へ持って帰って、串《くし》に刺《さ》して、いろりにあぶっていたとい。そしたら、外に蛇の親がやって来て、

「鯉《こい》よ来い、鮒《ふな》も来い、蛇も来い」と呼んだとい。蛇の子や「おら、串《くし》に刺《さ》されとるので来られんわいな」と言うたとい。すると、見る見る間《ま》に、家のまわたり《(ママ。まわり)》が池になって、荒五郎は家と一緒《いっしょ》に沈《いず》んでしもうたとい。それから、この池を蛇池《じゃいけ》と言うげとい。

話の内容は、池で釣った蛇の子を男が串に刺し、火に炙って食べようとすると、外から親蛇が迎えに来て子どもに呼び掛け、子蛇が串に刺され、炙られて動けないと知ると、それを取り戻すために親蛇が池の水を呼んで大洪水を起こし、さすがの豪傑も家と一緒に水に沈んだというものです。これは単なる蛇ではなく蛇池の主《ぬし》ということなのでしょう。男の行為に対する蛇神の怒りがこのように語らせたものと思われます。

ところで、これは大変珍しい伝承のようですが、実は南西諸島にほぼ同じ内容の「もの言う魚」の伝説が数多く伝えられています。「人魚と津波」とも呼ばれるこの話は南島ではジュゴン（人魚）とされ、男がそれを釣り上げ、片身を切って焼いて食べようとすると海中から「早く返って来い」と呼ぶ声がし、ジュゴンが「津波を起こして迎えに来てくれ」と答えると同時に津波が襲い、村全体が波間に沈んだというものです。人魚のことをヨナタマとも言い、それは海の神を意味しているようです。近年、私の後輩の藤井佐美氏が「「人魚と津波」の伝承世界―南島の「物言う魚」をめぐって―」（『奄美沖縄民間文芸学』第六号、奄美沖縄民間文芸学会編、平成十八年）という論文でこの話について詳細な検討を加えており、また、我が国における伝承分布についても、北は岩手県から南は沖縄県八重山地方に至るまでの資料を渉猟し、九十五もの類例を掲げて、意外にもこれが南島を中心にしながら、全国的な拡がりを持った話柄であることがわかってきました。

「かれご山由来」「くるび、早瀬由来」―新たな共同体の起源―

次に福井県に目を転ずると、そこにもやはり災害伝承が見られます。その中で、高知県の資料に見られたものと不思議な一致を示すものがありました。『福井県三方郡編　若狭路の民話』（田中文雅編。平成二十年、若狭路文化研究会）に「かれご山由来」とあるものです。その内容は、若狭の美浜町金山にある山の中腹にかれごという岩があるが、それは昔、ここに大津波が来た時に、鰈《かれい》が杉の木に留まったのでかれご（鰈五）と言ったというものです。まことに短い話で、軽妙な語呂合わせによる命名譚といったところなのですが、これは実は魚の鰈というよりも、むしろそこから餉《かれい》を連想させ、それ自体が神体または神に供える贄《にえ》のようにも思われます。

ところが、これとよく似た記述が、先程紹介した高知県の黒田郷海没を記録した江戸時代末期の『皆山集』（第八章「二、黒田郷」の項）の中にも見られるのでした。当該部分を引用すると、「人王四十代天武天皇御治世ノ内白鳳十三年十月十四日大地しん浪高事不及申当郡上山郷ノ内片平ト申処ニ半身魚掛居申付片魚村ト申」とあります。つまり、白鳳地震が襲った時、片平という所に魚の半身が掛かっていたので、以来そこを片魚村と名付けたというのです。この場合も、大津波に絡ませたささやかな地名由来伝承と言えるわけですが、こんな些細なことまでが伝承されるのかという思いと、土佐と若狭という遠く離れた地点での伝承の類似に驚きを覚えます。しかしながら、ここでより重要なことは、片身の魚と言っているのが、先程の南島の「もの言う魚」との類似を思わせるのであり、あるいは、かつてそれを海の神としていた時代の意識の残存ではないかとも思えます。そして、実はこの話も大津波による終末を語り、地名由来を説くことによって新たな共同体の起源を語る文化叙事伝承の一つだったのではないかと思えてくるのです。

もう一例、同じく『福井県三方郡編　若狭路の民話』に「くるび、早瀬由来」という話があります。昔、若狭湾の常神《つねかみ》半島にくるびという漁村があり、そこの漁師は鶏肉でたくさんの魚を釣っていたが、ある時、一番鶏が鳴いて漁に出た船がみな突風のために遭難した。それで、残った人々はくるびを引き払い、今の早瀬に移住した。遭難は鶏の祟りとされ、そのため、肉類を餌にしたり弁当のおかずにもしないと言い伝えているとのことです。ところが『西田村史』に載せる類話（「くるび村」の項）によれば、昔、血の浦という所にくるび村があり、出漁中に大津波が村を襲って民家一軒と寺社を残して全滅したと言い、さらにその後、同半島にあった日向《ひるが》は海を、早瀬は山を、小川は延命地蔵を貰い、その地蔵を海蔵院に祀ったと伝えているのです。

この二つの話には、鶏肉を食べないという禁忌を犯したために起きた漁船の遭難であったり、大津波によるくるびという漁村の滅亡が語られていて、やや伝承が錯綜しているようですが、いずれにしても生き残った村人はくるび村を捨て、早瀬村などに移住して新たに村を作り、生活を始めたと語り伝えているのです。これもやはり、元村であるくるび村の終末とその再生を物語るものであったろうと思われます。また、『西田村史』に、大津波の後、民家一軒と寺社だけが残ったとあったり、くるび村滅亡の後、三つの集落が海・山・延命地蔵をそれぞれ貰い受けたと語っているのも、まるで生き残った人間による国土の再生と再分割を物語っているようで、どこか神話的な要素を感じさせます。このくるび村もかつては「くるび千軒」と呼ばれていたとのことです。

「蛇女房」譚の語る洪水伝承

おしまいに一例だけ、高知県の白鳳地震の伝承と似た話を示しておきます。福井県の若狭地方と越前地方にそれぞれ伝わる話です。若狭のものは「蛇妻の目玉」（『名田庄むかしはなし』）と題されるもので、ある医者が目の治療に来た美しい娘に惚れて嫁にし、やがて男の子が出来るが、子どもに乳を飲ませるところを見せないので不思議に思い、夜の往診から戻って二階からこっそり覗くと、八畳間で大蛇になって子どもを抱き、目の玉を舐らせている。正体を見られた女は、子どもが自分を慕って泣いたら山奥の堤に連れて来いと言って去る。子どもが泣くので堤へ行き、「おきみおきみ」と女の名を呼ぶと現われて目の玉をくれ、子どもは丸々と育つ。蛇体の玉のことが殿様に知れ、取り上げられる。堤へ行きもう一つの目の玉を貰うがそれも殿様に取られる。女に相談に行くと、目の玉を取り戻すために大嵐を起こすから子どもと逃げるようにと言われ、逃げると大水が出て、殿様は屋敷とともに流されて死に、代わりに城主になったという話です。

越前のものは「蛇女房」と題される話（『奥越地方昔話集』）で、山で危うく焼け死ぬところだった蛇を助けた男に奇麗な娘が嫁にしてくれとやって来る。この場合も子どもが出来たのに乳を飲ませる姿を見せないのでこっそり見ると、蛇の姿で乳を飲ませている。正体を見られた嫁が自分の眼の玉を一つ抜き、子どもに舐めさせてくれと言って川へ去る。在所でその眼の玉が宝珠として評判なのを殿様が知り、取り上げる。蛇がもう一つの眼を与え、それも取り上げられたら変事を起こすと予告する。案の定取られたので、父子が逃げると、その夜、川が氾濫して在所がみな流されてしまったという。これもやはり「蛇女房」の型の昔話によって、人間の傲慢さに対する水神の怒りを表したものと言えますし、ここでも災害の予告がなされているのです。

五　おわりに

　このように、災害伝承の根底には、災害列島と言われる日本において、逃れることのできない累積された災害の記憶、被災の体験などが現実に数多く存在し、その事象に対する必然的な「なぜ」の問い掛けと、その理由として、大自然の営みを偉大なる神の行為として畏怖しつつ、それに対峙して生きてきた人間存在の中から説話が形成され、語り継がれて来たのであろうと思われます。

　ところで、滋賀県の湖北地方には「阿曽津婆《あそづばばあ》」という伝説が伝えられています。高利貸しの婆を憎んだ村人が婆を簀巻《すまき》にして琵琶湖に沈めて殺すと、その恨みで津波が襲い、阿曽津千軒と呼ばれた村が湖底に沈んだというものです。そして、人々が逃げる時に口々に「のーのー」と言って逃げたので、今日、「野」の付く地名が七つあるのは、阿曽津から逃げて来た人たちの在所なのだと言っているそうです。私にはこの「のーのー」の意味がこれまで全く分かりませんでしたが、奇しくも東日本大震災直後に復刊された山口弥一郎氏の『津浪と村』（三弥井書店）の中に（五十一頁）、東北の漁村の古老の言葉で、津波が押し寄せて来る時に海がノーン、ノーンと鳴るとあるのを知りました。また、NHKの震災ドキュメント番組の中で、漁村の一老人が、津波が来ることを「ノン、ノン」と表現していた記憶があったので、後日の再放送を手当たり次第に録画してみたのですが、とうとう見つけることは出来ませんでした。私の記憶違いだったのかも知れませんが、ともかく、その時は遠く隔たった地域における附合の不思議さを思ったものです。

〔参考文献〕

笹本正治『蛇抜《じゃぬけ》・異人《いじん》・木霊《こだま》—歴史災害と伝承—』(岩田書院、一九九四年)
福田晃・常光徹・斎藤壽始子編『日本の民話を学ぶ人のために』(世界思想社、二〇〇〇年)
岩本由輝編『歴史としての東日本大震災—口碑伝承をおろそかにするなかれ—』(刀水書房、二〇一三年)
野本寛一『人と自然と 四万十川民俗誌』(雄山閣出版、一九九九年)
〃 『自然災害と民俗』(森話社、二〇一三年)
谷川健一編『地名は警告する—日本の災害と地名—』(冨山房インターナショナル、二〇一三年)
松本孝三「民間説話としての災害伝承—四国山地の事例を中心に—」(説話・伝承学会編『説話・伝承学』第二十三号、二〇一五年)

伝説の中で災害はどう語られたか

藤元奈穂

一　はじめに

私たちは普段、日本という法治国家で、秩序だった社会の中、安全な生活を保障されています。何かトラブルが生じても、大抵のことは、訴える場所があり、納得のいく解決手段が提示されることと思います。しかし、ときには取り返しのつかないトラブルも生じます。ニュースで日々耳にする、殺人事件や交通事故などは、被害者や家族にとって寝耳に水の、理不尽な不幸である場合が多いはずです。加害者を訴えることは出来ても、失ったものを埋めることは難しいし、妥当だと思える結果が得られるとは限りません。また、自然災害の場合は、訴える相手すら見つけられないことがあります。そのようなとき、やり場のない悲しみや怒りを、私たちは自分の力でどうにかしなければなりません。宗教をもたず、信頼のおけるパートナーもおらず、体力もお金もない私のような人間が、このような不幸に見舞われたとき、一体どうやってその不幸を心の中で消化すればよいのか？

そのような問いが根底にあって、今回、「伝説」と「災害」を研究のテーマとしました。

日本各地に伝えられる災害伝承を集め、類似点等を考察することによって、人々の災害観を追求し、人々が災害という不幸とどう向き合い、どう語ったか見ることを研究の目的としています。

私はここで、「自然災害」について考察するというよりは、災害に対して人々が何を感じたかという「心性」を追求します。なので、ここでは災害を、「集落内の複数の人間に突然ふりかかる、予期せぬ不幸」という程度の定義としたうえで、平穏な日常を破られた人々の、こまやかな心の動きを推察したいと思います。

近在の図書館や、旅先で目についた伝説集を読み、災害に関する伝説を集める中で、それらの伝説の大体が、二つに分類出来ることに気付きました。ひとつが、「災害の原因を語る伝説」、ふたつめが「災害への対応を語る伝説」です。五十七話集めたうち、前者が三十二例、後者が二十例、両方の要素があるもの五例、という結果になりました。

人々が災害について語り伝えるとき、何を重視したかがこの分類結果から分かると思います。

災害がなぜ起こったかということが語りの主眼となっていると思われる伝説を、「災害の原因を語る伝説」として分類しました。どのような内容のものか、「鰻食わず」（表Ⅲの7）という伝説を例としてみてみます。

その集落で祀る竜神の眷族《けんぞく》が鰻なので、鰻を食べてはならないと言う村の決まりがあった。にもかかわらず、あるきこりが鰻を食べてしまった。すると竜神が怒り、大暴風をおこし、大水が出て山崩れを起して、部落を押し流してしまった。こういった内容です。

自分たち人間側の過失によって神様を怒らせてしまい、そのせいで災害が発生した、と人々は語ったわけです。このように、「災害の原因を語る伝説」は、過去をかえりみて原因を追及することで、なぜそのような不幸を経験しなければならなかったのか、自分を納得させる伝承といえます。そして原因と結果を語れば、同じ過ちを繰り返さないようにしようという意識も芽生えてくるのだと思います。

災害の「前」に重点が置かれるのが「災害の原因を語る伝説」です。一方で災害の「後」を語るのが、「災害への対応を語る伝説」です。災害が発生し、その災害に対し、どのような対応をとったかが語られているものを分類しました。神からの「災害の知らせ」を受け、それにどう対応したかによって生死が分かれる、という内容のものが多くみられました。たとえば、東北地方で語られる白髭水伝説と呼ばれる洪水の伝説があります。白いひげのお爺さんが人々に洪水を予言し、そのお爺さんを信じて逃げた人は助かり、信じなかった人は逃げ遅れてしまうという話です。伝承世界では神に対する敬虔な態度が尊ばれ、神の知らせを信用しない人間は災害から逃れることができないようです。こうした伝説は、日常における神への態度や信心を見直させる教訓としての機能を持つと思われます。

このように、災害を語る伝説の多くは、神と人間の関係性の中で語られます。神を怒らせ災害に見舞われ、神を信じず災害に巻き込まれる。災害との向き合い方は、神との向き合い方でもあったのだと思います。

ここでは、神と人間の関係を主軸としながら、人々は災害の原因をどう考えたのか、災害の知らせの伝説によって何を語ろうとしたのか、災害とどう向き合ったのか、以上の三つを大きなテーマとして考察していきます。

二　災害の原因を語る伝説

「災害の原因を語る伝説」では、災害が起きる原因となった人間の行為について力点を置いて語られます。前述した「鰻食わず」でいえば、竜神の眷族であるうなぎを食べるという行為が神の怒りに触れる原因となり、結果として災害が発生します。このような、人間の不用意な行為に話の重点が置かれ、その行為の結果としての災害の発生は最後に言及されるに留まることが多いです。

災害が発生すると、なぜそのような不幸が起きたのか納得するために、人は説明を必要とし、原因を追及します。今も昔も、何かが原因として存在し、そこから結果が導き出されるという考えは、当然とされていました。しかし、自然災害のように突発的で被害の大きな不幸は、今でこそ科学的に原因が解明されていますが、かつては人の理解の及ばない、理不尽な不幸だったと思います。その理解の及ばない出来事に、説明をつけ、心を納得させようとするとき、人々は自分たちの生きる世界の理屈を用いるしかありません。

表Ⅰ　災害の原因を語る伝説

	タイトル	場　所	災害の種類	内　容	出典
1	黄金の牛	岩手県遠野市東舘	落盤事故	牛の形の金の塊を引っ張ると、金坑が崩落する。一人だけ助かる。	2
2	長者沼	山形県東田川郡立川町	洪水	長者屋敷の泉で、下女が汚物を洗う。泉から泥水あふれだし一帯は沼になる。	26
3	巨人のくつあと	福島県三島町西方	地震？	大地震がおきる。巨人のくつあとを発見し、地震は巨人があるいた地響きだったと判明する。	28
4	龍の剣堀	福島県猪苗代町	雨が続く飢饉	水が枯れない龍の剣堀、いたずらをすると雨が降るという言い伝えがある。旱天の折、藩主の命令で石を投げ込むと、豪雨になり、雨が続き飢饉となる。	28

5	源翁和尚の開いた熱塩温泉	福島県熱塩加納村	山火事	熱塩を訪れた源翁和尚の前に護法神が現れる。「貴僧を迎えるために山を焼きなおす」と告げる。山は燃え、鎮火後は熱湯がわき出していた。	28
6	花の長者	福島県高郷村	洪水山崩れ	水不足に困った長者が山の湖の水を落とすために山を削る。ウワバミが現れ「すみかを荒らすものは許さない」という。山を削ったところから水が噴き出し、屋敷はなくなる。召使たちは助かる。	28
7	うなぎ怪談	福島県柳津町	地震（会津地震）	会津藩主が魚をとるため川に毒をながそうとする。それを聞いた旅僧がやめるように言うが決行される。死んだ大うなぎが発見され、旅僧はそのうなぎだったと判明する。その年は地震が発生し、翌年藩主が急死する。	28
8	与茂七火事	新潟県南蒲原郡中之島村	火事	陰謀によって男が斬首になり、「関係者をのろう」と言って死ぬ。関係者は気がふれて死に、町は火事になる。	29
9	蛇橋	新潟県糸魚川市	暴風雨	女の子が池で水死、村人は大蛇のいたずらと考える。報復として汚物を池に入れる。雄蛇が沼から逃げだすと、村人は火をつけて殺す。雌蛇は暴風雨をおこす。	31
10	三浪長者	新潟県西頸城郡青海町	火事・洪水・海賊に襲われる	金持ちの長者が食べ物を粗末にする。その後火事・洪水と続き、海賊に殺される。食べ物を大事にしていた一人娘だけが助かる。	31

11	昇天に失敗した蛇	新潟県東頸城郡松之山町	土砂災害	住職が昇天しようとする蛇を目撃する。住職は卒倒する。暴風雨、土砂災害が起きる。	31
12	鬼五郎の復讐	新潟県南魚沼郡湯沢町	雪崩	鬼五郎という癩病患者が雪崩で死ぬが、村人は葬式を出さない。鬼五郎の命日におきた雪崩によって集落は全滅する。	31
13	五鬼火事	新潟県東頸城郡松代町	火事	山伏が五匹の鬼の会話を立ち聞きする。鬼が「家並みが曲がっていて見苦しいから火をつけてきた」と言う。町は全焼し、村は別の場所に移転する。	32
14	狐火事	新潟県北魚沼郡堀之内町	火事	傷ついた白狐を漢方医が治療してやる。その狐は子どもにつかまり食べられてしまう。子どもの家から出火、大火事になるが漢方医の家は焼けなかった。	32
15	七郎左、八郎左	福井県大野郡片瀬	雪崩	七郎左衛門、八郎左衛門という金持ちが村の習慣をおろそかにする。雪崩が発生し、「七郎左、八郎左かいて行くぞ」と言って家をさらう。馬の世話役のこどもだけが助かる。	33
16	雨乞いの石	福井県旧南杣山村	山火事	日照りが続き、木が摩擦しあって発火、山火事になる。山から大水が出て鎮火する。水が出たところに石があり、後に雨乞いの石とされる。	34
17	松本城の怪奇	長野県松本市	地震	百姓一揆の首謀者・嘉助がハリツケの刑に処される。嘉助が城をにらむと地震が起き、天守閣が傾く。	36
18	山蟹の話	長野県下高井郡秋山	地震？	樵が大蟹に斧を振りおろす。大地が振動し、大蟹は消えている。	35

	タイトル	場所	災害の種類	内容	出典
19	昇天した大蛇の話	長野県八ヶ岳	大暴風雨山崩れ	大蛇が昇天するために山から海へ向かう。大暴風雨、山崩れが発生、部落が流される。	35

表Ⅱ　災害の原因、および災害への対応を語る伝説

	タイトル	場所	災害の種類	内容	出典
1	武周が池	福井県南條郡北杣山村	暴風雨・霰農作物の被害	雨乞いをしたが降雨がない。村人が池で水泳をしたり、木などを投げ込み悪態をつく。暴風雨などが発生し、農作物に被害が出る。	33
2	天狗の火の番	埼玉県奥秩父岡本・神庭	火事	天狗が火の番をしてくれるので、火事の無い集落がある。あるとき夜番をする。火事が発生する。「天狗様を信じなかったのがいけない」として森に謝りに行く。	41
3	池の主ののろい	鳥取県気高郡	嵐病の流行	殿さまが池を埋めて田を作ろうとするが、工事半ばで大あらしになる。その後大きな魚のような蛇のような死骸がみつかり、池の主だと噂される。病気が流行し、巫女が祈祷すると、主の祟りであることがわかる。殿さまはつくりものの大蛇を神社に奉納し、盛大に祭りを行う。	22
4	お亀島の話	徳島県	津波（島の沈没）	亀島の信心深い老夫婦に夢告げがある。神社の鹿像の面が赤くなったら島から逃げろという内容。それを若者が面白がり鹿を赤く塗り、老夫婦があわてて逃げるのを島民は笑う。津波が亀島を襲い、島は沈む。	17

5	瓜生島	大分県大分市浜町	地震・津波（島の沈没）	恵比寿社の神像が赤くなると島が沈むという言い伝えがある。あるとき像が赤くなり、島の沈没を信じる人と信じない人に分かれる。一夜のうちに島が沈み、信じない人は沈む。	11

表Ⅱの1「武周が池」という伝説では、災害がなぜ起きたかはこのように語られます。

> 牧谷の寺谷山の頂きに周圍七町半程の溜池がある。武周が池と稱し、今より千八百年程前に出来たもので、降つても照つても水量に増減が無い。むかしから龍がすんでゐる。旱魃になると近郷近在から雨乞に来るが、熱心に祈る時には、必ず望をかなへて呉れるといふ。明治十九年頃村民が數回雨乞をしたが、雨が降らなかつたので、村人は腹立ちまぎれに池に飛込んで水泳をしたり、周圍の木の株や材木を投込んで悪口雑言をしてゐたら、突然空がかき曇つて、大暴風雨に霰を降らし、先に投入した石塊や木片を陸上へはねあげて、農作物に甚大の災害を與えた。（後略）

龍が棲むといわれる池で雨乞いをしたものの、雨が降らないので、怒った村人たちが池で水泳をしたり木を投げ込むなどして騒ぐ。すると大暴風雨となり、農作物に大きな被害が出る、という話です。

災害の原因を語る伝説をみていくと、人間が龍蛇を怒らせ、結果災害が発生するという内容のものが多くみられました。その事例を表にまとめました。

表Ⅲ　龍蛇の怒りが災害を発生させる伝説

	タイトル	場所	内容	龍蛇の行為	出典
1	花の長者	福島県高郷村	水不足に困った長者が山の湖の水を落とすために山を削る。ウワバミが現れ「すみかを荒らすものは許さない」という。山を削ったところから水が噴き出し、屋敷は無くなる。	人間にすみかを荒らされ→暴風雨をおこす	28
2	蛇橋	新潟県糸魚川市	女の子が池で水死、村人は大蛇のいたずらと考える。報復としてゴミ・糞尿などの汚物を池に入れる。雄蛇が汚れた沼から逃げだすと、村人は火をつけて殺す。雌蛇は暴風雨をおこす。	人間にすみかを荒らされ→暴風雨をおこす	31
3	七ツ釜の大蛇	新潟県中魚沼郡津南町	勇気のある若者の枕元に、蛇が白衣白髪の老人の姿で現れる。日頃の勇気に免じて一網だけ魚を取らせるが二網引くなと言う。若者は禁を破り、更に大蛇に向けて発砲すると、豪雨になる。大蛇は死に、若者も大蛇の毒気に当たって死ぬ。	利益を授ける人間に攻撃され（発砲＝鉄）→豪雨をおこす	30
4	武周が池	福井県南條郡北杣山村	龍のいる池、村人は雨乞いするが、雨が降らない。腹を立てた村人が池で水泳をしたり石や木を投げ込む。暴風雨になり、農作物に被害が出る。	人間にすみかを荒らされ→暴風雨をおこす	33
5	岩倉池の龍神	長野県下高井郡	龍神が人間の娘に懸想し、手に入れようとするが失敗する。報復として四十八の池の水を切って落とし、洪	人間の娘に求婚を拒否され→洪水をおこそう	35

			水をおこそうとする。山神が池の水を沸き立たせ湯気にし、洪水を防ぐ。	とするが、失敗	
6	怪蛇棲む池	長野県伊那町	大蛇の主が住むと言われる池。その池に鉄砲を撃つと、雷鳴がとどろき、池の水は天に逆巻く。池の底には、いまも大蛇がうねるように一筋の線がある。	人間に攻撃され（発砲＝鉄）→天候を急変させる	36
7	鰻食わず	埼玉県飯能市	鰻は竜神の眷族だったので、食べてはならないが、きこりが食べてしまう。竜神は怒り、大暴風雨をおこし、山崩れによって部落を押し流す。	人間に眷族を食べられ→暴風雨をおこす	4
8	瀬戸渕の主	静岡県天竜市阿寺	雨乞いするが雨が降らないので、渕の主の大蛇が怒っていると判断。原因を探ると、若者が渕に鉈を落としていたことがわかる。鉈を拾い上げると雨が降る。	人間にすみかを荒らされ（鉄）→雨乞いを聞き入れない	45
9	池の主ののろい	鳥取県気高郡	殿さまが池を埋めて田を作ろうとするが、工事半ばで大あらしになる。その後大きな魚のような蛇のような死骸がみつかり、池の主だと噂される。病気が流行り出したので、池の主をまつる。	人間にすみかを荒らされ→死に→嵐をおこし、病気を流行させる	21
10	鍛冶ヶ野由来	高知県幡多郡西土佐村	渕にすむ蛇に獲物を取られた猟師が報復する。蛇の嫌いな金屑を鍛冶屋から拾ってきて渕にまく。洪水・山崩れが発生し、部落は野になる。	人間にすみかを荒らされ（鉄）→洪水・山崩れをおこす	10
11	滝の主「じゃ」後日談	高知県室戸市佐喜浜	滝の主に祈りを捧げずに、滝壺に鳶口を投げ込む。滝壺から蛇が躍り出て川を下り海へ向かった。その後山は荒れ滝壺は浅くなり、洞窟も埋まった。	人間に住みかを荒らされ（鉄）→山崩れ？をおこす	46

12	島原くずれ	長崎県島原市	殿さまが大蛇に傷を負わせる。外科医が女を治療すると、地震があるから避難するように警告される。地震がおきるが、医者は避難したため無事。	人間に攻撃され→地震をおこす	11
13	親蛇子蛇	宮崎県西臼杵郡高千穂町	明日は野焼きという晩、百姓の夢枕に雄蛇が現れる。赤ん坊がもうすぐ生まれるので野焼きをもう一日待つよう頼む。野焼きは行われ、雌蛇は死に、その祟りで不作などが起きる。	野焼きの中止を願うが聞き入れられず→伴侶が死ぬ→不作をおこす	12

※「3七ツ釜の大蛇」や「6怪蛇棲む池」では、龍蛇の棲む湖沼に人間が発砲しており、これも「すみかを荒らす」に分類すべきか悩みましたが、行為者である人間の意識としては、発砲は龍蛇に対する直接的な攻撃を意味していただろうと考え、「攻撃」として分類しました。また、「13親蛇子蛇」では、人間たちが蛇の夫婦の棲む野を焼いてしまうので、「すみかを荒らす」という分類でもよかったと思いますが、蛇は野焼き自体には反対しておらず、「一日待ってくれ」という願いが聞き入れられなかったことに対し怒ったと考えられるため、そのように表記しました。

人間のどのような行動が龍蛇の怒りに触れるのかというと、表の「龍蛇の行為」のところに要約していますが、すみかを荒らされることに対して龍蛇が怒りを示すという内容が大半を占めています。「すみかを荒らす」というのは具体的には、龍蛇のすみかである湖沼等に異物を入れることです。その異物は特に「鉄」であることが多く、龍蛇の鉄嫌いは伝承世界における常識だったようです。他には、龍蛇の願いを聞き入れなかったり、眷族を食べてしまったりして、人間は龍蛇の怒りを買っています。

つまるところ、ここにあげた行動は全て、神として敬せられるべき存在である龍蛇を軽んじるものであると言えます。災害の原因を、人間の不敬に対する神の反応であると理解しているのです。

このような語りによって、人々は災害が起きるまでの生活を見直し、神を蔑ろにしていなかったか反省したのだと思います。

三　災害への対応を語る伝説

表Ⅳ　災害への対応を語る伝説

	タイトル	場所	災害の種類	内容	出典
1	火難を払った仁王	山形県酒田市	火事（酒田大震災）・地震	二体の仁王像が向きを変えている。仁王は火事を予言し、人々の信仰が厚いので守ってやろうという。地震発生→門前町の人々は火災を免れる。	26
2	白髭水と次郎水	福島県南郷村	洪水	白髭の老僧が暴風雨を予言する。信じたものは被害軽く、信じなかったものは被害が大きい。	28
3	名立崩れ	新潟県西頸城郡名立町	山崩れ	旅僧が村の災難を予言する。予言通り山崩れが発生し、集落は埋まり、旅僧を信じた娘だけが助かる。	32
4	揚原の山崩れ	福井県鯖江市戸口	山崩れ	白衣の神が、山崩れがあるから逃げるように夢告げする。御告げを信じたものだけ助かる。	5
5	権現様	福井県遠敷郡熊川	火事	道の真ん中に白い石があらわれる→火事が起きる。石を祀ると火事が起きなくなる。	33

6	別所観音霊験	長野県上田市別所	地震（善光寺地震）	善光寺に向かう男の夢枕に観音菩薩がたつ。別所観音に参詣してから善光寺へむかう途中に地震が発生する。仲間内で自分一人助かったのは観音様のお陰と考える。	37
7	富士塚の狐	山梨県北巨摩郡武川村	洪水	富士塚に祀っている狐、村に凶事があると異様な泣き声で知らせる。明治三十一年の水害もその知らせがあり、人々は避難できた。	39
8	犬と針箱の化石	茨城県那珂地方	火事	寺が火事になり、寺の飼い犬が峠で火難を知らせる。犬はそのまま死んで化石となり、火事を事前に知らせてくれるようになる。	40
9	火消稲荷	東京都練馬区	火事	老狐が叫びながら寺の周囲を走り回るので、寺の人々は不思議に思う。その夜火事が起きたが、皆気を配っていたため、大事に至らなかった。境内の稲荷が災厄をしらせたのだと信仰を高める。	4
10	久能山	静岡県清水市	津波	津波が発生する。久能山の社から金色の鳩が出て、沖へ飛んでいくのを人々が目撃する。波がひき、村人は落ちていた魚を売って儲ける。	43
11	毘沙門天の霊験	静岡県富士郡元吉原村	地震（濃尾地震）	毘沙門天のいるお堂でこどもたちが習字している。毘沙門天が地震を予知し「子ども出ろ」と言う。毘沙門天は自分ひとり先に外に出る。	43

12	（タイトル無し）	静岡県浜松市	津波	大津波がくるという噂がたち、津波が発生する。信じたものは避難し、信じない者は津波にのまれる。海岸に死者の骨があがり、毎夜うめき声がするので、お経をあげる。	43
13	潮見坂観音の奇瑞	静岡県浜名郡湖西町	津波	備前藩主の夢枕に観音菩薩が現れ、この地を去るように言われる。すぐさま出発、夜中の出発に不平がある者は残れと言う。津波が押し寄せ、居残った者たちは死ぬ。	44
14	飢饉と三岳神社	静岡県引佐郡引佐町	飢饉（天明の大飢饉）	乞食体の老翁が家々を回り代用食について教える。その後飢饉となるが、代用食のおかげで人々は助かる。	45
15	タコにのったお地蔵さん	大阪府岸和田市	津波	沖から津波が押し寄せてくるが、急にその地鳴りの音が止む。津波は消えていて、浮かんだタコに地蔵がのっている。この地蔵が津波から守ってくれたのだといわれる。	20
16	馬おこしの浜	三重県四日市市	津波	海を埋めて新田をつくる工事に携わる馬方、馬を大事にしている。馬方が寝ていると、馬が暴れ出し、馬方を背にのせて走り出す。その後津波がやってきて、開いた新田は海に戻る。	21
17	おたるがした	愛媛県温泉郡	津波	津波が発生し、村人は山へ逃げる。家も畑も流された中、とてつもなく大きなたるが転がっている。人々は大津波とともにやってきた「巨人の忘れもの」だろうと話す。	19
18	ゆめつげ地蔵	徳島県北島町	洪水	大雨の夜、川の土手が切れるという大声がする。その声で村人は起き、逃げることが出来た。土手の上の地蔵が知らせてくれたのだと話す。	23

19	山の神の知らせ	高知県室戸市佐喜浜	山崩れ	山の神が山崩れを知らせに来る。	10
20	加奈木のつえ異聞	高知県室戸市佐喜浜	山崩れ	二人の娘に乞われ桶を貸す。娘たちは渕の水を掻い出し、「山津波が起こる」と告げる。人々が家をうつしたあと、山崩れが発生する。	46

す。

「災害の原因を語る伝説」では、何が原因となって災害という結果に至ったのかという点が問題とされていました。一方、「災害への対応を語る伝説」でテーマとなるのは、災害の際、人々がどのような行動をとったかということです。

1「火難を払った仁王」のように、災害が発生するという知らせを受け、逃げて助かった、という内容も災害に対する対応を語っています。また、11「久能山」で津波のあと浜に落ちている魚を売って儲ける話も、16「タコにのったお地蔵さん」18「おたるがした」などの、災害の際の不思議な出来事がどのように噂されたかという話も、災害に対する人々の反応を語っていると思うので、このタイプとして分類しています。

「災害への対応を語る伝説」では、神からの「災害の知らせ」を受け、それにどう対応したかによって生死が分かれる、という内容のものが多くみられたということは前述しました。ここでは、それらの伝説について考察してみたいと思います。

まず神（やそれに準ずる存在）による「災害の知らせ」はどのようなものか。「『災害の知らせ』の伝説」として事例を表にまとめました。

表V 「災害の知らせ」の伝説

	タイトル	誰から誰へ	知らせの内容	知らせの方法	どうなる	出典
1	火難を払った仁王	仁王像→町人たち	火事守ってやる	いつもと向きを変える→神おろし	知らせの通り火事から守られる	26
2	白髭水と次郎水	白髭の老人（神？）→村人たち	暴風雨がある	僧侶の姿で口頭	信じたものの被害は軽く信じない者の被害は深刻	28
3	揚原の山崩れ	神→財産家	山崩れ逃げろ	夢告げ	信じたもののみ助かる	5
4	富士塚の狐	祝神の狐→村人たち	凶事（水害など）	土手で異様な叫び声を発する	逃げて助かる	39
5	犬と針箱の化石	寺の犬→村人たち	火事	峠で吠える		40
6	別所観音霊験	観音→男	地震	夢枕に立つ	観音を参詣地震から守られる	37
7	火消稲荷	稲荷の狐→寺の人々	火事	寺の周囲を回る	大事に至らない	34
8	（タイトル無し）	地蔵→男	泥の海になる	地蔵の顔が赤くなる	信じたものは助かる	43
9	飢饉と三岳神社	権現の使い→村人たち	代用食について（災害そのものの知らせではない）	乞食体の老翁の姿で口頭家々を回る	教えられた代用食のおかげで飢饉を乗り切る	45

10	馬おこしの浜	馬→馬方	津波	寝ていた馬方を起こし、背負い逃げる	逃げて助かる	20
11	ゆめつげ地蔵	地蔵→村人たち	洪水	夢告げ	逃げて助かる	23
12	加奈木のつえ異聞	神の使い→男	山崩れ逃げる	女の姿で口頭	逃げて助かる	46
13	山の神の知らせ	山の神→引っ越さない男	山崩れ逃げろ	口頭（三晩通う）	逃げて助かる	10
14	瓜生島	神像→島民たち	島の沈没	神像の顔赤くなる	信じたもののみ助かる	11

誰から誰へ災害が知らされたのか、その知らせはどのような内容だったのか、どのように伝えられたのか、知らせがあったあと実際はどうなったのか、ということをまとめてあります。

災害を知らせる方法としては、神像・仏像や動物がいつもと異なる様子を見せることで、人々は異常に気付きます。神が姿を変えるなどして直接知らせ（2、9、12、13）、また夢告げという手段も複数みられました（3、6、11）。なぜ知らせてくれたかという点がはっきり語られているのは1「火難を払った仁王」だけで、ここでは人々の信仰心が篤いから、という理由でした。他は知らせる理由は語られませんが、大体の推測は出来ます。神とされる存在が災害を知らせるのは守護者としての神ゆえの事でしょうし、村人の信仰心ゆえかもしれません。寺の犬や稲荷の狐などはおそらく神の使いとしての性格をもっていたと考えられたのでしょう。それゆえ氏子たちを守ると理解されたのではないでしょうか。信仰心篤く、神に対する敬意をもっていた人々は、災害を防げた時などには、「神に知らせてもらえたからだ」と考え、そのように語ったのだと思います。

こうしてみると、前章でみたような、災害の原因を人間の不敬に対する神の反応であるとする伝説とは反対で、人々は「神への敬意」によって災害を知らせてもらえているように思えます。

また地震や凶事の前に沼や井戸水が色を変えるというように、誰かの意志の存在する直接の「知らせ」というわけではなく、物の変化などで間接的に災害の発生がわかるという形の伝承もあります。災害予知については、このように伝説で語られるだけでなく、『災害予知ことわざ辞典』（大後美保編、東京堂出版）として一冊刊行できるほど言い伝えが多くあります。その中には、科学的にその根拠が解明されているものも多くみられます。また、地震後にアンケートを行い、地震の「前兆現象」を調査した資料があるのですが（村松郁栄『シリーズ歴史災害第三巻 濃尾地震』古今書院）、その中で多かったものは、「井戸水の減少・濁り」や、「動物が騒ぐ」といったものでした。人々は、謙虚な気持ちで物事を観察していれば、災害の予兆にも気づけると考えていたようです。災害の知らせを語る伝承やことわざには、信心深く、神に敬意をもって暮らしていれば、災害を前もって知ることができる、もしくは神に知らせてもらえる、というような考えが人々の間にあったことを感じさせます。

このようにして災害が人間に知らされたあと、信じる者と信じない者に分かれ、信じない者は助からないと言うように、災害で生死が分かれることを語る伝説が多くあります。例えば、12「潮見坂観音の奇瑞」では、海近くで宿をとった備前藩主が観音様に「御身には災厄が将に迫っている」と夢の中で知らされます。藩主は、夜中の出発に不平を唱えるものは残し、宿を離れます。しばらくして宿は津波に流され、残った者たちは死んでしまいます。藩主は観音の夢告げのおかげで助かったと神に感謝します。

表Ⅵ「神の選別」の伝説

	タイトル	災害	内容	救われた者	出典
1	黄金の牛	落盤事故	金坑で牛の形の金塊がみつかり、金坑で働く人全員で引っ張る。オソトキというこどもが誰かに呼ばれ外に出ると、途端に金坑が崩れ、オソトキだけ助かる。	信心深く、親孝行な子供であるオソトキ一人	2
2	火難を払った仁王	火事	火事を予言した仁王は、人々の信仰が厚いので守ってやろうという。地震が発生し、多くの人が死ぬが、門前町の人々は火災を免れる。	信仰心の厚い人々	26
3	花の長者	洪水	水不足に困った長者が山の湖の水を落とすために山を削る。無理に働かされる召使の前にウワバミが現れ、「長者に鉄槌を下す、お前たちは気の毒なので逃げろ」と言う。山から水が噴き出し暴風雨になるが、逃げた召使たちは助かる。	罪のない人々	28
4	白髭水と次郎水	洪水	白髭の老僧が暴風雨を予言する。これを信じて喜捨し対策を怠らなかったものは被害が軽く、信じなかったものは被害が大きく、死者も多かった。	神の知らせを信じた者	28

6	三浪長者	火事・洪水・海賊に襲われる	金持ちの長者が食べ物を粗末にする。火事・洪水の被害が続き、海賊に家を襲われ殺される。食べ物を大事にしていた一人娘だけが、出かけていて助かる。	心がけのよい娘一人	31
7	名立崩れ	山崩れ	旅僧が村の災難を予言すると、山崩れが発生し集落は埋まる。旅僧の言葉を信じた娘だけが助かる。	予言を信じた娘一人	32
8	狐火事	火事	傷ついた白狐を漢方医が治療してやるが、その狐は子どもにつかまり食べられてしまう。子どもの家から出火、大火事になるが漢方医の家は焼けなかった。	災害を起こした狐に対し、施しを与えた医者一人	32
9	揚原の山崩れ	山崩れ	白衣の神が、揚原で一番の財産家に「山崩れがあるから逃げるように」と夢告げする。御告げを信じたものだけ助かる。	神の知らせを信じた者	5
10	七郎左、八郎左	雪崩	七郎左衛門、八郎左衛門という金持ちが村の習慣をおろそかにする。雪崩が発生し、「七郎左、八郎左かいて行くぞ」と言って家をさらうが、馬の世話役のこどもだけが助かる。	馬の世話役のこども一人	33
11	（タイトル無し）	津波	大津波がくるという噂がたつち、じっさいに津波が発生する。信じたものは避難し、信じない者は津波にのまれる。	うわさを信じた者	42

12	潮見坂観音の奇瑞	津波	観音菩薩が備前藩主に「この地を去るように」と夢告げされ出発するが、夜中の出発に不平がある者は残る。津波が押し寄せ、知らせを信じず居残った者たちは死ぬ。	神の知らせを信じた者	43
13	瓜生島	地震・津波	恵比寿社の神像が赤くなると島が沈むという言い伝えがある。あるとき像が赤くなる。言い伝えを信じる人と信じない人に分かれ、一夜のうちに島が沈む。	言い伝えを信じた者	11
14	島原くずれ	地震・山崩れ・津波	殿さまが大蛇に傷を負わせる。その大蛇は女に化け、外科医に治療してもらう。治療の礼として、大蛇は地震を予言し、医者に逃げるように言う。予言通り地震がおきるが、医者は避難したため助かる。	災害を起こした大蛇に対し、施しを与えた医者一人	11

このような災害の知らせの伝承の語るところは、おそらく神の霊験を語るという事だけが主眼なのではありません。信心深いものは助かり、そうでない者は死んだとか、「知らせ」を信じて逃げたものは助かり、信じないものは助からなかったというように、神に対する態度や行動が生死を分けたと語られることに注目すべきだと思います。

これらの伝説は、災害が発生した場合、いつの時代も人々を悩ませる、「人の生死を分けるものは何なのか」という疑問に答えるものなのではないでしょうか。

表をみると、多くの中から一人だけ助かるというパターンと、助かる者と助からないものが分かれるパターンとがあることがわかりますが、そのどちらにおいても、救われる要因は、「心がけの良さ」「信心」が重視されています。

救われる要因についてもっと詳しくみていきたいと思います。「9揚原の山崩れ」ではこのように語られます。


（…）ある夜、白い衣を着た神が、揚原で一番の財産家に現れて、「今夜此の村の横にある山が崩れるから村人は皆逃げよ」と夢の御告があった。その人は非常に喜び且つは驚いて、早速村人に知らせたが、村人は、／「そんなことがあるものか、あの奴少し気が狂ったぞ」と言って笑った。けれども中にはそれを信じて逃げた者もあった。／こうしている中に、山頂からゴーと物凄い岩なだれがやってきた。残っていた人はあわてて逃げまどって、岩石や木の株、土の下になってしまった。神のお告を信じて逃げた人は、大喜びで方々に分かれて各家を作った。（…）


神が山崩れを夢告げし、夢告げされた人間は喜び驚いて村人に知らせます。それを信じなかった人々は岩なだれに埋まり、夢告げを信じて生き残った人々は大喜びで方々に家を作ったというのです。ここで気になるのは、山崩れの知らせを受けたと言うのに、夢告げされた人間がなぜ喜んでいるのかということと、夢告げを信じて助かった人々が、山崩れによって集落が埋まり、死人も出たというのになぜ「大喜びで」家を作ったと語られるのかということです。

私は、これは神に選ばれた喜びなのだと考えています。

まず財産家が夢告げされたという話ですが、人々は昔から、神より夢託（夢告げ）を受けるために聖所に出向いたといい、どうやら夢託というものは、一般には聖地に赴き儀式を行うなどして神に乞うものであったらしいのです

（小松和彦『異界巡礼』青玄社）。しかしながらこの伝説における財産家の場合は、神からのはたらきかけとして夢告げがあったと理解されます。このことから、財産家はなんらかの理由によって、特別に神に「選別」され、夢告げを受けたとされたと考えてよいと思います。

また、信じた者が救われ、信じなかった者は死ぬ、というのは、それぞれが選んだ行動に伴った結果のように見えます。しかし、そこにまず神による「試し」があり、その「試し」によって人々が「選別」されたとみることもできるのではないでしょうか。神の知らせを信じるか信じないかは、神への信心を見極めるためのテストであり、それをパスできなかったものは生き残ることが出来ないというように、人々はその信心を試され、選別されたと見ることもできると思います。つまり、災害で生き残った人々が、「自分が生き残った」という事実に対し、「神の選別」を受けたという捉え方をした結果として、こういった伝説が語られたのだと思うのです。

そして、このような考え方があったがゆえに、山崩れによって集落が埋まることを知らされた財産家も、まずは自分が夢告げの相手として神に選ばれたことを喜び、神の知らせを信じた者たちも、己の信心が神の試しを通過し、救われたことに喜んでいるのだと思います。災害によって、思いがけず生死が分かれる。その生死を分けたものが運としかいいようがない、そのような状況は現代でも生じます。そうして生き残った人々が、それを神の試験にパスしたように、自分が選ばれたと感じるという事は今も昔もあるのではないでしょうか。

また、「大喜びで方々に分かれて各家を作った」という一文が、人々のもうひとつの喜びを物語っています。これは集落が埋まったことにより、その集落がリセットされ、新しく村づくりが始まったことを意味していると思われます。地震のさい唱えられる、「世直し世直し」というまじないがあります。宮田登は「ここには明らかに地震という大災害に対する隠れた意識をうかがえる」と述べています（宮田登『終末観の民俗学』弘文堂）。「災害」による「世界の終末」は、よりよい世界への「世直し」を成り立たせる、という潜在意識が人々の中にあるというのです。揚原の山崩れによって死んだ者たちの残した富、村の共有財産などは生き残った者たちに再分配され、村は新しい形に「世直し」される。その「世直し」への期待が、人々に「大喜びで」と語らせたのではないでしょうか。

神の意志によって自分たちが選別され、生き残ったと考えるとき、まさしく神に祝福された世直しが始まると人々には感じられたかもしれません。このように、災害伝承で語られるのは悲劇的な側面ばかりではなく、災害が実際の人々の生活や心理に及ぼす影響の多面性を物語っているといえます。

四　災害と向き合う方法

これまでの考察から、伝説の中での災害と人との関係は、そのまま神との関係であることがわかりました。神に不敬をなしたり、神を信じなかったりして信頼関係が崩れた時に、災害の被害に遭うと考えられていたようです。そのように考えると、人々が災害を乗り越えるためには、神との信頼関係を修復しなければならないということになるでしょう。

神からの問いかけ

前章で、神が災害を知らせる伝説を取り上げましたが、他にも、神から人間にはたらきかけてくる「神からの問いかけ」とでも言うべき伝承があります。「鐘が淵」（小山直嗣『越佐の伝説』野島出版）を例として引用します。

昔、鵜川のほとりの丘に、西光寺というお寺がありました。西光寺には、りっぱな鐘楼があり、その金は夜更けになると、／「海へ行こうか、山へ行こうか」／といって鳴りました。毎晩、毎晩同じことを繰り返すので、和尚は怒り出し、／「海へなり川へなり、勝手に行くがよい」とどなりつけました。

するとすさまじい音を立てて落ち、ころころと転んで鵜川へ落ちてしまいました。和尚はあまりの恐ろしさに、ただ念仏を唱えるだけでした。（…）

似たような伝説で有名なものに、木曽川流域に伝わる「やろか水」の伝説があります。増水した川の上流から、「やろか、やろか」という声がして、思わず「よこさばよこせ」と答えると、みるみるうちに川が氾濫し集落が水に沈む、という内容です。人知を超えた存在からの問いかけに不用意に答えたことで、人間には制御不能のパワーに脅かされてしまうのです。ここでの問いかけに対し、どのように答えるのが正解か分からないうえに、何を意図しての問いかけなのかということも分かりません。神の理不尽さや、人間界との超越性を感じさせる伝説です。人間界とは異なる世界がすぐ近くに存在し、人間はその世界とは緊迫した関係をもっているらしく、問いかけへの答え方ひとつで大洪水が起きることもあると考えられていたようです。その問いかけへの答え方として、何が正しかったかということは伝説の中では語られません。ここで問題となるのはどう答えたかということよりも、自分たちの世界とは異なる世界に対して、畏まる気持ちや敬意をもって接していたかということなのだと思います。

ここまでいくつかの視点で災害伝承について論じてきましたが、多くの災害伝承において、その語りの中で重視されているように思われるのが、「神への敬意の有無」の問題です。神への敬意に欠けたふるまいが、天罰としての災害を呼んだと理解されます。また、神への敬意を持っていたものは、災害を事前に知らされるなどして救われるというように語られもします。

「地震の瀧」（藤澤衛彦編『日本伝説叢書 信濃の巻』日本伝説叢書刊行会）では、「瀑布《たき》の前に立つて、誰人でも高聲に呼ばはる事があると、忽ち瀧の主の氣に觸って、瀧波あらぶり、霧起きて、あたり咫尺《ししゃく》もわかたざるに至るといふ。」という語りのあと、「此邊の旱魃時には、村村から雨乞のためにこの地震の瀧前に行き集まりただことごとしく騒ぎ立て、大勢して、大聲擧げてわめく時には、即ち忽然として大霧起り風を誘ひ、雲を呼んで、雨滂沱として降りそそぐといふことである。」と語られます。ここでは、神の怒りとしての天候変化をうまく利用し災害を回避しています。一方、「龍の剣堀」は、石を投げ入れると雨が降ると言われる堀に、あえて石を投げ込むことによって雨を降らせ、日照りを解消しようとしますが、そこから起こった豪雨と連日の雨によってかえって飢饉になってしまうという話です

どちらもタブーをあえて犯すことで雨を降らそうとしていますが、後者はそれに失敗し、逆に災害を招いてしまいます。災害を理解するとき重視されたものが「神への敬意」であることを視野に入れ考えると、同じことをしているにも関わらず、雨乞い成功と失敗に分かれるのは、そこに「神への敬意」があったかということが問題視されているからではないでしょうか。神への敬意の有無、そしてそこから、日常、神との関係を良好に保ってきたかというようなことが語りを左右すると考えられます。

神との意思疎通

人々が築いていた神との関係が崩れた時に、それが災害となって現れてくる。このように考えられていたとすれば、人間にとって災害とは、神の意志表明であったといえます。表Ⅱの１「天狗の火の番」という伝説は、神の意志表明としての災害について語っています。

岡本と神庭という二つの集落は、天狗が火の番をしてくれるので、火事がなかった。しかし、冬になるとどこの耕地もいっせいに夜番をするならわしなので、他の集落とのつきあいもあり、夜番をすることにした。すると途端に火事が起きた。天狗様を信頼しなかったのがいけないのだと考えて、森に謝りに行くと、「お燈明を上げさえすればよい」というお告げがある。燈明を上げ、夜番は行わないことを誓う。それから岡本と神庭には火事がない。

要約すればこのような内容なのですが、この伝説では、人間の不敬が神の怒りに触れ災害が起きる、という形の伝説に追加して、神への謝罪とそれによる関係の回復までが語られます。岡本と神庭の人々は、人間の力でどうにかしようとせず、全てを神にあずけることで、神への信頼を表明しました。ここで人々は、人間の力は神としての天狗の持つ力には到底及ばないことを認め、敬虔な態度をとっています。

もうひとつ、神との意思疎通の例として、「弥彦神社の津軽石」（ＢＳＮ新潟放送編『新潟県伝説の旅』新潟日報事業社出版部）という伝説があります。

津軽の弘前城主が佐渡沖で難船しそうになった際、弥彦の神に対し、無事に航行できたら鳥居を奉納することを誓う。帰国して数年たった頃、弘前城内に火の玉や石が飛び交うなど不思議なことが続く。忘れていた鳥居を奉納すると、不思議はやむ。このような内容です。

神は人間の約束不履行に対し、火の玉や石を飛び交わせるなどの不思議を起こすことで、注意を促しています。「天狗の火の番」でも、人間の不敬に対し、神の怒りとしての災害が起きるという形での神と人のやりとりだけでなく、人間の謝罪に対する神のお告げ（和解策の提示）というやりとりが成立しています。誓いや祈りなどの人間側からのアプローチだけでなく、それに対する神の答えや、神からのアプローチもあるとされていたようです。神下ろしによる託宣はその良い例と言えます。「えびす山」（後藤江村『伊豆伝説集』郷土研究社）という伝説でも、託宣のような事が行われています。えびす山は海から突き出た山で、そのほら穴には大蛇が棲んでいる。この山に近づく者は一人としていなかったが、あるとき海に入って亡くなったひとが出た。神を信仰しているひとに伺いをたててもらうと、えびす山の蛇が殺したという。大蛇によれば、このえびす山を公園とし、大蛇を神として祀れば許すが、そうしなければ須崎全体を焼くということなので、その通りにした、という話です。

シャーマン的存在が伺いをたてて、神意を伝えたことを語っています。表Ⅳの1「火難を払った仁王」、表Ⅱの3「池の主ののろい」でも、神下ろしが行われ、託宣を受けています。人間にはこのように、神の意志を知る手段があるとされ、神の側からも、前に述べた「夢告げ」のような手段で、人間に意志を伝えることがあるとされていたようです。

揺れ動く神との関係

人間が不敬をなせば、神は災害という形で怒りを示しました。それに対し、人は神下ろしなどの手段で神の意志を知ろうとし、謝罪をするなどしました。神と人間の関係は一方通行の凝り固まったものではなかったようです。一章で例としてあげた「武周が池」の伝説には続きがあり、そこでは、神と人との関係が非常にこまやかに揺れ動くさまが語られています。明治十九年のこととして、神が願いを聞き入れないことに怒った人々が、神に対して不敬をなし、その結果災害が起きたと語られたあとはこのように続きます。

それからは村民はその神霊の尊厳に驚いてこれを尊宗《ママ》した。その後二十四年大旱魃のとき、雨乞をしたら一片の雲なき晴天の日に、捧げた御酒及幣帛が池中に沈むと同時に、空がかき曇って慈雨は田畑を潤し、河川小溝に至る迄、蕩々と水が流れる様になつて、地方一帯は再生の思をなした。

以来一層の尊敬を払い七月二十日を龍神祭と定め、石の堂を建設して年々祭祀を怠らず今日に及んだ。しかし昨今に至り池邊は多少荒廃の模様なので龍神は他へ轉池したのではないかと言ふものもある。

災害の後、人々は神を尊崇するようになり、その後の旱魃の際には雨が降ります。しかし今では池周辺は荒れ、龍神はいなくなってしまったのではないかと言われているというのです。出典の『福井縣の傳説』は一九三六年（昭和十一年）に刊行されているので、引用文にある「昨今」はその頃のことと考えられます。そこで武周が池の主（＝神）と人々との関係の変遷を捉えてみると、次のようになります。

明治十九年以前、熱心に祈れば必ず望みを叶えてくれる（神との関係が良好）

↓明治十九年、神に翟乞いを聞き入れられず、村人が不敬をなし、災害が起きる（神との関係の決裂）

↓村民の反省
↓明治二十四年、瞿乞いが聞き入れられる（神との関係が良好）
↓村人の一層の尊崇。石堂を建て、祭りの日を定め祭祀を継続
↓池付近の荒廃（神との関係の悪化）

こうみると、明治十九年（一八八六年）から五十年ほどの間に、神との関係が細かく揺れ動いています。人々の生活において、いかに神が存在感をもっていたかわかります。現代の意識では、神といえば、キリスト教などにおける唯一神や、体系化・儀礼化された神を思い浮かべるのが一般的だと思います。そういった神は、人間の振る舞いに応じて関係性が揺らぐということが想定されるほど身近ではないし、柔軟な存在でもありません。しかしながら、この伝説における神はとても身近で、その関係は人間の心持次第で簡単に崩れもすれば、関係を修復できもします。前にあげた「天狗の火の番」、「弥彦神社の津軽石」、「えびす山」でも、そのような神との関係性がみられました。人間は、神に対し、謝ったり、伺いをたてたりと、敬意をわかってもらおうとし、神の意志を知ろうと努力していました。

神との関係の修復

神下ろしなどの手段によって、また神からの何らかのはたらきかけによって、神との意思疎通が可能であるとされていました。そして神との信頼関係を回復する方法として、謝罪という手段があることをみました。表Ⅱの２「天狗の火の番」においては、「燈明を上げる」という謝罪方法がお告げによって指示され、それに従うことで神への謝罪となし、敬意を表しています。「えびす山」では、はっきりとは語られないながらも、えびす山はおそらく人が近付

くことを許されない聖域であったと推測されます。それゆえに、海で死者が出たさい、えびす山の主である蛇が殺したというように理解されるのだと思います。死者が出たことを、聖域であるえびす山に近づくというタブーを犯した結果と捉えたのです。一章でみたような、「人間の愚かな行為が神の怒りにふれ、災害が起きる」という形の伝説と考えられます。大蛇はその愚かな行為に対して、タブーを犯した行為者を殺すことによって怒りを示し、えびす山を公園とし、自身を神として祀れば許すと伝えます。ここでも、神の側から和解策が提示されます。そしてその和解策（＝謝罪方法）は神として「祀る」ということです。「天狗の火の番」での「燈明を上げる」というのも、天狗を神とみなして敬意を表することを意味するでしょう。

災害に関する伝説は、先にも述べたように、災害の原因と、災害に対しどのような行動をとったかが語りの中心となるものが多く、災害のあとのことが述べられているものは多くありません。しかし、これまで見てきたように、自分たちの敬意が足りなかったという反省があれば、神に謝罪するなどして、和解に向け努力しただろうと思います。そうすることによって、神との関係が前より良くなることもあり得たでしょう。

ここまで見ると、神と人間の関係は絶対的なものではなく、神の権威と人間の力の向上のせめぎあいの中でバランスが保たれていたことがわかります。そして災害が発生すると、人々はその災害を、神との関係の均衡が崩れた結果であると感じ、関係を修復しようとします。災害は良くも悪くも神との関係を見直すきっかけとなったはずです。

五　おわりに―日常の延長上で語られる、非日常としての災害―

ここまで、災害の原因というものを人はどう捉えたのか、災害によって人の生死が分かれることについてどう納得したのか、災害という形であらわれた神との関係の悪化をどのように修復したのか、という三点を考察しました。人々が災害というものに対し、人と神との間の関係性の揺れを見ていたことが読み取れました。人と神との関係は固定化され安定したものではなく、簡単に崩れてしまうものであったようです。しかし、その一方で、その崩れた関係を修復するために、神の意志を伺い、謝罪する方法が存在しました。その関係は一方通行ではなく、相互作用するようなこまやかなものだったようです。

人と神との関係性が崩れたときに災害が起きると理解されていたならば、災害を被った人々の中で問題となるのは、その災害が発生するまでの日常を、神に対しどのような態度で過ごしていたかということだと思います。そこで焦点となるのが神への敬意の有無であり、敬意が足らなかったのだと思われれば、伝説はそのことを反省する語りになり、一方で、敬意が足りており、神との関係を良好に保ってきたという自負があれば、また別のところに災害の原因を求める語りになるのではないでしょうか。

災害は日常を打ち破る非日常ですが、その非日常を理解し語るためには、日常どう生きていたか振り返ることが必要になります。突発的な災害も、当然ながら日常の延長上にあり、その日常を踏まえたうえで、「突然ふりかかる不幸」としての災害を理解しなければなりません。「日常をかえりみる」という、非日常的な発想が生まれるのです。

突然に不幸がふりかかってきたとき、このように「日常をかえりみる」考え方でものを見ることになるのだとすれば、そのひと個人の日常次第で、その不幸をどう捉えるかは変わってくると思います。後ろめたいことのある人は、その不幸に対し、「天罰である」という考え方をして、自分を苦しめてしまうかもしれないし、他人に「天罰を受けたのだ」と理解され、つらい思いをすることもあるでしょう。しかし、人や物事に誠実であろうと心掛けている人は、そのようなとき、「天罰」や「因果応報」ではない、もっと前向きな考え方ができるかもしれません。やはり、何事に対しても敬意を払う事が大切なのだと思います。

災害を語ることは、神との関係を語ることでもあり、日常どう生きてきたかを語ることでもありました。ここから、日常を誠実に生きることによって、不幸をただつらいこととしてマイナスに捉えるのではなく、プラスに転化して考えることができるのではないかという可能性を見出したところで、本稿を終了します。

出典資料

1　宮田登編：阿部敏夫ほか著『日本伝説大系（一）北海道・北奥羽編』みずうみ書房一九八五年一一月

2　野村純一編：木崎和広ほか著『日本伝説大系（二）中奥羽編』みずうみ書房一九八五年一〇月

3　野村純一編：大迫徳行ほか著『日本伝説大系（三）南奥羽・越後編』みずうみ書房一九八二年一月

4　宮田登編：大嶋善孝ほか著『日本伝説大系（五）南関東編』みずうみ書房一九八六年九月

5　福田晃編：伊藤曙覧ほか著『日本伝説大系（六）北陸編』みずうみ書房一九八七年七月

6　渡邊昭五編：岡部由文ほか著『日本伝説大系（七）中部編』みずうみ書房一九八二年九月

7　渡邊昭五編：青山泰樹ほか著『日本伝説大系（九）南近畿編』みずうみ書房一九八四年一二月

8 荒木博之編：立石憲利ほか著『日本伝説大系（十）山陽編』みずうみ書房一九八七年四月
9 野村純一編：酒井董美ほか著『日本伝説大系（十一）山陰編』みずうみ書房一九八四年六月
10 福田晃編：下川清ほか著『日本伝説大系（十二）四国編』みずうみ書房一九八二年九月
11 荒木博之編：宮地武彦・山中耕作著『日本伝説大系（十三）北九州編』みずうみ書房一九八七年三月
12 荒木博之編：有馬英子・堂満幸子著「『日本伝説大系（十四）南九州編』みずうみ書房一九八三年三月
13 藤澤衛彦編『日本伝説叢書（復刻版）上總の巻』すばる書房一九七七年一一月
14 藤澤衛彦編『日本伝説叢書 北武蔵の巻』日本伝説叢書刊行会一九一七年四月
15 藤澤衛彦編『日本伝説叢書 信濃の巻』日本伝説叢書刊行会一九一七年七月
16 藤澤衛彦編『日本伝説叢書 讃岐の巻』日本伝説叢書刊行会一九一九年六月
17 藤澤衛彦編『日本伝説叢書（復刻版）阿波の巻』すばる書房一九七八年四月
18 日本児童文学者協会編『岐阜県の民話』偕成社一九八一年八月
19 日本児童文学者協会編『愛媛県の民話』偕成社一九八〇年七月
20 日本児童文学者協会編『大阪府の民話』偕成社一九八二年六月
21 日本児童文学者協会編『三重県の民話』偕成社一九八二年二月
22 日本児童文学者協会編『鳥取県の民話』偕成社一九七八年一〇月
23 日本児童文学者協会編『徳島県の民話』偕成社一九八一年八月
24 及川惇『花巻の伝説（上）稗貫・和賀地方』国書刊行会一九八三年一月

25 戸川安章『羽前の伝説』第一法規出版株式会社一九七五年九月
26 畠山弘『庄内の伝説』歴史図書社一九七四年一一月
27 畠山弘『庄内怪奇譚』阿部久書店一九七八年七月
28 会津民俗研究会『会津の伝説』浪花屋書店一九七三年一一月
29 ＢＳＮ新潟放送編『新潟県伝説の旅』新潟日報事業社出版部一九八七年一一月
30 大沼倹爾『しばたの伝説』一九七八年六月
31 小山直嗣『越佐の伝説』野島出版一九六七年一二月
32 小山直嗣『続越佐の伝説』野島出版一九七二年二月
33 河合千秋編『福井縣の傳説』鈴木昭雄一九三六年
34 杉原丈夫編『越前若狭の伝説』松見文庫一九七〇年
35 杉村顕『信濃の口碑と伝説』信濃郷土誌刊行会一九三三年
36 読売新聞長野支局編『しなの夜話』秀文館一九四九年七月
37 和田登『信州の民話伝説集成 東信編』一草舎出版二〇〇八年
38 北佐久郡教育委員会編『北佐久郡口碑伝説集』信濃毎日新聞株式会社一九三四年九月
39 土橋里木『甲斐伝説集』山梨民俗の会一九五三年六月
40 茨城新聞社編『茨城の史跡と伝説』暁印書館一九七六年
41 太田巖『奥秩父の伝説と史話』さきたま出版会一九八三年一月

42　松尾四郎編『史話と伝説 富士山麓の巻』松尾書店一九五八年
43　後藤江村『伊豆伝説集』郷土研究社一九三一年
44　御手洗清『遠州伝説集』遠州タイムス社一九六八年二月
45　御手洗清『続遠州伝説集』遠州出版社一九七四年五月
46　佐喜浜郷土史編纂委員会『佐喜浜郷土史』佐喜浜郷土史編纂委員会一九七七年五月

〔参考文献〕

北原糸子編『日本災害史』（吉川弘文館、二〇〇六年一〇月）
笹本正治『蛇抜・異人・木霊―歴史災害と伝承』（岩田書院、一九九四年一二月）
宮田登『終末観の民俗学』（弘文堂、一九八七年一一月）
C・アウエハント『鯰絵―民俗的想像力の世界』（岩波書店、二〇一三年六月）

あとがき

本書は、平成二十五年度國學院大學オープンカレッジの「語りの文化講座」を元に構成されている。十二回目を数える今回は例年といささか趣を変え、去る二〇一一年三月十一日に引き起こされた東日本大震災という未曽有の大災害を見据え、特別の思いを込めて「災害・事故に学ぶ」という、きわめて時局性に富んだテーマを取り上げている。

近年、わが国にはこれまで余りみられなかったような規模の様々の災害が発生し、幾多の貴い生命、大切な財産が失われている。日本は実に災害列島であったと再認識させられる。広島の土石流や御嶽山の噴火など、今もなお次々と大災害が起こっている時に、語りと災害について考えようとすることは悠長の誹りを免れないかも知れない。しかし、災害・事故に向き合い、そこから命の貴さや教訓・対策を学び取るとともに、それらの事象を歴史の長いスパンの中で言葉を通して語り継いで来た先人の営みを直視し、その本質を検証して行くことは私たちにとって大切な作業であるといえよう。それは、私たちの祖先が災害に直面してそれらをどう捉え、どのような思いで伝承して来たのかという視点でもある。つまり、この日本列島に生きてきた私たちの歴史の中に否応なく重層的に蓄積されて来た災害・事故の経験と記憶を、「語り」という伝承文化のあり方そのものから捉え直して見るということなのである。

折しも、今年の日本口承文芸学会が六月七・八日の両日、仙台市の東北大学で開かれた。本書にも寄稿されているお二人を交えたシンポジウムのテーマは「災害と口承文芸」である。私自身は所用で不参加であったが、大会全体の模様は会報「伝え」55号（二〇一四年九月発行）にうかがうことが出来る。その中で、真下厚氏の「第三十八回大会に参加して」の次のような一文に接することが出来た。その部分を引用させていただく。

パネリストの小田嶋利江氏、川島秀一氏、斎藤君子氏はこのたびの地震・津波に直接・間接に関わって、語ることの力や口承文芸の機能、自然に対する人々の心意などについて話され、討論も含めて意義深いシンポジウムとなった。ただ、今回のシンポジウムにはそぐわぬことながら、将来的にはこのような災害が幾世代も経て口承文芸としてどのように伝承されてゆくことになるのかという問題も考えることができよう。

そして真下氏は、一例として江戸時代中頃に南島の宮古・八重山地方を襲った明和の大津波が、「人魚と津波」の話と結び付けて今日まで語り継がれていることを紹介し、そこにあるのは大自然の力への人々の畏怖の情であろうという。「シンポジウムにはそぐわぬことながら」と氏は遠慮がちにおっしゃるが、我が意を得たりであった。語りと災害の問題を考える時、一方で、このような視点が現代の民俗社会に生きる私たちに求められているのではないか。

今回の語りの講座でも取り上げられている原発事故は、二十世紀後半の現代社会がつくり出して来た、人類にとってはまさに新しい問題であり将来への大きな課題である。現在の問題として、まずは住民の立場に立った展望が一日も早く開けることを願いつつ、それらが今後どのように語り継がれてゆくのか。これもやはり問題とすべきところであろう。災害を逃れ、あるいはそれを克服する手立ては人間であるからこそ可能である。多大な犠牲を払い、地層のように積み重ねられて来た人間ならではの努力と叡智を私たちは信じ、評価してゆくべきであると思う。そして、そこから豊かな語りの文化を構築して行けるかどうかが、未来の日本人のあり方に大きく関わって来るといえる。

平成二十六年十二月

松本　孝三

著者紹介

山下祐介（やました　ゆうすけ）
一九六九年生。首都大学東京准教授。
主要著書／『限界集落の事実』（筑摩書房　二〇一二年）、『地方消滅の罠』（筑摩書房　二〇一四年）。

川島秀一（かわしま　しゅういち）
一九五二年生。東北大学災害科学国際研究所教授。
主要著書／『ザシキワラシの見えるとき―東北の神霊と語り―』（三弥井書店　一九九九年）、『魚撈伝承』（法政大学出版局　二〇〇三年）。

菊池勇夫（きくち　いさお）
一九五〇年生。宮城学院女子大学教授。
主要著書／『東北から考える近世史―環境・災害・食料、そして東北史像』（清文堂出版　二〇一二年）、『アイヌと松前の政治文化論―境界と民族』（校倉書房　二〇一三年）。

菅井益郎（すがい　ますろう）
一九四六年生。國學院大學経済学部教授
主要著書／『通史　足尾鉱毒事件　1877―1984』（新曜社　新装版　世織書房　二〇一四年）、『原発廃炉に向けて：福島原発同時多発事故の原因と影響を総合的に考える』（日本評論社　二〇一一年）。

花部英雄（はなべ　ひでお）
一九五〇年生。國學院大學文学部教授。
主要著書／『雪国の女語り―佐藤ミヨキの昔話世界―』（三弥井書店　二〇一四年）、『まじないの文化誌』（三弥井書店　二〇一四年）。

齋藤君子（さいとう　きみこ）
一九四四年生。
主要著書／『シベリア神話の旅』（三弥井書店　二〇一一年）、『悪魔には2本蝋燭を立てよ』（三弥井書店　二〇〇八年）。

松本孝三（まつもと　こうぞう）
一九四九年生。大坂大谷大学非常勤講師。
主要著書／『民間説話〈伝承〉の研究』（三弥井書店　二〇〇七年）。

藤元奈穂（ふじもと　なほ）
一九九一年生。國學院大學文学部卒業。

語りの講座　**伝承の創造力　災害と事故からの学び**

平成27年5月7日　初版発行

定価はカバーに表示してあります。

発行者　吉田栄治

発行所　株式会社　**三弥井書店**

〒108-0073東京都港区三田3－2－39
電話03－3452－8069
振替00190－8－21125

ISBN978-4-8382-3284-0　C0039　製版・印刷　エーヴィスシステムズ